Christina Tiessen

Das
CHARISMA
Versprechen

Christina Tiessen

Das CHARISMA Versprechen

So wirst du endlich gesehen, gehört und ernst genommen

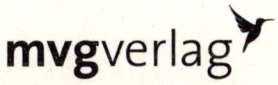
mvgverlag

Bibliografische Information der Deutschen Nationalbibliothek
Die Deutsche Nationalbibliothek verzeichnet diese Publikation in der Deutschen Nationalbibliografie. Detaillierte bibliografische Daten sind im Internet über https://dnb.de abrufbar.

Für Fragen und Anregungen
info@m-vg.de

Wichtiger Hinweis
Ausschließlich zum Zweck der besseren Lesbarkeit wurde auf eine genderspezifische Schreibweise sowie eine Mehrfachbezeichnung verzichtet. Alle personenbezogenen Bezeichnungen sind somit geschlechtsneutral zu verstehen.

Originalausgabe
1. Auflage 2024
© 2024 by mvg Verlag, ein Imprint der Münchner Verlagsgruppe GmbH
Türkenstraße 89
80799 München
Tel.: 089 651285-0

Redaktion: Iris Rinser
Umschlaggestaltung: Isabella Dorsch
Umschlagabbildung: AdobeStock
Satz: Christiane Schuster | www.kapazunder.de
Druck: CPI
Printed in the EU

ISBN Print 978-3-7474-0593-2
ISBN E-Book (PDF) 978-3-96121-996-4
ISBN E-Book (EPUB, Mobi) 978-3-96121-997-1

Weitere Informationen zum Verlag finden Sie unter

www.mvg-verlag.de

Beachten Sie auch unsere weiteren Verlage unter www.m-vg.de

Inhalt

Vom Ice-cold Killer zu Frau Charisma

Früher in der Schule wurde ich von einigen Mitschülern »Ice-cold Killer« genannt. Ja, das ist ein ziemlich heftiger Spitzname. Und jahrelang wusste ich nichts davon. Bin da mit meiner bösen Miene durch die Welt gelaufen und habe gedacht, dass ich so richtig selbstbewusst auf andere wirke. Dem war aber gar nicht so. Denn meine Außenwirkung war, wie ihr daraus herleiten könnt, eher unsympathisch. Ich war in meinem Innern so unsicher, dass ich das nach außen hin mit einer coolen Mimik kaschieren wollte.

Tja, das hat geklappt, leider ein wenig zu gut, denn als Ice-cold Killer wollte ich bestimmt nicht wahrgenommen werden. Und diesen Namen zu bekommen, muss für eine Person wie mich schon ziemlich schwer gewesen sein. Immerhin bin ich nicht größer als 159 Zentimeter, damals war ich auch noch ziemlich zierlich – in Kombination mit meinen großen blauen Augen nicht gerade eine imposante Erscheinung. Wenn ich das jetzt lese, muss ich selbst über mich lachen, denn mein Blick muss wirklich sehr eindrucksvoll gewesen sein, wenn er all die anderen äußerlichen Aspekte von mir einfach verschwinden lassen konnte.

Heute bin ich froh, dass ich diesen Namen bekommen habe, denn hat er mich doch erst darauf aufmerksam gemacht, wie wichtig unsere Außenwirkung ist. Und wie sehr sie sich von unserem eigentlichen Wesen, unserer Persönlichkeit unterscheiden kann. Wie habe ich mich damals gewundert, wenn mir erzählt wurde, dass mich andere für arrogant und eingebildet hielten. Ich dachte mir: »Wieso? Ich bin doch immer zu jedem so freundlich.« Das war ich – zumindest im zweiten Moment. Denn im ersten Moment schlug ich ja alle mit meinem Blick in die Flucht.

Um das zu kompensieren, fing ich an, an meiner Mimik zu arbeiten. Ich lächelte, und zwar viel. Und das rate ich auch jedem, denn ein Lächeln öffnet dir so viele Türen. Einfacher geht's nicht. Das Ergebnis? Ich wurde plötzlich von anderen angesprochen, man hat sich gerne mit mir unterhalten. Einfach ausgedrückt: Ich wurde sympathisch für andere. Und zwar vom ersten Augenblick an. Und das machte vieles sehr viel einfacher für mich.

Trotzdem habe ich dabei eine Sache vernachlässigt. Ich habe nicht an meinem Selbstbewusstsein gearbeitet. Im Innern war ich nämlich immer noch unsicher. Hatte Angst, was andere von mir denken. Wollte immer und überall gut ankommen. Und schließlich wurde ich vom »Ice-cold Killer« zur »lieben, kleinen Christina«. Autsch! Auch nicht viel besser. Ich kenne also beide Seiten. Und lass mich dir sagen, beide Seiten sind scheiße. Denn so war ich ja gar nicht. Weder war ich diejenige, die mit niemandem kommunizieren wollte, noch diejenige, die man nicht ernst nehmen konnte, weil zu nett. Hätte ich damals dieses Buch in den Händen gehabt, hätte es mir vieles erleichtert. Aber, hey, meine Fehler der Vergangenheit kommen jetzt allen zugute. Denn hätte ich diese Dinge nicht erlebt, dann würde ich dieses Buch nicht schreiben können.

Solltest du hier eine Anleitung erwarten, die zeigt, wie du möglichst schlagfertig wirst und andere mit deiner coolen Ausstrahlung beeindrucken kannst, dann kannst du dieses Buch getrost wieder zurück ins Regal stellen. Ich gebe dir hier etwas, das viel mehr in die Tiefe geht. Schlagfertigkeit ist in meinen Augen etwas, das sich unser Ego ausgedacht hat. Damit es sich nicht so wertlos und klein neben anderen vorkommt, die gemein zu uns waren. Und da haben wir auch schon die Wurzel des Übels: sich klein und wertlos vorkommen. Hier müssen wir ansetzen. Diese fiese kleine Stimme in deinem Kopf, die dir sagt, dass du nicht gut genug bist, nicht klug genug bist. Dieser Stimme werden wir beweisen, dass du nicht nur gut genug, sondern phänomenal und einzigartig bist.

Ich glaube ganz fest daran: Vorbeugen ist besser als reagieren. Wenn du von Beginn an mit einer positiven und selbstbewussten Ausstrahlung glänzt, dann sind verbale Angriffe oder Konfliktsituationen viel unwahrscheinlicher. Erstens werden dich Menschen weniger angreifen, wenn sie dich mögen. Und zweitens wirst du solchen Situationen, falls sie doch mal passieren, mit Gelassenheit begegnen können, weil du dich davon nicht aus der Ruhe bringen lässt. Weil du deinen Wert kennst, den niemand schmälern kann.

Ich gebe dir hier in diesem Buch meine Geheimtipps an die Hand. Alles, was ich in all den Jahren gelernt habe, und die Geschichte, wie ich es geschafft habe, vom Ice-cold Killer zu Frau Charisma zu werden. Ich weiß, dieser Name klingt erst mal ziemlich überheblich. Wer nennt sich schon selbst Frau Charisma? Lass mich dir das gerne erklären. Ich habe den Namen Frau Charisma nicht nur für mich gewählt. Ich habe ihn für alle Frauen da draußen gewählt. Denn ich bin überzeugt, dass in jeder Frau eine Frau Charisma steckt – und in jedem Mann ein Herr Charisma. Jeder von uns hat das Potenzial, andere zu inspirieren, ein Vorbild zu sein und das Beste aus sich herauszuholen. Auch du, Frau oder Herr Charisma!

Mit Charisma wirst du zukünftig in fast jeder Situation gelassen bleiben. Deine Mitmenschen werden dich nicht nur respektieren, sondern dich für deine lockere und positive Energie lieben und wertschätzen. Charisma hilft dir, aus einem Meer von Bewerbern herauszustechen. Es hilft dir sogar dabei, den richtigen Partner zu finden. Denn wenn du dich selbst liebst, respektierst und weißt, was du vom Leben willst, dann wirst du genau die richtigen Menschen in dein Leben ziehen. Nämlich solche, die dich für dein authentisches Selbst wertschätzen. Und wenn sie dich nicht mögen? Kein Problem, dann wirst du sie leichter loslassen können. Mit Charisma ist mehr Erfolg in allen Lebensbereichen vorprogrammiert.

Nie hätte ich gedacht, mich mal Charisma-Expertin nennen zu können, aber nach unzähligen Büchern, Videos, Seminaren und positiven Kundenstimmen kann ich wohl sagen, dass ich so ziemlich alles gehört habe, was Charisma sein soll. Ich kenne also das theoretische Wissen, habe es in der Praxis getestet und kann dir jetzt das, was wirklich funktioniert, an die Hand geben. Mit einem ganzheitlichen Konzept arbeiten wir nicht nur im Innern an deinem Charisma, sondern nehmen uns auch deine Körpersprache, ja deine gesamte Außenwirkung zu Hilfe.

Und weil ich weiß, dass es schwierig ist, etwas über Körpersprache zu schreiben und es dann nicht auch zu zeigen, habe ich eine kleine Webseite für dich erstellt. Auf dieser Webseite findest du viele Videos zu Körpersprache und selbstsicherem Auftreten. So kannst du das Gelesene visuell noch einmal nachvollziehen und besser in die Praxis umsetzen.

In diesem Buch wirst du immer wieder QR-Codes entdecken, die zu speziellen Videos führen. Diese Videos sind genau auf das jeweilige Thema im Buch abgestimmt und helfen dir dabei, das Gelernte praktisch anzuwenden. Du kannst die QR-Codes einfach mit deinem Smartphone scannen und das passende Video wird sich direkt öffnen.

Da die QR-Codes und die dazugehörigen Videos erst für die späteren Kapitel relevant sind, erscheinen die ersten Codes erst weiter hinten im Buch. Dennoch möchte ich dir schon jetzt den Link zur Webseite geben, auf der du nicht nur die Videos aus den QR-Codes, sondern auch viele weitere Videos zu Körpersprache und selbstsicherem Auftreten finden kannst.

https://fraucharisma.de/das-charisma-versprechen-videos/

Innere Selbstsicherheit ist das Fundament für Charisma, denn was wir über uns selbst denken, wie viel Wert wir uns zuschreiben, beeinflusst, wie wir von außen wahrgenommen und dementsprechend auch behandelt werden. Aber erst in Kombination mit dem Äußeren macht uns ein positiver Selbstwert unbesiegbar. Denn was nützt dir innere Selbstsicherheit, wenn sie im Außen niemand sehen kann? Die Reaktionen deiner Mitmenschen werden sich nicht verändern, wenn du dich nicht auch ein Stück weit im Außen veränderst.

Deswegen werden wir uns in diesem Buch alle Ebenen anschauen. Felsenfestes Selbstbewusstsein im Innern und Unterstützung von außen. Hier bekommst du keine komplizierten theoretischen Anleitungen, sondern wahres Charisma. Damit du endlich gesehen, gehört und respektiert wirst. Also, let's go.

Ein Geheimnis oder doch nicht? Was Charisma wirklich ausmacht

Du darfst Sätze wie »Charisma ist angeboren. Entweder man hat es oder man hat es nicht. Das kann man nicht lernen« getrost vergessen. Ja, ich bin auch der Meinung, dass Charisma angeboren ist, ABER ich bin überzeugt, dass jeder von uns Charisma besitzt und nicht nur einige ausgewählte Persönlichkeiten. Die meisten von uns haben es einfach auf ihrem Weg ins Erwachsenenalter immer weiter verloren. Durch die Erziehung, den Druck der gesellschaftlichen Normen usw. (Wir wollen hier nicht weiter ins Detail gehen, denn das ist kein Buch, in dem wir an deinen Kindheitstraumata herumstochern wollen) haben wir gelernt, uns selbst zurückzunehmen. Uns anzupassen. Und das war ja auch in gewissem Maße notwendig, denn brave Kinder waren gute Kinder. In der Schule sollten wir schön ruhig und brav sitzen, aufzeigen, dann sprechen, bloß nicht laut auffallen. Und so ist es gar nicht verwunderlich, dass wir alle etwas von unserem angeborenen Charisma verloren haben.

Das Gute daran ist aber: Wenn wir es schon einmal hatten, dann können wir es auch wiedergewinnen. Manchmal brauchen wir einfach etwas Hilfe, um es unter all den negativen Gedanken und Selbstzweifeln zu finden und es wieder zum Leuchten zu bringen. Aber, hey, dafür habe ich ja dieses Buch geschrieben. Ich bin mir sehr sicher, dass du nach diesem Buch nicht nur dein Charisma wiedergefunden hast, sondern es auch wieder spüren kannst. Und genau das dann auch ausstrahlst.

Und jetzt kommen wir auch schon zu dem, was Charisma ausmacht. Denn ich bin mir sicher, dass auch du Momente hast, in denen du charismatisch und faszinierend für andere bist. Nämlich immer dann, wenn du von etwas sprichst, das dir wirklich wichtig ist. Wenn du für etwas brennst. Wenn dir egal ist, was die anderen von deiner Meinung halten, weil du davon so sehr überzeugt bist. Wenn deine Augen buchstäblich anfangen zu strahlen, weil du so begeistert bist.

Als wir noch Kinder waren, konnten wir uns über jede Kleinigkeit so sehr freuen. Kinder sind Meister darin, etwas mit Begeisterung zu erzählen. Leider ist es bei vielen Menschen so, dass sie aus früheren Erfahrungen verinnerlicht haben, dass sie sich lieber nicht zu sehr über etwas freuen sollten, weil sie Gefahr laufen, enttäuscht zu werden. In einigen Fällen haben die Eltern oder andere Bezugspersonen vielleicht gesagt: »Beruhige dich, so besonders ist das jetzt auch nicht.« Das macht nach einem Mal vielleicht noch keinen Unterschied, aber wenn du ständig gebremst wirst, sobald du mal in deiner vollen Energie bist, dann wirst du es irgendwann einfach lassen.

Und genau das wollen wir wieder hervorholen. Ich möchte, dass du deine innere Begeisterungsfähigkeit wieder anzündest. Du darfst allen zeigen, was dich bewegt und wofür du brennst. Du darfst darauf vertrauen, dass die richtigen Menschen sich genau davon angezogen fühlen. Deine Energie wird Menschen begeistern, die die gleiche Energie leben. Das sorgt langfristig dafür, dass du nur noch Menschen in dein Leben ziehst, die dich genauso akzeptieren und lieben, wie du in deinem Kern bist! Und alle anderen darfst du beruhigt loslassen.

Ein sehr großer Teil von Charisma ist also deine Energie, aber es gibt noch etwas anderes, was mindestens genauso wichtig ist. Nämlich die Wertschätzung anderen gegenüber. Immer, wenn du anderen Menschen deine volle Aufmerksamkeit schenkst, wenn du in Gedanken nicht bei dir und deinen Herausforderungen, sondern ganz bei deinem Gegenüber bist. Wenn du ihm das Gefühl gibst, dass es im Moment nichts Wichtigeres gibt als diesen einen Menschen. Das ist pure Wertschätzung und ein zentraler Bestandteil für deine Sympathie oder auch deine Wärme. Nicht nur für romantische Beziehungen, sondern auch im Alltag.

Was denkst du, wie sich das Kassenpersonal im Supermarkt freut, wenn du es bei ihrem Namen ansprichst und dich für ihre Arbeit bedankst? Wenn du fragst, wie der Tag so läuft? Du stichst damit nicht nur aus der Masse heraus, sondern du schenkst anderen damit ein so warmes Gefühl, welches sie den ganzen restlichen Tag noch spüren werden. Ich mache das sehr oft selbst. In jedem Geschäft, in dem ich regelmäßig einkaufen gehe, kenne ich mindestens einen Mitarbeiter beim Namen. Vor allem heute, wo alle gestresst durch die Straßen gehen und jeder nur noch auf sein Smartphone schaut, tut es so gut, wenn jemand dich einfach wahrnimmt und dir ein Lächeln schenkt.

Und ich vertrete ganz klar die Meinung, dass wir da gerne immer in Vorleistung gehen sollten. Bevor du von anderen ein Lächeln oder ein freundliches Wort erwartest, fang du an zu lächeln. Nimm dir doch mal einen Tag lang vor, anderen Menschen ein Lächeln ins Gesicht zu zaubern. Du wirst überrascht sein, wie viele dir ein Lächeln zurückschenken. Und das versüßt nicht nur ihnen den Tag, sondern schenkt ihnen und dir Energie und Kraft.

Charisma ist eine starke, positive Energie.

Wenn wir kraftlos, müde oder krank sind, fällt es uns schwer, charismatisch zu sein. Wie sollen wir uns auf andere konzentrieren, wenn wir selbst kaum Energie haben, um uns aufrechtzuhalten? Wie sollen wir inspirieren, begeistern und strahlen, wenn da nichts oder zu wenig ist, das strahlen kann? Die oberste Regel lautet also, dass du dich gut um deinen Energiehaushalt kümmern solltest. So wie im Flugzeug, wo du dir selbst zuerst die Sauerstoffmaske auflegst, solltest du dich auch im Alltag in allererster Linie darum kümmern, dass es dir gut geht. Hast du gut für dich gesorgt, ist auch für alle anderen gesorgt.

Aber ein hohes Energielevel allein macht noch kein Charisma aus. Deine Energie kannst du dir so vorstellen: Du brauchst sie, damit du sie verteilen kannst. Aber wie du sie dann verteilst, entscheidet darüber, ob du als selbstbewusst und sympathisch wahrgenommen wirst oder als überheblich, kalt oder auch als People Pleaser. Und jetzt kommen wir zum eigentlichen Geheimnis hinter dem Charisma.

Charismatisch zu sein bedeutet, selbstbewusst und warmherzig zu sein.

Möchtest du von anderen nicht nur respektiert, sondern auch wirklich gemocht werden, dann reicht es nicht, selbstbewusst aufzutreten. Eine positive Verbindung schaffst du durch Sympathie. Es geht darum, eine ganz eigene Balance zwischen Selbstbewusstsein und Sympathie zu finden.

Egal, wo du dich jetzt eher einordnest, alles ist erst einmal völlig okay. Es gibt Menschen, die eher selbstbewusst sind. Das heißt, sie wirken nach außen hin sehr kompetent und reserviert und zeigen nur selten warme, sympathische Signale. Was ja erst einmal auch in Ordnung ist, schwierig wird es erst, wenn es so stark ausgeprägt ist, dass wir diese Menschen als überheblich, kalt oder arrogant bezeichnen würden. Du erinnerst dich, so kam mein Spitzname Ice-cold Killer zustande. Wenn ich damals wenigstens selbstbewusst gewesen wäre! Aber ich habe nur meine Unsicherheiten kaschieren wollen.

Und so einen Menschen haben wir kürzlich an meinem Geburtstag getroffen, als mein Mann und ich in die Therme gehen wollten. An der Kasse saß eine Frau, die nicht lächelte und dabei auch noch sehr kurz angebunden war und uns ziemlich direkt ansprach. Es kam neben uns eine ältere Dame an den Tresen und fragte sehr freundlich, ob es heute zum Valentinstag (ja mein Geburtstag ist der Valentinstag, mein Mann freut sich, denn er braucht nur ein Geschenk zu besorgen) eine besondere Aktion gebe. Und die Kassiererin war so unfreundlich und tatsächlich sogar sehr überheblich, dass mir die ältere Dame wirklich richtig leidtat. Ich weiß, dass die Kassiererin vermutlich gar nicht bemerkte, wie sie sprach, denn mein Mann machte sie noch sehr freundlich darauf aufmerksam, dass sie ja sehr direkt sei, und sie tat das ganz verwundert ab. Trotzdem war es für die ältere Dame sehr unangenehm, das konnte ich ihr deutlich ansehen.

Manchmal fühlen wir uns selbst zwar freundlich und denken, dass jeder das auch sehen kann, aber in Wahrheit strahlen wir etwas ganz anderes aus. Und das ist das Problem an der ganzen Sache. Du bist es vielleicht gewohnt, auf eine bestimmte Art und Weise aufzutreten, und bemerkst dann gar nicht, dass du eine Wirkung auf andere hast, die andere dann als überheblich, einschüchternd oder vielleicht sogar unsicher wahrnehmen könnten.

Auf der anderen Seite gibt es Menschen, die eine sehr warme Ausstrahlung haben. Die nach außen sympathisch wirken und immer freundlich sind. Was tolle Eigenschaften sind, die allerdings auch schwierig werden können, wenn sie nicht mit genügend Selbstbewusstsein ausbalanciert werden. Denn dann werden solche Menschen schnell zum People Pleaser. Sie werden nicht ernst genommen, oft wird ihre Freundlichkeit ausgenutzt, und das wollen wir auf keinen Fall. Nach den Tierpersönlichkeiten würde man sie wohl als Wale bezeichnen. Falls du das noch nicht kennst, schau mal im Internet nach, das ist superinteressant.

Genau diese nette, freundliche Ausstrahlung war früher übrigens ein großes Problem für mich. Als ich gerade in der Phase der lieben kleinen Christina war, wollte ich niemandem auf den Schlips treten und hatte wahnsinnige Angst vor Kritik. Ich habe also versucht, es immer allen recht zu machen.

Ich kann mich noch gut an eine Situation erinnern, als ich meine Ausbildung zur Bankkauffrau absolvierte und der Abteilung Baufinanzierung zugeteilt war. Ich hatte damals viel zu tun, und es gab einen Berater aus einer anderen Abteilung – dem ich nicht zugeteilt war –, der mir manchmal zusätzlich etwas von seinen Arbeiten aufbrummte. Hab ich mich getraut, etwas zu sagen? Natürlich nicht. Ich hatte wahnsinnige Angst davor anzuecken. Angst davor, wie er wohl reagieren würde, wenn ich etwas sage. Also habe ich nichts gesagt. Auch nicht zu meinen mir zugeteilten Kollegen der Baufinanzierung. Sie hätten vermutlich geholfen, aber ich denke, ich habe mich ein wenig geschämt, weil ich mich nicht getraut habe, etwas zu sagen. Ich wollte nicht schwach wirken, also hielt ich den Mund.

Es ist so lange her, und trotzdem muss ich noch daran denken, denn ich weiß noch genau, wie ich mich geärgert habe. Über mich und über diesen Kollegen. Ich habe es allen recht gemacht, außer mir selbst. An mich habe ich nicht einmal gedacht. Stattdessen habe ich die Schuld bei dem Berater gesucht. »Wieso merkt er nicht, dass ich genug zu tun habe? Wieso ist er so dreist und gibt mir einfach seine Aufgaben ab?«

Jedes Mal, wenn er den Flur entlanglief, verdrehte ich innerlich die Augen. Und ich wette, wenn du jetzt auch eine dieser warmen Persönlichkeiten bist, dann kannst du mir bestimmt direkt auch mindestens eine Person nennen, die das Gleiche mit dir macht. Und das fühlt sich nicht schön an. Erstens schaden wir mit so einem Verhalten massiv unserem Selbstwert. Zweitens führt dieser innere Groll nicht dazu, dass sich diese Person schlecht fühlt, sondern nur wir selbst.

Je öfter wir Ja sagen, obwohl wir Nein meinen, desto kleiner und schwächer fühlen wir uns.

Solange du sie nicht laut aussprichst, sondern im Innern mit dir selbst ausmachst, wird die Person von deinen Gefühlen nichts ahnen. Du bist die einzige Person, der diese Gefühle schaden. Schlechte Laune und ein niedriges Selbstwertgefühl sind die Folge. Wir schaden uns damit also gleich doppelt. Es wird höchste Zeit, dass wir endlich für uns einstehen.

Dabei denke ich nicht, dass eine von beiden Seiten besser oder schlechter als die andere ist. Sympathie ist nicht besser als Selbstbewusstsein und Selbstbewusstsein nicht besser als Sympathie. Beide sind gleichwertig und beide Arten von Menschen brauchen wir. Sonst würde unser Zusammenleben gar nicht funktionieren. Wir brauchen diese herzlichen Menschen, die sich gerne um alle sorgen und kümmern möchten. Genauso brauchen wir aber auch Alphatiere, die sagen, wo es langgeht. Zu denen wir aufschauen können, wenn es Krisen gibt. Die uns bei Gefahr sagen, was wir zu tun haben.

Es wird erst schwierig, wenn wir ins Extreme rutschen. Ein sehr dominanter und direkter Mensch sollte seine selbstbewusste Ausstrahlung in manchen Situationen mit etwas Wärme ausbalancieren können. Zum Beispiel, wenn er einen eher warmen Menschen vor sich hat. Dieser kann sich nämlich von zu viel Dominanz eingeschüchtert fühlen. Diese Menschen wirst du dann schwer erreichen, geschweige denn von dir überzeugen können. So wie die nette ältere Dame in der Therme, die nach dem unfreundlichen und sehr direkten Ton offensichtlich verstört war.

Falls du auch einer dieser herzlichen Menschen bist: willkommen im Club. Situationen, in denen ich mich eingeschüchtert fühlte, kenne ich allzu gut. Denn ich war immer einer dieser Menschen, der Angst vor solchen Machtmenschen hatte. Ich kam mit dieser direkten Art nicht so gut klar. Jedes Mal war ich extrem angespannt, wenn mir so ein Gespräch bevorstand, ich hatte ein mulmiges Gefühl im Bauch und ständig im Kopf: »Jetzt bloß keinen Fehler machen.« Das ist sehr anstrengend und kräfteraubend.

Aber so muss es nicht sein. Wir können daran etwas ändern. Nämlich uns. Wir haben es in der Hand, diese Situationen für uns angenehmer zu gestalten. Und zwar mit zwei Schritten. Wir müssen dafür sorgen, dass wir uns nicht mehr so unterlegen fühlen. Das bedeutet, wir müssen an unserem Selbstbewusstsein arbeiten. Und wir können verstehen lernen, dass diese Menschen einfach auf diese Art und Weise kommunizieren. Sie meinen es in den meisten Fällen nicht einmal persönlich. Ja, sie bemerken wahrscheinlich gar nicht, dass du dich eingeschüchtert fühlst. Sie sind es gewohnt, sehr direkt zu kommunizieren, und manchen fehlt eben das Bewusstsein für die Gefühle ihres Gegenübers. Bevor wir aber ihnen die Schuld an allem geben, können wir uns auch an die eigene Nase fassen. Denn deine Art zu kommunizieren, wird für sie vermutlich genauso anstrengend sein wie ihre Art der Kommunikation für dich.

Stell dir nur mal vor, du wärst einer dieser sehr direkten und dominanten Menschen, und dann steht da jemand vor dir, der vorher Small Talk und leichte Unterhaltung braucht, damit er warm und aufgeschlossen wird. Da ist jetzt jemand, dem man erst einmal mit netten Worten zeigen muss, dass man ihn mag, damit er sich wohlfühlt. Wenn du das nicht gewohnt bist, dann kann das ziemlich an deiner Geduld zerren. Also lass uns mit ihnen nicht so hart ins Gericht gehen, sondern versuchen, an unserer Anpassungsfähigkeit zu arbeiten.

Wir springen dazu noch einmal zurück zu meiner Zeit als Auszubildende in der Bank. Eine Zeit lang war ich auch der Privatkundenbetreuung zugeteilt. Dort werden die wohlhabenden Kunden betreut und der Chef der Abteilung war genau so ein Machtmensch. Ich war ziemlich eingeschüchtert und traute mich zu Beginn kaum, ein Wort in seiner Gegenwart zu sagen. Ich beobachtete ihn eine Weile und machte mich mit seiner Art zu kommunizieren vertraut. Ich stellte fest, dass er immer sehr kurz angebunden war und keine Zeit verschwenden wollte. Also habe ich mir angewöhnt, erst zu ihm zu gehen, wenn ich genau wusste, was ich wollte. Ich überlegte mir vorher, was ich sagen wollte, und gewöhnte mir an, mich kurzzufassen.

Was ich dann bemerkte, war wirklich faszinierend. Mein Chef wurde immer freundlicher zu mir. Vorher hatte ich immer das Gefühl gehabt, dass er schnell ungeduldig in meiner Gegenwart wurde – bis ich mich seiner Kommunikation anpasste. Ich stellte interessierte Fragen, schrieb mit, vermied es, Dinge zu wiederholen und fasste mich kurz. Und voilà, es passte plötzlich. Am Ende bekam ich entgegen meiner Erwartung eine ziemlich gute Bewertung, obwohl alles sehr holprig angefangen hatte.

Wenn du weißt, wie ein Mensch kommuniziert, dann kannst du dich anpassen. Und das, ohne dich verstellen zu müssen. Das hat nichts damit zu tun, anderen etwas vorzuspielen. Du sollst deine Persönlichkeit nicht verändern. Genauso wie du deine Kommunikation anpasst, wenn du mit einem Kind sprichst, kannst du dich auch auf dein Gegenüber einstellen. Egal, ob dieser eher der warme oder der selbstbewusste Typ ist. Das können wir aufgrund unserer Empathie und damit schaffen wir ein angenehmes Gesprächsklima ohne Konflikte. Denn wenn du an deinem Selbstbewusstsein und deiner Sympathie arbeitest, dann wirst du auch beide Seiten in dir haben. Du wirst dadurch nicht dein Naturell verändern. Aber du wirst besser mit anderen Menschen klarkommen. Soziale Interaktionen werden einfacher, Konflikte geringer, Gespräche interessanter und Bewertungen besser.

Du brauchst keine komplizierten Anleitungen, um charismatisch aufzutreten. Beginne damit, dich selbst als eine ernst zu nehmende Person wahrzunehmen – als jemand, der es wert ist, gehört und wahrgenommen zu werden. Diese innere Überzeugung hat mir den Mut gegeben, in der Privatkundenbetreuung viele Fragen zu stellen. Ich sagte mir, dass es mein Recht sei, diese Informationen zu erfahren, und dass ich es mir wert sei, mutig zu sein und auf meinen Chef zuzugehen. Ich habe meinen Chef und seine Zeit respektiert, indem ich mich kurzfasste und ihn nicht mit unnötigen Dingen überhäufte. Ich habe mir selbst gezeigt, dass ich mich für wertvoll halte, und ich habe ihm gezeigt, dass ich ihn und seine Zeit schätze und respektiere. Diese Herangehensweise hat sich als sehr erfolgreich erwiesen.

Mit erhobenem Haupt: dein charismatischer erster Eindruck

Wenn ich dich jetzt frage, wie du normalerweise einen Raum betrittst oder wie du im Alltag die Straße entlangläufst: Wie würdest du dich beschreiben? Gehst du durch die Straße, als ob dir die Welt gehören würde? Betrittst du einen Raum und denkst: »Ihr kennt mich zwar noch nicht, aber ICH weiß ganz genau, wer ich bin.« Ich höre schon, du sagst jetzt wahrscheinlich Nein. Aber weißt du was? Genau das solltest du! Denn dir gehört die Welt! Du hast so viel Potenzial und Schöpferkraft in dir. Wenn du es willst, dann kann dir die Welt zu Füßen liegen.

Denn weißt du, was uns so an diesen charismatischen Menschen gefällt? Sie wissen ganz genau, wer sie sind. Sie strahlen dieses »Ich weiß, wer ich bin. Ich weiß, was ich will, und ich liebe mich genau deswegen« aus. Ihnen ist es egal, ob sie andere Menschen beeindrucken oder ob andere Menschen sie mögen. Sie sind nicht abhängig von der Meinung anderer. Sie sind von sich selbst beeindruckt. Sie respektieren und lieben sich selbst genug, sodass sie nicht auf die Anerkennung anderer angewiesen sind. Und genau das macht sie so anziehend.

Verstehe mich jetzt aber nicht falsch, denn ich sage nicht, dass du mit einer »Mir doch egal, was andere denken, und ich mache, was ich will«-

Einstellung durch die Welt gehen sollst. Mir geht es darum, dass du dich selbst so liebst und wertschätzt, dass du nicht auf die Anerkennung anderer angewiesen bist. Es ist zwar schön, wenn andere dich mögen, und wir sollten auch immer zuvorkommend und freundlich auf neue Menschen zugehen, aber es sollte dich nicht persönlich treffen, wenn dich mal jemand nicht mag. Es ist nicht weiter schlimm, es schmälert deinen Wert nicht. Denn du kennst deinen Wert, und du hast dir nichts vorzuwerfen, wenn du andere respektvoll und freundlich behandelst. Wenn sie dich dann nicht mögen, dann ist das ihre Sache, nicht deine.

Warum du keinen guten Eindruck machen solltest

Der größte Fehler, den du machen kannst, wenn du einen guten Eindruck machen möchtest, ist es, einen guten Eindruck machen zu wollen. Wenn du auf Biegen und Brechen gefallen willst, dann wirst du dich selbst so unter Druck setzen, dass du erstens total nervös wirst und zweitens unauthentisch auftrittst. Weil du dich zu sehr danach richtest, was die anderen wohl von dir erwarten, und dich komplett verstellst. Das kann aber niemals gut gehen. Denn selbst wenn du andere Menschen mit einer gespielten Art überzeugt hast und sie von dir begeistert sind, dann musst du diese Maskerade ja aufrechterhalten. Und das kann mit der Zeit ziemlich anstrengend werden. Du tust dir auf Dauer also keinen Gefallen damit. Etwas anderes ist es, wenn du neue Verhaltensweisen integrieren möchtest, denn dann musst du zu Beginn erst einmal ein wenig schauspielern, aber darauf kommen wir im späteren Verlauf des Buches noch einmal genauer zu sprechen.

Freundlichkeit und Respekt sind meine Sprache. Sollte jemand mich dennoch nicht mögen, so ist es seine Sache, nicht meine!

Vergiss niemals, dass wir Menschen in erster Linie soziale Wesen sind und auf ein soziales Miteinander angewiesen sind. Freundlichkeit und Respekt sollten immer an oberster Stelle stehen. Ich behaupte sogar, dass viele Konflikte vermieden werden könnten, wenn sich jeder an diese Werte halten würde. Stell dir nur mal vor, wie die Welt aussehen würde, wenn sich jeder freundlich und respektvoll gegenüber seinen Mitmenschen verhält? Wie viele wundervolle Menschen würden sich trauen, sichtbar zu werden? Was für beeindruckende und außergewöhnliche Talente würden ans Licht kommen? Wenn man keine Angst vor unfairem und respektlosem Verhalten haben muss. Wow, während ich diese Zeilen schreibe, durchzieht ein großes Lächeln mein Gesicht. Was für eine wunderschöne Vorstellung.

Ich weiß natürlich, dass das vermutlich niemals passieren wird. Aber du kannst den Anfang machen. Du kannst bei dir selbst anfangen. Sei freundlich und respektvoll. Nicht nur zu anderen, sondern vor allem zu dir selbst. Du solltest zuallererst dein eigener Lieblingsmensch werden. Wenn du dich gut behandelst, dann wirst du niemals zulassen, dass andere dich schlecht behandeln. Wie du mit dir selbst sprichst, beeinflusst nicht nur, wie du dich fühlst, sondern auch, wie du nach außen wirkst. Wenn du dich ständig kritisierst, wenn du deine Stärken, Schwächen und deine Werte nicht kennst und somit unsicher wirst, weil du dich mit anderen vergleichst und niemals so sein kannst wie sie, dann wirst du immer unzufrieden sein. Wenn du die Person nicht magst, die du bist, dann werden es auch die anderen nicht tun. Menschen fühlen sich eher von positiver Selbstwahrnehmung angezogen. Wenn du dich selbst nicht schätzt, spüren das auch andere.

Es ist nicht deine Person, die sie ablehnen, sondern die unsichere Ausstrahlung, die du unbewusst vermittelst.

Es kann dir enorm helfen, einen sympathischen und selbstbewussten Eindruck zu hinterlassen, wenn du verstanden hast, dass Menschen in solchen Situationen nicht dich persönlich, sondern lediglich die Art und Weise, wie du dich präsentierst, ablehnen. Und wie du dich präsentierst, entscheidet maßgeblich darüber, wie die folgende Kommunikation verlaufen wird. Denn im ersten Eindruck entscheiden wir uns, ob wir überhaupt mit einer Person kommunizieren möchten oder nicht.

Warum wir unseren ersten Eindruck immer hinterfragen sollten

Kennst du das, wenn du jemanden das erste Mal siehst und sofort ein komisches Bauchgefühl bekommst? Wenn du auf Anhieb weißt: »Oh man, das kann unangenehm werden.« Manche sagen dazu auch Intuition. Im Endeffekt ist es aber egal, wie du es nennst, denn Fakt ist, dass wir Menschen vom ersten Augenblick an beurteilen. Und zwar schneller als ein Wimpernschlag – um genau zu sein, sind es nur 0,1 Sekunden.[1] Wir können das beeindruckend genau und selbst bei längerer Betrachtung bleibt unser Eindruck einer Person stabil. Dieser Vorgang passiert ganz automatisch. Du kennst es ja selbst, erst nachdem du schon dieses gewisse Bauchgefühl hast, kannst du überhaupt über dieses Bauchgefühl nachdenken. Das Gefühl entsteht also zuerst, erst danach schaltet sich unser Verstand ein. Aus diesem Grund sollten wir darüber nachdenken, ob wir unseren ersten Eindruck eventuell mal hinterfragen sollten.

Und das rate ich dir unbedingt, denn unser erster Eindruck ist zwar sehr oft, aber nicht immer richtig. Viele Menschen werden im ersten Moment nämlich ganz anders wahrgenommen, als sie eigentlich sind. Als ich meinen Spitznamen Ice-cold Killer auf Instagram mit euch geteilt habe, haben sich viele von euch zurückgemeldet, dass sie Ähnliches erlebt haben und zum Teil sogar immer noch erleben. Von »Giftzwerg« über »Eiskönigin« bis zu »The Stone« war wirklich alles an Spitznamen dabei. Und jede Einzelne von euch hat mir geschrieben, dass sie in Wirklichkeit gar nicht so sei. Wir fühlten uns in diesem Moment zwar freundlich, aber im Außen hat es niemand gesehen. Ich kann gut nachvollziehen, dass so etwas immer erst einmal wehtut. Ich meine, ich habe auch im ersten Moment gelacht, als mir mein Spitzname verraten wurde, aber schön fand ich ihn absolut nicht. Wer möchte schon gerne als eiskalter Killer bezeichnet werden?

Und wenn das schon nicht unangenehm genug ist, dann doch die Vorurteile, mit denen du zu kämpfen hast. Irgendwann heißt es: »Ach, du bist ja gar nicht so arrogant, wie ich gedacht habe.« Glücklich kannst du dich schätzen, wenn jemand doch mit dir ins Gespräch kommt und es dir rasch gelingt, dieses erste, negative Bauchgefühl bei deinem Gegenüber aus der Welt zu schaffen. Aber oft kommt es dann erst gar nicht zum Gespräch. Denn wer möchte sich schon gerne mit jemandem unterhalten, der aussieht, als könnte er dir im nächsten Moment an die Gurgel gehen? Du verpasst also jede Menge Gelegenheiten, tolle Menschen kennenzulernen, nur weil deine Außenwirkung anders ist, als du eigentlich bist. Weil wir Menschen leider oberflächlich sind.

Menschen sind im ersten Moment oberflächlich und beurteilen blitzschnell.

Du denkst jetzt vielleicht: »Ich nicht! Ich gebe jedem erst einmal eine Chance.« Nein! Auch du beurteilst im ersten Moment. Wie du weißt, passiert das unbewusst und so schnell, dass du es nicht steuern kannst. Aber wie du jetzt auch weißt, kannst du deinen Eindruck von jemandem immer bewusst hinterfragen. Und das solltest du nicht nur tun, weil du jemanden vielleicht gerade in einem unpassenden Moment erwischt hast, sondern auch, weil deine Beurteilung anderer Menschen ebenso von deinen individuellen Erfahrungen geprägt ist.

Und deswegen kann dein erster Eindruck von jemandem manchmal ziemlich unfair sein. Vielleicht hast du mal schlechte Erfahrungen mit einer Person gemacht, und du triffst dann jemanden, der dich irgendwie an diese Person erinnert. Dann wirst du höchstwahrscheinlich im ersten Augenblick ein mulmiges Bauchgefühl gegenüber dieser Person bekommen, einfach weil du unbewusst deine schlechten Erfahrungen auf sie projizierst. Das ist nicht deine Schuld, das passiert unbewusst. Aber genau aus diesem Grund sollten wir unseren ersten Eindruck, sobald es uns möglich ist, mit der Realität abgleichen. Ist diese Person wirklich so? Oder könnte sie auch anders sein? Ist mein Bauchgefühl richtig oder könnte ich mich auch irren?

Denn wenn du nicht aufpasst, kann es schnell passieren, dass du in die Falle der selbsterfüllenden Prophezeiung rutschst. Das geschieht meist unbemerkt. Stell dir vor, du hast also diese Person vor dir und du denkst: »Toll, das kann ja was werden. Die ist bestimmt genauso überheblich wie XY.«

Und jetzt pass gut auf, denn es ist superinteressant, was jetzt passiert. Dieser Gedanke wird deine Gefühle und damit deine Körpersprache, Worte und Stimme beeinflussen. Denn deine Innenwelt manifestiert sich immer in deiner Körpersprache. Dein Körper sagt immer die Wahrheit, er kann nicht lügen.

Und um zu zeigen, dass unser Körper wirklich nicht lügen kann, erzähle ich dir diese kurze Geschichte. Wir waren in einem Möbelhaus, um uns einige Küchen anzuschauen und Inspirationen zu sammeln. Ein Mitarbeiter sprach uns an und fragte, ob wir Hilfe benötigten. Wir erklärten ihm, dass wir nur schauen wollten, doch er stellte weiter Fragen. Er war sehr freundlich, aber für meinen Geschmack ein wenig zu aufdringlich. Innerlich war ich also schon ein wenig genervt, nach außen hin aber weiter höflich. Zunächst bemerkte ich es nicht, aber als wir endlich weitergehen konnten, fiel mir auf, dass meine Arme verschränkt waren. Unbewusst hatte ich eine Barriere geschaffen, weil mir das Gespräch unangenehm war und ich es beenden wollte. Ich weiß noch, dass ich in diesem Moment wieder einmal total fasziniert von unserer Körpersprache war.

Wenn du eine Person negativ einschätzt, zeigt sich das in deinem Verhalten. Dadurch dass ich von dem Mitarbeiter genervt war, haben sich automatisch meine Arme verschränkt. Wenn du im ersten Augenblick schlecht über eine Person denkst, dann wird sie das in deiner Körpersprache sehen. Sie nimmt deine Signale unbewusst wahr und reagiert darauf. Sie nimmt deine Vibes auf und ihre Stimmung verändert sich ebenfalls. So kann ein negativer Kreislauf entstehen, der deine anfängliche Meinung bestätigt, obwohl sie vielleicht falsch war. Und dann denkst du dir: »Habe ich doch gleich gewusst. Ich wusste, sie ist genauso überheblich wie ich gesagt habe.«

Du denkst, du hattest recht. Dabei hast du mit deinen Gedanken und deinem Verhalten vermutlich genau das erst provoziert. Ja, vielleicht wäre der Kontakt komplett anders verlaufen, wenn du deinen ersten Eindruck bewusst hinterfragt hättest und unvoreingenommen in das Gespräch gegangen wärst. Ich bin überzeugt, dass viele Begegnungen harmonischer verlaufen würden, wenn wir alle ein wenig mehr Selbstreflexion zeigen und unsere Gedanken und erste Eindrücke ab und zu hinterfragen würden.

Wieso der erste Eindruck so wichtig ist

Und jetzt ist es leider nicht nur so, dass du ein Gespräch mit deinen Signalen in eine bestimmte Richtung lenken kannst (hiermit meine ich die selbsterfüllende Prophezeiung), sondern auch, dass einmal gebildete Eindrücke schwer zu verändern sind, weil Menschen ungern zugeben, dass sie sich geirrt haben. Sie verlassen sich auf ihr Bauchgefühl und wollen nicht hinterfragen. Das kann zu einem ziemlich großen Nachteil werden, denn ein negativer Eindruck wird sich wie ein Filter über alles legen, was du danach sagst oder tust. Dein Gegenüber wird mit allen Mitteln versuchen, Beweise zu finden, dass sein erster Eindruck von dir richtig war. Deswegen ist es auch so schwer, einen erstmals schlechten Eindruck zu korrigieren.

Menschen geben ungern zu, dass sie sich geirrt haben, und wollen an ihrer Meinung festhalten.

Ein schlechter erster Eindruck kann lange nachwirken, was ich selbst am eigenen Leib erfahren durfte.

Als ich damals in Paderborn mein Studium in International Business anfing, hatten wir dort eine sogenannte Orientierungswoche. Dort wurden wir in Gruppen aufgeteilt und verbrachten die erste Woche zusammen. Wir sollten uns alle ein bisschen besser kennenlernen, bevor es mit dem eigentlichen Unistress losging. Und in dieser Gruppe gab es einen Typen, den ich von Beginn an nicht leiden konnte. Während wir da alle zusammen im Bistro saßen, sagte er irgendetwas zu mir, ich kann mich nicht einmal mehr daran erinnern, was es war, ich weiß nur noch, dass ich dachte: »Was für ein Idiot!«

Während der gesamten Woche und noch darüber hinaus hatte ich immer ein schlechtes Gefühl, wenn ich neben ihm stand. Irgendetwas störte mich immer an ihm. In meinem Kopf war dieses Wort »Idiot« wie auf einem Schild in Neonfarben festgeschrieben. Es dauerte sehr lange, bis ich endlich zugeben konnte, dass ich mich geirrt hatte. Aber ich gab es zu. Tatsächlich waren wir dann bis zum Ende des Studiums befreundet und wir tanzten sogar auf meiner Hochzeit zusammen.

Ich konnte meinen Eindruck allerdings nur deshalb widerrufen, weil ich gezwungenermaßen sehr viel Zeit mit ihm verbracht habe. Immerhin haben wir Kurse zusammen belegt und hatten gemeinsame Freunde an der Uni. Wäre das nicht so gewesen, dann wäre er wahrscheinlich in meinen Augen immer ein Idiot gewesen. Was sehr schade gewesen wäre, denn er war das Gegenteil davon. Er hat einfach zu Beginn einen falschen Satz zu mir gesagt und das wäre fast sein k. o. gewesen.

Aber, hey, weißt du, was das Gute am ersten Eindruck ist? Er funktioniert genauso auch in die andere Richtung. Ein guter erster Eindruck kann auch lange positiv nachwirken. Denn wie du jetzt weißt, wollen wir Menschen unsere Meinung über jemanden nicht ändern, sondern bestätigt sehen. Wenn also jemand einen guten ersten Eindruck von dir hat, wird er dich wahrscheinlich auch in Zukunft positiv sehen. Da musst du dann schon sehr viele krasse Dinge tun, damit sich die Gefühle dir gegenüber verändern.

Ich bitte dich eindringlich, dieses Wissen nicht für negative Zwecke zu verwenden. Es mag sich zwar etwas nach Manipulation anhören und ein Stück weit ist es das auch. Aber in Wirklichkeit beeinflussen wir Menschen einander ständig, sei es bewusst oder unbewusst. Das bedeutet, wir senden immer Signale aus und beeinflussen damit unser Gegenüber. Selbst wenn wir schweigen oder nichts tun. Es ist in Ordnung, dieses Wissen zu nutzen, um dich von deiner besten Seite zu zeigen. Ich meine, solange du niemandem schadest, ist das doch völlig okay. Es wäre sogar ein Fehler, dieses Wissen nicht zu nutzen. Denn, wenn du von Anfang an die beste Version von dir selbst zeigst und andere dich so einzigartig und fantastisch wahrnehmen, wie du wirklich bist, macht das vieles einfacher.

Sichtbarkeit als Basis für einen hervorragenden ersten Eindruck

Ich kann aber auch verstehen, dass vielen Menschen genau das Angst macht. Denn wenn du wahrgenommen wirst, dann machst du dich auch angreifbar. Sichtbarkeit bedeutet immer, aus dem Schatten herauszutreten. Um anderen Menschen zu zeigen, wie fantastisch du bist, musst du erst einmal den Mut aufbringen, dich zu zeigen. Und ganz oft halten wir uns selbst zurück, weil wir uns für nicht gut genug, nicht schön genug oder nicht klug genug halten. Wenn du also andere begeistern möchtest, wenn du willst, dass ihnen bei deinem Anblick der Atem stockt und alle sich fragen »Wer ist das?«, dann müssen wir zuerst herausfinden, warum du dich verstecken möchtest. Wenn du die Dinge kennst, die andere nicht sehen sollen und anfängst, sie zumindest zu akzeptieren, dann hast du auch keine Angst mehr davor, dass andere sie wahrnehmen könnten.

Weißt du, wir haben oft das Gefühl, als ob jeder genau hinschauen und jedes kleine Detail an uns kritisch unter die Lupe nehmen würde. Das hält uns oft davon ab, uns so zu zeigen, wie wir wirklich sind, weil wir denken, jeder unserer Fehltritte wird sofort bemerkt. Aber mal ehrlich: Die meisten Menschen sind so sehr mit ihren eigenen Angelegenheiten beschäftigt, dass sie gar nicht die Zeit haben, uns so genau zu beobachten. Wir sind alle in unsere eigenen Angelegenheiten vertieft, reden am liebsten über uns und denken die meiste Zeit auch nur über uns nach. Und auch wenn du denkst, deine Unsicherheiten seien total offensichtlich, sieht es von außen meistens gar nicht so aus. Das ist wie mit deinem Hungergefühl – du spürst es deutlich, aber von außen merkt's keiner. Wenn du also denkst, deine Unsicherheiten fühlten sich wie eine Acht von Zehn an, kommt das bei anderen vielleicht nur wie eine Zwei oder Drei an. Wir dürfen uns also alle gerne ein bisschen mehr entspannen und zurücklehnen.

Es geht nicht darum, krampfhaft zu beeindrucken, sondern darum, dich in deinem besten Licht zu präsentieren.

Zeige dich so, dass andere auf den ersten Blick dein wahres Potenzial erkennen können. Dann wirst du genauso wahrgenommen, wie du in deinen glänzendsten Momenten bist, und öffnest dir die Türen zu all den Chancen, die du verdienst. Wenn du das meisterst, wirst du dich nie wieder fragen müssen, warum andere bevorzugt werden, obwohl du doch so viel mehr zu bieten hast. Denn mit deiner Anwesenheit vermittelst du klar und deutlich, dass du dir deiner selbst und deiner Fähigkeiten sicher bist. Diese Ausstrahlung wird dann nicht nur Selbstvertrauen und Sympathie signalisieren, sondern geradezu danach rufen.

Wenn du dich jemals so gefühlt hast, als würde sich niemand für dich interessieren und niemand dich ansprechen, dann frag dich einmal ganz ehrlich, welchen Einfluss deine Ausstrahlung dabei wohl gespielt hat. Was hast du gedacht? Wie hast du dich gefühlt und wie hat das deine Außenwirkung beeinflusst? Es reicht nicht, sich nur freundlich zu fühlen. Die anderen müssen es auch sehen können.

Wenn du keine Angst vor der Sichtbarkeit und dem daraus entstehenden Kontakt mit anderen Menschen hast, verhältst du dich auch anders. Du wirkst offener, und die Wahrscheinlichkeit, dass andere dich ansprechen, steigt. Es ist immer schön und stärkt dein Selbstbewusstsein, wenn du den ersten Schritt machst, aber noch schöner ist es, wenn du es nicht immer machen musst. Und keine Sorge, im weiteren Verlauf dieses Buches werden wir uns genauer anschauen, wie du durch dein Erscheinungsbild dieses Selbstbewusstsein und diese Ausstrahlung erzeugen kannst.

Was du tun kannst, wenn du mal einen schlechten Tag hast

Es ist völlig normal, dass wir uns manchmal nicht auf der Höhe fühlen und unsere Energie an manchen Tagen einfach nicht da ist. Ich möchte auf keinen Fall, dass du dich in solchen Momenten dazu drängst, etwas vorzutäuschen, das weit entfernt von deinem aktuellen Gefühlszustand ist. Das wäre nicht ehrlich und würde sich weder für dich noch für die Personen um dich herum richtig anfühlen. Solltest du einen harten Schicksalsschlag erlitten haben, dann erwarte nicht von dir, dass du durch die Wohnung tanzt und gezwungen Fröhlichkeit ausstrahlst. Trauer und Schmerz haben ihren Platz im Leben, und es ist wichtig, sich selbst und anderen gegenüber aufrichtig zu sein. In solchen Zeiten offen über deine Gefühle zu sprechen, zeugt von Mut und Selbstbewusstsein.

Falls du aber einfach einen dieser Tage hast, wo du denkst »Oh ne, heute wird ein richtig blöder Tag«, gibt es viele Möglichkeiten, dich wieder in die richtige Spur zu bringen. Von Musik über Visualisierungen bis hin zu Dankbarkeitspraktiken ist vieles hilfreich.

Mein Geheimtipp für dich

Ich kenne das, wenn einem nichts einfällt, für das man dankbar sein kann. Beziehungsweise, wenn man es irgendwie nicht richtig fühlt. Falls du das auch kennst, habe ich an dieser Stelle eine Frage an dich, die dir dabei garantiert helfen wird.

»Was würdest du vermissen, wenn es morgen plötzlich nicht mehr da wäre?«

Na, fällt dir etwas ein? Schon hast du etwas, für das du dankbar sein kannst. Und wenn es bloß dein Kaffee am Morgen ist – alles ist erlaubt. Du darfst dir klarmachen, dass viele Menschen nicht die Möglichkeiten haben, die du hast. Vielen Menschen geht es viel schlechter, und sie würden alles tun, um einfach in Ruhe ihren Kaffee am Morgen zu genießen. Es sind oft die kleinen Dinge, in denen die größten Wunder stecken.

Such dir eine Methode, die für dich funktioniert, und lass nicht zu, dass du durch eine selbst hervorgerufene Negativspirale deinen ganzen Tag und damit deinen ersten Eindruck bei vielen Menschen verdirbst. Jetzt fragst du dich vielleicht, was eine Negativspirale ist? Du kennst ja schon die selbsterfüllende Prophezeiung. Das hier ist so ähnlich.

Nehmen wir also mal an, du hast einen dieser blöden Tage. Du stehst morgens auf, hast keinen Bock auf nichts. Stellst dich vor den Spiegel und denkst: »Toll, jetzt auch noch ein Bad Hair Day.« Du machst also das Beste draus, bist aber völlig genervt und genauso begrüßt du deinen Partner morgens. Dieser sagt dann: »Was ist denn mit dir los?« Und das regt dich dann erst richtig auf. Du denkst: »Was soll das? Sieht er nicht, dass ich es eh schon schwer habe heute, warum muss er mir jetzt auch noch auf den Keks gehen?« Deine Laune sinkt immer weiter. Du kommst zur Arbeit und gehst lustlos in dein Büro. Auf dem Weg dahin grüßt du die anderen mit einem schwachen »Hallo«, deine Miene ist leicht angespannt. Die Antworten fallen dementsprechend eher schmählich aus. Du denkst dir: »Was soll das denn? Jetzt sagen die nicht einmal richtig guten Morgen. Und wie sie geguckt haben. Ich sag ja immer, alles Idioten.«

Ich habe das Ganze absichtlich etwas überspitzt dargestellt, um dir deutlich zu machen, worauf ich hinauswill. Deine Stimmung hat einen direkten Einfluss auf die Menschen um dich herum, die dann möglicherweise negativ auf dich reagieren. Diese Reaktionen wirken sich wiederum auf dich aus, was deine Stimmung weiter verschlechtert – weitere negative Reaktionen werden provoziert. Auf diese Weise entsteht eine Abwärtsspirale aus Negativität, die du selbst in Gang gesetzt hast.

Du hast es in der Hand, wie dein Tag verlaufen soll. Du kannst dich jeden Tag aufs Neue bewusst dazu entscheiden, dass heute ein guter Tag wird. Auch wenn du es morgens noch nicht direkt spürst. Die positiven Reaktionen der anderen Menschen auf dich werden dafür sorgen, dass du dich Stück für Stück besser fühlst und am Ende wirklich einen hervorragenden Tag haben wirst.

Mein Geheimtipp für dich

Neben Dankbarkeitsübungen kannst du auch andere Techniken nutzen, um deiner Laune etwas auf die Sprünge zu helfen. Ich nutze gerne Musik, um in eine bessere Stimmung zu geraten. Kaum höre ich einen tollen Song an, kann ich nicht anders als zu grinsen und zu tanzen. Mein Stresslevel sinkt und mein Glückslevel steigt. Du wirst dich also auf jeden Fall besser fühlen, wenn du diesen Tipp für dich nutzt. Ich mache das jedes Mal, bevor ich meinen Content für Social Media drehe oder ein wichtiges Gespräch habe. Damit ich wirklich sicherstellen kann, dass ich in meiner vollen Energie bin. Und falls du morgens keine Zeit hast, durch deine Bude zu tanzen, dann versuche mal, deinen Lieblingssong beim Gehen vor dich hin zu summen. Das wirkt sich nicht nur positiv auf deinen Gang aus, sondern sorgt auch dafür, dass du dich besser fühlst.

Das kommt dir albern vor? Genau da haben wir das Problem. War es dir als Kind zu albern zu tanzen oder vor anderen zu singen? Nein, es hat Spaß gemacht, und es war uns egal, was andere über uns gedacht haben. Wir haben es getan, weil wir es einfach gerade tun wollten, und unsere Laune war super. Wenn du jetzt sagst, dass du es albern findest, dann solltest du diese Übung erst recht machen. Du wirst dich nach und nach immer wohler damit fühlen und viel lockerer werden.

Ich weiß aber auch, dass das nicht immer möglich ist. Du wirst wohl schwer im Büro die Musik laut aufdrehen können und anfangen zu tanzen. Wenn ich so darüber nachdenke, wäre so ein Büro das Coolste überhaupt. Wie gut gelaunt würden alle dort arbeiten, wenn man ab und zu mal die Hüften kreisen lassen könnte. Alle wären viel weniger angespannt und gut drauf. Was für eine schöne Vorstellung. Aber da das bei den meisten von uns wohl eher nicht die Norm ist, versuch einfach, diese Methoden anzuwenden, bevor du das Haus verlässt. So bereitest du dich optimal vor und kannst mit einem hohen Energielevel raus in die Welt.

Ich verspreche dir, wenn du Menschen mit positiver Energie begegnest, dann wirst du mit weniger Konflikten konfrontiert, du wirst bessere Gespräche führen und nachhaltig tiefere Beziehungen zu anderen Menschen aufbauen. Außerdem weißt du nie, welchen Menschen du mit deiner gut gelaunten Art gerade den Tag rettest.

Hinterlasse Menschen immer besser, als du sie vorgefunden hast.

Dein Lächeln, dein freundliches Wort kann für einen Menschen in einem Moment genau das sein, was er gerade gebraucht hat. Was für ein schönes Gefühl es ist, zu wissen, dass wir andere auf diese Art und Weise positiv beeinflussen können.

Verwechsle Sympathie jedoch nicht mit Charme. Während Charme eine anziehende und faszinierende Ausstrahlung haben kann und durchaus seine Vorteile bietet, hat er oft einen negativen Beigeschmack. Charme kann manchmal den Eindruck erwecken, dass wir den anderen manipulieren, um ihn auf unsere Seite zu ziehen. Man denkt sich quasi die ganze Zeit: »Was genau will der jetzt von mir, wieso ist er so charmant?«

Von jemandem, der sympathisch ist, denkt man das nicht. Sympathie schafft Vertrauen und vermittelt Aufrichtigkeit. Wenn du langfristig Beziehungen aufbauen und in deinem Umfeld wirklich geschätzt werden möchtest, ist Sympathie die bessere Wahl. Sympathische Menschen werden als ehrlich und vertrauenswürdig wahrgenommen, weil sie sich aufrichtig für ihr Gegenüber interessieren und nicht nur nett sind, weil sie im Gegenzug etwas wollen.

Versteh mich nicht falsch. Die meisten Menschen merken, wenn du deinen Charme für die eigenen Zwecke spielen lässt, auch wenn wir diese Aufmerksamkeit dennoch genießen. Trotzdem sind wir uns bewusst, dass es nur ein Mittel zum Zweck ist. Selbst wenn wir demjenigen dann geben, was er möchte, weil er so charmant war, wissen wir unbewusst nicht, ob wir dieser Person wirklich vertrauen können.

Sympathie geht hier einen klaren Schritt weiter. Sympathie beinhaltet keine oberflächlichen Komplimente, sondern echte Wertschätzung und echtes Interesse. Deshalb kann Sympathie auch zu einem festen Bestandteil deines Wesens werden, während Charme oft aufgesetzt wirken kann. Letztlich schafft Sympathie tiefe, ehrliche Verbindungen, die über oberflächlichen Charme hinausgehen und echte Anerkennung und Respekt fördern.

Welchen Einfluss deine Körpersprache, Kleidung und Stimme haben

Dein erster Eindruck wird maßgeblich von der Energie bestimmt, die du ausstrahlst. Diese Energie manifestiert sich in allem, was du nach außen trägst – von deiner Körpersprache über den Klang deiner Stimme bis hin zu den Worten, die du wählst, und sogar der Kleidung, die du anziehst. All diese Dinge sind es, die Menschen bei der ersten Begegnung an dir wahrnehmen. Es geht darum, wie du dich bewegst, wie du schaust, dich kleidest und sprichst. Strahlst du die Zuversicht eines Siegers aus? Wählst du deine Garderobe mit Bedacht, oder sieht man dir an, dass dein Äußeres keine große Rolle für dich spielt? Dein Blick – ist er eisig und distanziert oder offen und einladend, als würdest du die Welt umarmen wollen? All dies trägt zu dem Bild bei, das du von dir zeichnest, und welches andere dann sehen können.

Deine Energie wird vor allem von deinem Selbstgefühl bestimmt. Wenn du dich wohl in deiner Haut fühlst, Selbstvertrauen besitzt und dich selbst sowie andere magst, dann spiegelt sich das in einer positiven Ausstrahlung und einem gepflegten Äußeren wider. Selbstliebe motiviert uns, uns um unser Wohl zu kümmern – wir pflegen unser Äußeres, kleiden uns bewusst und begegnen unseren Mitmenschen mit Freundlichkeit. Und all das trägt entscheidend dazu bei, wie andere Menschen uns wahrnehmen und auf uns reagieren. Aber worauf achten Menschen, wenn sie uns sehen? Lass mich dir sagen, dass es nicht unser Selbstbewusstsein ist. Nein, als Allererstes beurteilen wir, ob wir überhaupt mit jemandem kommunizieren wollen.

Und hier spielt die Sympathie eine entscheidende Rolle. Wenn du von Beginn an unsympathisch wirkst, dann wird das gesamte Gespräch schwieriger für dich, weil dein Gegenüber dir vermutlich gar nicht richtig zuhören möchte. Und wer will das schon? Stell dir vor, du triffst jemanden, der dir sofort unsympathisch ist – kannst du dich dann wirklich auf das konzentrieren, was er oder sie sagt, oder bist du eher genervt? Selbst die klügsten Kommentare werden nicht wirklich positiv aufgenommen, wenn du von Anfang an unsympathisch wirkst. Vermutlich würde man dich dann sogar eher als Klugscheißer betiteln. Aber jemand, der äußerst sympathisch auftritt und dann mit den klügsten Kommentaren beginnt? Diesen Jemand bezeichnen wir dann als sehr intelligent.

Wenn ich dich fragen würde, wer im Vorstellungsgespräch die besseren Karten hat, was würdest du antworten? Derjenige, der die besten Argumente hat oder derjenige, mit dem sich die Entscheider am besten verstehen? Derjenige, bei dem die Vibes stimmen? Unter der Bedingung, dass alle Voraussetzungen für den Job von beiden erfüllt werden? Ja, na klar, derjenige, der am sympathischsten ist, wird wahrscheinlich auch den Job bekommen. Weil wir bei diesem Menschen davon ausgehen, dass die Zusammenarbeit reibungsloser funktionieren wird. Natürlich ist es wichtig, dass du kompetent bist. Aber im ersten Moment zählt vor allem, dass die Menschen dich mögen. Deine Kompetenz kannst du dir im Gespräch für die wichtigen Fragen aufsparen.

Im ersten Moment zählt, dass Menschen dich mögen. Erst dann solltest du zeigen, wie selbstbewusst und kompetent du bist.

Und hier spielt neben deiner inneren Einstellung und deiner Energie deine Körpersprache eine entscheidende Rolle. Wenn du andere Menschen und dich selbst wertschätzt und dich aufrichtig darauf freust, neue Bekanntschaften zu machen, dann wird dies auch nach außen hin sichtbar. Deine Freude, wenn du einer neuen Person begegnest, spiegelt sich in deinem Körper wider. Der Gesichtsausdruck wird freundlicher und die Körperhaltung wird lockerer und offener.

Es gibt dadurch auch die Möglichkeit, von außen ein wenig nachzuhelfen. Wie du vielleicht von mir weißt, habe ich auch eine Zeit lang an meinem Lächeln gearbeitet. Ich habe es mir zur Angewohnheit gemacht, jeden Menschen, der mir begegnet, anzulächeln – ohne Ausnahme. Diese

Praxis wurde zur Gewohnheit und nun geschieht sie ganz von selbst. Ich muss nicht mehr darüber nachdenken. Egal ob jemand an mir vorbeigeht, ich an der Kasse im Supermarkt stehe oder wir zu Hause Besuch bekommen und ich mitten in den Vorbereitungen stecke: Ich halte inne, atme tief durch und empfange unsere Gäste mit einem strahlenden Lächeln, weil ich mich ehrlich über ihr Kommen freue und möchte, dass sie sich bei uns wohl fühlen.

Ein Lächeln hat in jeder Sprache dieselbe Bedeutung. Es wird weltweit verstanden und ist das einfachste Zeichen deiner Sympathie. Die Kraft eines echten Lächelns solltest du niemals unterschätzen. Nicht umsonst gibt es das Sprichwort:

Ein Lächeln sagt mehr als tausend Worte.

Umso frustrierender ist es, dass insbesondere Frauen oft geraten wird, sie sollten weniger lächeln, um ernst genommen zu werden. Welch ein Unsinn. Nicht das Lächeln ist es, das manche von uns unsicher erscheinen lässt. Es ist vielmehr eine Ansammlung von »falschen« Körpersignalen.

Stell dir eine Person vor, deren Fußspitzen nach innen zeigen, die mit einer Hand den anderen Arm umklammert, den Kopf schief hält und dabei lächelt. In diesem Fall ist es nicht das Lächeln, das Unsicherheit ausstrahlt, sondern die Kombination aus Fußstellung, Armhaltung und Kopfneigung. Im Gegensatz dazu, wenn du eine offene und insbesondere aufrechte Körperhaltung annimmst – die Schultern entspannt, das Kinn gerade, eine leichte Körperspannung aufrechterhältst, die Arme locker an deinen Seiten hängen lässt und die Fußspitzen nach vorne zeigen lässt– und dann lächelst, strahlst du nicht Unsicherheit, sondern Souveränität aus. Wir sollten also nicht weniger lächeln – vor allem nicht im ersten Moment.

Denn im ersten Augenblick schauen wir uns nicht nur ein einzelnes Signal an, sondern die ganze Art, wie sich jemand bewegt. Wir müssen ja blitzschnell einschätzen können, ob von der Person, die da auf uns zukommt, eine Gefahr ausgeht oder nicht. Denk mal logisch darüber nach – da spielen vor allem die Augen, der Mund und die Hände eine große Rolle.

Die Augen verraten uns, ob wir überhaupt das Ziel der Aufmerksamkeit sind. Jemand kann auf uns zukommen, aber der Blick kann ganz woanders sein, vielleicht auf jemand anderen gerichtet. Wenn also ein aggressiv wirkender Mensch in deine Richtung läuft, aber auf jemand anderen blickt, dann kannst du dich sofort wieder entspannen.

Dann schauen wir natürlich auch auf den Mund. Ein Lächeln zeigt uns, dass die Person freundlich gestimmt ist. Wenn sich der Mund nach unten verzieht oder vor Wut zusammengepresst wird, ist Vorsicht angesagt. Das könnte Ärger für uns bedeuten.

Und schließlich die Hände: Sie zeigen uns, ob die Person möglicherweise eine Waffe trägt oder ob sie wütend die Fäuste ballt. Hängen die Arme und Hände entspannt herunter, deutet das auf eine lockere, ungefährliche Annäherung hin. Wir bewerten all das in Sekundenschnelle, weil unser Überleben früher davon abhing.

Stell dir nun jemanden vor, der mit tief ins Gesicht gezogener Kapuze, sodass Augen und Mund kaum zu erkennen sind, und mit den Händen tief in den Taschen seines Pullovers auf dich zugeht. Ich bin mir sicher, du würdest instinktiv ein paar Schritte zur Seite machen, weil alles in dir Alarm schlägt und Gefahr signalisiert. Vorausgesetzt du bist nicht in dein Smartphone vertieft, sondern mit deiner Aufmerksamkeit bei deiner Umwelt.

Wirkt diese Person sympathisch? NEIN. Ist sie sympathisch? Keine Ahnung, aber wir bewerten sie so. Wenn diese Person vor dir stehen bleiben und dich ansprechen würde, dann würdest du sie sehen, ihr zuhören und sie vielleicht sogar ernst nehmen. ABER: Das würdest du aus Angst tun, nicht, weil sie charismatisch auf dich wirkt. Wir wollen uns in diesem Buch aber nicht anschauen, wie Menschen Angst vor uns bekommen, sondern wie wir sie mit Charisma auf unsere Seite ziehen können, damit sie uns sehen, hören und ernst nehmen.

Haben wir dann anhand der Körpersprache eine erste Bewertung vorgenommen, schauen wir uns auch das äußere Erscheinungsbild an.[2] Dazu zählen Kleidung, Frisur, Make-up und weitere Aspekte. Und falls du bis jetzt immer auf Attraktivität gezählt hast, muss ich dich enttäuschen, denn die Körpersprache spielt bei der Bewertung anderer Personen eine weitaus größere Rolle als die Attraktivität eines Menschen. Wir machen oft den Fehler, möglichst gut aussehen zu wollen, und geben uns große Mühe mit unserem Äußeren, doch vernachlässigen dabei unsere Körpersprache. Nur leider kann selbst das teuerste und attraktivste Outfit an Wirkung verlieren, wenn die Person durch ihre Körpersprache Unsicherheit und Unbehagen ausstrahlt. Wenn ich hier eine Dame aus meiner Community zitieren darf: »Ich werde selbst im roten Kleid übersehen.« Dein äußeres Erscheinungsbild ist nicht unwichtig, aber die Körpersprache ist im ersten Moment ausschlaggebend.

Der erste Eindruck legt den Grundstein für erfolgreiche Kommunikation. Mit ihm steht und fällt NICHT alles, du kannst ihn korrigieren, jedoch machst du dir das Leben leichter, wenn du es bereits im ersten Moment schaffst, anderen die beste Version deiner selbst zu zeigen. Stell dir vor, wie viele Konflikte und Missverständnisse du vermeiden könntest, wenn andere Menschen vom ersten Moment an deine selbstsicherste und sympathischste Seite wahrnehmen würden. Ein Schritt auf dem Weg dahin wäre es sicherlich, dir deine Körpersprache und dein Erscheinungsbild anzuschauen und dich ganz ehrlich zu fragen, wie du wohl selbst auf dich reagieren würdest. Ich empfehle dazu ein Videotraining.

Und ich sage dir, so ein Video ist immer erst einmal unangenehm. Ich weiß selbst noch, wie ich mein erstes Video gedreht habe. Ich konnte kaum hinsehen. Ich habe mich geschämt und es direkt wieder gelöscht. Und heute? Heute liebe ich es, mich auf Videos zu sehen. Ich habe mich lieben gelernt und bin mir meiner Außenwirkung ganz und gar bewusst. Das hat für jede Menge Selbstsicherheit gesorgt, weil ich mir keine Gedanken mehr darum machen muss, wie ich wohl gerade auf andere wirke, weil ich es ganz genau weiß. Im späteren Verlauf gehe ich auf das Thema noch einmal genauer ein, da darfst du jetzt schon gespannt sein.

Das war ein langer Weg, aber genau dieser Prozess hat mir gezeigt, wie wichtig es ist, sich selbst zu akzeptieren. Heute sehe ich jedes Video als Chance, weiterzuwachsen und mich immer besser kennenzulernen.

Tatsächlich freue ich mich jedes Mal, wenn ich wieder vor der Kamera stehen darf.

Mein Geheimtipp für dich

Nimm dich einmal unvoreingenommen auf, ohne dich dabei auf dem Bildschirm zu beobachten. Verfalle nun nicht in Selbstkritik und mach dich selbst fertig, sondern sieh das wie ein Wissenschaftler. Objektiv, ohne Vorurteile. Zeichne verschiedene Momente auf: dein Lächeln, einen neutralen Ausdruck, wie du auf die Kamera zugehst. Das ist deine Chance, authentisch zu sehen, wie du auf Mitmenschen wirkst. Wenn du meinst, du wüsstest, wie du lächelst, mach es trotzdem. Du würdest dich wundern, wie viele meiner Kunden mir erzählt haben, dass sie beim Fotografiertwerden immer dachten, sie hätten gelächelt – und auf dem Bild war nichts davon zu sehen.

Versuch dich nicht zu verstellen, sondern einfach du selbst zu bleiben. Wenn du jemanden hast, der in einem unbeobachteten Moment ein Video von dir aufnehmen könnte, wäre das noch besser. So hast du dann eine wirklich authentische Momentaufnahme und siehst genau das, was andere sehen. Und kannst dann gezielt an deiner Außenwirkung arbeiten. Falls niemand ein Video von dir aufnehmen kann, ist das auch völlig in Ordnung. Ich habe mich auch immer selbst gefilmt, und ich kann sagen, dass es die beste Übung für mein Selbstbewusstsein war.

Dein starkes und sympathisches Inneres

Natürlich reicht das alleine nicht aus, um wirklich selbstsicher und sympathisch aufzutreten. Es bedarf auch ganz viel innerer Arbeit. Du darfst dich daran erinnern, dass du es verdienst, gesehen und gehört zu werden. Erkenne, dass du genauso wertvoll bist wie jeder andere, unabhängig von ihrer Position. Indem du deine Stärken und Schwächen annimmst, baust du ein unerschütterliches Selbstbewusstsein auf. Es geht darum, dich selbst so sehr zu lieben und wertzuschätzen, als wärst du deine eigene beste Freundin. Also lass uns nicht mehr lange drumherum reden und widmen wir uns dem wahren Anliegen: eine so leuchtende und starke Persönlichkeit aufzubauen, dass dich niemand je wieder übersehen wird.

Unerschütterliches Selbstbewusstsein

Widmen wir uns zunächst deinem Selbstbewusstsein. Der einen von zwei Seiten, wenn du ein starkes Charisma entwickeln willst. Eine Seite, die zwingend notwendig ist, damit wir ernst genommen und gehört werden. Aber was bedeutet eigentlich Selbstbewusstsein? Oft wird es gleichgesetzt mit Selbstvertrauen oder Selbstsicherheit. Aber Selbstbewusstsein heißt nichts anderes, als sich seiner selbst bewusst zu sein. Einfach ausgedrückt:

sich selbst sehr gut zu kennen. Mit allen Stärken und Schwächen. Mit allen Eigenarten, Macken und Eigenschaften, die uns zu dem Menschen machen, der wir sind.

Es ist die Basis, von der aus Selbstvertrauen und Selbstsicherheit wachsen können. Selbstbewusstsein ermöglicht es uns, Vertrauen in unsere Fähigkeiten zu entwickeln, was wir dann als Selbstvertrauen bezeichnen. Dieses Vertrauen in die eigenen Fähigkeiten und die Gewissheit, Herausforderungen meistern zu können, führt zur Selbstsicherheit – der Zuversicht in die eigenen Worte und Meinungen. Du lernst dich also erst kennen, fängst an, dir zu vertrauen, und schließlich fühlst du dich auch sicher in dem, was du tust.

Deine Stärken und Schwächen

Wenn Selbstbewusstsein bedeutet, sich seiner selbst bewusst zu sein, dann können wir doch einfach mal starten, indem wir uns unsere Stärken und Schwächen bewusst machen. Was können wir besonders gut und was nicht so gut? Sich seine Stärken zu verdeutlichen, hilft nicht nur dabei, sich selbst besser kennenzulernen, sondern trägt entscheidend dazu bei, wie wir uns vor anderen Menschen fühlen.

Wenn du dich in Gegenwart von bestimmten Menschen regelmäßig klein fühlst, dann kann das ein Zeichen dafür sein, dass du deine Stärken nicht gut genug kennst. Besonders bei sogenannten Autoritätspersonen kann sich so ein Gefühl ganz schnell einschleichen. Sie stehen da mit ihrer wahnsinnig starken Ausstrahlung, die manchmal ganz schön einschüchtern kann. Umso wichtiger ist es, dass du dir in solchen Momenten deine Stärken und Schwächen bewusst machst.

Das Bewusstsein über deine Stärken und Schwächen ermöglicht es dir dann, zu verstehen, dass auch die beeindruckende Persönlichkeit vor dir ihre eigenen Schwächen besitzt. Obwohl du vielleicht zunächst nur ihre Stärken wahrnimmst, weißt du jetzt: Auch sie ist nicht perfekt. Genauso wie wir Unzulänglichkeiten haben, hat sie sie auch. Deshalb gibt es keinen Grund, sich in Gegenwart anderer minderwertig oder überlegen zu fühlen. Dies sollte dich ermutigen, mit jedem Menschen auf Augenhöhe zu kommunizieren, unabhängig von seinem Status. Denn im Kern sind wir alle gleich: fehlerhafte, aber wundervolle Wesen mit einzigartigen Talenten. Wieso aber fällt es dann so schwer, die eigenen Talente anzuerkennen? Da gibt es drei zentrale Herausforderungen.

Das Dilemma mit dem Eigenlob

Wenn ich dich bitten würde, mir drei deiner größten Schwächen zu nennen, was würde dir dazu einfallen? Bestimmt hast du jetzt in diesem Augenblick schon mindestens drei, wenn nicht sogar mehr Dinge im Kopf, die du als Schwäche ansehen würdest. Und wenn ich dich bitten würde, mir drei deiner größten Stärken zu nennen, wie einfach würde dir das fallen? Ist dir etwas eingefallen? Ist dir vielleicht sogar mehr als eine Stärke eingefallen? Das wäre wirklich herausragend, denn die meisten von uns sind ziemlich schlecht darin, ihre Stärken anzuerkennen. Bei unseren Schwächen dagegen fällt es uns leicht. Sie schießen auf Kommando aus uns heraus. Wieso ist das so? Und wieso fällt es uns so schwer, unsere Stärken anzuerkennen? Ja, wieso kennen viele von uns ihre Stärken nicht einmal?

Das mag zum Teil vermutlich daran liegen, dass wir seit unserer Kindheit gelernt haben, dass wir nicht prahlen sollen. In meiner ziemlich großen Familie haben wir damals noch Plattdeutsch gesprochen, und es gab da so ein Sprichwort: »Puch di nich sö!« Ich versuche es mal logisch zu übersetzen: »Lob dich nicht so.« Oder nicht so schön ausgedrückt: »Eigenlob stinkt!«

Ich weiß nicht genau, woher dieses Sprichwort kommt, aber ich bin überzeugt, dass es uns zurückhält und blockiert. Wenn wir mal genauer darüber nachdenken, ist es doch ziemlich schön, wenn man so viel Selbstliebe besitzt, dass man sich selbst loben kann. Ich denke nicht, dass Eigenlob stinkt, ich denke, Eigenlob ist eine Tugend – solange wir es nicht übertreiben und überall mit unseren Erfolgen angeben wollen. Eigenlob ist der erste Schritt, seine eigenen Erfolge und Stärken anzuerkennen und damit der erste Schritt für ein felsenfestes Selbstbewusstsein.

Eigenlob stinkt nicht. Eigenlob ist eine Tugend!

Wenn jemand deine Erfolge nicht anerkennen kann oder dir deine Erfolge nicht gönnt, dann denke daran, dass dies oft mehr über dessen eigene Unzufriedenheit aussagt als über dich. Menschen, die anderen ihren Erfolg nicht gönnen, fühlen sich meist selbst nicht erfüllt und sind, auch wenn ich das Wort ungern benutze, vielleicht sogar neidisch. Wir sollten uns von solchen Einstellungen nicht herunterziehen lassen, sondern eher Mitgefühl für sie empfinden.

Wenn du versuchst, dich in ihre Lage zu versetzen, wirst du feststellen, dass sie wahrscheinlich von großen Selbstzweifeln gequält werden und sich selbst innerlich stark kritisieren. Aus ihrer Sicht haben sie vielleicht keine andere Wahl, als so zu reagieren. Also nimm dir solche negativen Kommentare bitte nicht zu Herzen. Zeige deine Stärke, indem du drüberstehst und Verständnis zeigst. Ein Mensch, der mit sich selbst im Reinen ist, wird dir deine Erfolge immer gönnen. Er wird deine Erfolge niemals schlechtreden, sondern dich motivieren, noch besser zu werden. Menschen, die an ihren eigenen Erfolgen arbeiten, konzentrieren sich nicht auf das, was die anderen tun, sondern nur auf sich selbst.

Manchmal zögern wir, wirklich alles zu geben, weil wir Angst haben, dass wir damit jemand anderen in den Schatten stellen könnten. Die Vorstellung, dass unser eigenes Leuchten andere verblassen lässt, bremst uns. Aber ich habe da eine andere Perspektive, die mir sehr am Herzen liegt. Ich glaube fest daran, dass, wenn wir uns erlauben, unser Licht voll und ganz strahlen zu lassen, wir damit auch anderen signalisieren, dass sie es ebenfalls tun können. Es ist so, als würdest du ihnen unbewusst sagen: »Hey, es ist okay, zeig, was du kannst!« Indem wir leuchten, inspirieren wir andere, nicht im Schatten zu verharren, sondern neben uns zu strahlen. Also vergiss, dass Eigenlob stinkt, und ersetze den Spruch durch: »Eigenlob ist eine Tugend.« Du darfst dich loben und dich lieben, was das Zeug hält, denn negative Gedanken und Selbstzweifel haben wir doch alle schon genug.

Aber ich verstehe auch, dass es manchmal schwerfällt, sich selbst zu loben und seine eigenen Stärken und Talente anzuerkennen. Ja, viele wissen nicht einmal, was sie gut können. Denn es gibt da zwei zentrale Herausforderungen, auf die wir stoßen, wenn es darum geht, unsere Stärken herauszufinden und sie anzuerkennen.

Das Problem mit dem Vergleichen

Vergleiche sind das erste Problem, wenn es um die Anerkennung des eigenen Potenzials geht. Denn wer kennt es nicht? Auf der anderen Seite des Zauns ist das Gras immer grüner. Wir schauen ständig darauf, wie toll und einzigartig die Menschen um uns herum sind, und vergessen dabei, welche Talente wir selbst besitzen.

Vor allem in der Zeit von Social Media ist es noch schlimmer geworden. Alle zeigen, wie toll sie sind. Fast jeder benutzt Filter und präsentiert bewusst nur Ausschnitte aus den besten Momenten seines Lebens. Jedes Mal, wenn du durch den Feed scrollst, siehst du lauter Menschen, die augenscheinlich schöner, klüger, dünner, erfolgreicher sind als du. Kein Wunder, dass wir uns daneben wie ein Nichts vorkommen. Denn unser Leben ist einfach ganz normal.

Aber weißt du was? Vieles davon ist Fake oder, sagen wir, nur die halbe Wahrheit. Und ich muss es wissen, denn ich kreiere ebenfalls Content auf Social Media. Mittlerweile versuche ich in meinen Stories schon, authentischer zu sein und auch Einblicke in das echte Leben und die wahren Struggles, mit denen ich mich herumschlage, zu zeigen. Denn ich selbst kenne es so gut. Du bist mal eben auf Social Media unterwegs, um etwas nachzuschauen oder einfach um zehn Minuten abzuschalten.

Aus zehn Minuten werden dreißig oder mehr, und aus Abschalten wird sich schlecht fühlen. Wenn du dich jemals gefragt hast, warum du dich ständig unzulänglich fühlst, dann reduziere deine Social-Media-Zeit. Ich habe selbst vor Kurzem eine Pause von einem ganzen Monat gemacht, und es war das Beste, was ich je getan habe. Diese Erfahrung hat mir so gut gefallen, dass ich beschlossen habe, sie zu meiner jährlichen Tradition zu machen.

Die große Herausforderung beim Anerkennen unseres eigenen Potenzials ist also das Vergleichen mit anderen Menschen. Wir sehen die Stärken und Talente von anderen als etwas Besonderes an und stellen sie dadurch auf ein Podest – sie erscheinen uns cooler als unsere eigenen Fähigkeiten. Aber was, wenn wir die Sache mal anders herum betrachten? Vielleicht ist genau das Talent, das du als nichts Besonderes ansiehst, für jemand anderen total beeindruckend?

Stell dir vor, du bist richtig gut im Geschichtenerzählen und findest das selbst ziemlich langweilig. Dabei gibt es Menschen, die sich wünschen würden, sie könnten das genauso gut. Denk nur an Joanne K. Rowling: Ohne ihr Talent fürs Geschichtenerfinden gäbe es heute Harry Potter nicht.

Es fängt also alles damit an, dass wir erkennen dürfen, dass jedes Talent für irgendeinen Menschen auf der Welt etwas Besonderes ist. Also sind deine Talente ebenfalls etwas ganz Besonderes, auch wenn du es jetzt vielleicht noch nicht sehen kannst.

Unsere Stärken sind für uns selbstverständlich

Die letzte Herausforderung auf dem Weg zum Anerkennen der eigenen Stärken ist, dass wir unsere Stärken als selbstverständlich ansehen. Nicht nur, dass wir die Stärken der anderen Menschen viel interessanter finden, wir sind auch noch blind für unsere eigenen Talente.

Dabei ist es gar nicht so schwer. Denn unsere Stärken sind meistens einfach die Dinge, die wir von Natur aus gut können. Das, was uns leicht von der Hand geht. Das, worum andere uns um Hilfe bitten. Wenn du dich jemals bei einer Beschäftigung im sogenannten Flow-Zustand wiedergefunden hast, dann hast du wahrscheinlich etwas getan, das perfekt zu deinen Talenten passt.

Der Flow-Zustand ist ein Zustand, in dem wir alles um uns herum vergessen. Wir vergessen die Zeit, hören nichts und sind voll konzentriert auf eine Sache. Hast du jetzt etwas im Kopf? Wunderbar, schon hast du eine deiner Stärken gefunden. Wenn wir also anfangen wollen, unser eigenes Potenzial anzuerkennen, dürfen wir in erster Linie verstehen, dass unsere Talente etwas Besonderes sind. Auch wenn sie für uns selbstverständlich sind, sind sie alles andere als das. Du darfst dir bewusst machen: Niemand besitzt die gleiche Kombination aus Stärken und Schwächen in dieser einzigartigen Ausprägung wie du. Das macht dich zu einem Unikat!

Du bist ein Unikat, einzigartig und sehr wertvoll!

Ein Unikat zeichnet sich durch seine Unverwechselbarkeit aus. Es ist also etwas, das in genau dieser Form nur einmal existiert. Und das macht es besonders wertvoll! Wenn etwas einzigartig ist, dann gibt es nichts Vergleichbares auf der Welt. Es ist nicht ersetzbar oder austauschbar, sondern besitzt einen ganz eigenen Wert, der nicht kopiert werden kann. Deshalb wird ein Unikat geschätzt und bewundert – weil es etwas Einmaliges und Außergewöhnliches ist, das die Welt bereichert. Und genau so bist auch du: ein wertvolles, einzigartiges Wesen, das durch seine Unverwechselbarkeit leuchtet.

Und was tun, wenn es dich doch einmal überkommt und du dich wider besseres Wissen mit einer anderen Person vergleichst und du dabei schlechter abschneidest?

Mein Geheimtipp für dich

Hast du gerade eine Person im Kopf, mit der du dich immer mal wieder vergleichst? Jemand, in dessen Gegenwart du dich regelmäßig unsicher oder unzulänglich fühlst? Dann stell dir vor, du könntest jetzt mit dieser Person dein Leben tauschen. Du hättest also tatsächlich die Möglichkeit, sie zu sein. Die einzige Bedingung ist, dass du alles tauschen musst. Wirklich alles. Familie, Wohnort, Arbeit, Freunde, Talente, einfach alles. Und willst du immer noch tauschen? Willst du immer noch wie diese eine Person sein oder möchtest du doch lieber du bleiben?

Diese kleine Übung hat mir schon mehr als einmal geholfen. Denn auch wenn ich einige Dinge manchmal zu gerne mit anderen tauschen wollen würde, doch sicher nicht mein gesamtes Leben. Und das zeigt wieder, dass wir eben nicht immer nur die schönen Dinge haben können. Wir Menschen besitzen nicht nur gute Seiten, wir besitzen nicht nur Stärken. Ein erfolgreiches Leben bedeutet auch, sich mit den negativen Dingen zu akzeptieren. Es ist völlig normal, dass nicht immer alles super läuft und dass wir nicht immer alles an uns toll finden. Die Schwächen und die Dinge, die uns an anderen besser gefallen, gehören nun einmal zum Leben dazu. Wenn immer alles perfekt laufen würde und wir niemals irgendetwas bereuen oder anders machen würden, dann wäre das Leben ziemlich öde, oder?

Das Wissen um deine Fähigkeiten zwingt dich, dein Leben zu hinterfragen

Das waren die drei größten und offensichtlichsten Herausforderungen, mit denen sich so viele Menschen aufhalten, wenn sie anfangen, sich ihre eigenen Stärken bewusst zu machen. Das sind die Herausforderungen, von denen man gerne zugibt, dass man sie hat. Weil es Herausforderungen sind, die jeder kennt. Aber weißt du, ich denke, dass es noch etwas anderes gibt, das uns davon abhält, unsere Fähigkeiten anzuerkennen.

Nämlich die Angst, dass wir unser jetziges Leben nicht mehr akzeptieren werden und plötzlich mehr vom Leben wollen. Denn das Wissen um deine Talente hilft dir nicht nur dabei, Selbstbewusstsein aufzubauen und dich nicht mehr unterlegen zu fühlen, sondern eröffnet dir eine völlig neue Sicht auf dein Leben. Das Erkennen und Schätzen deiner besonderen Fähigkeiten bringt dich oft dazu, über deinen aktuellen Lebensweg nachzudenken: Mache ich wirklich das, was mich erfüllt? Ist mein jetziger Beruf der richtige für mich? Fühle ich mich durch meine Arbeit bereichert?

Der Kontakt zu deinen Talenten verpflichtet dich gewissermaßen, sie zu nutzen – alles andere würde deiner Natur widersprechen. Sobald du diese Verbindung spürst, wirst du immer wieder vor die Frage gestellt: »Was wäre, wenn ich den Mut gehabt hätte, dies oder jenes zu tun?«

Ich kenne diese Fragen aus meiner eigenen Erfahrung, denn ich habe mir jahrelang eingeredet, dass ich nichts besonders gut kann. Ich hatte immer das Gefühl, dass alle um mich herum genau wissen, was sie wollen und was sie können, nur ich war unglücklich und verzweifelt. Ich hatte einfach absolut null Ahnung, was meine Talente waren. Ich wusste nur, es gibt da etwas für mich, das auf mich wartet, aber ich habe es nicht geschafft, es herauszufinden. Vielleicht spürst auch du dieses Verlangen nach mehr. Diese Gewissheit, dass da etwas ist, das auf dich wartet.

Es hat eine ganze Weile gedauert, bis ich herausfand, dass es Charisma ist, was mich begeistert. Und auch, wenn ich niemals von mir selbst behaupten würde, dass ich charismatisch bin, denn das können nur die Menschen im Außen beurteilen, kann ich doch sagen, dass es diese besondere, positive Ausstrahlung war, die ich von Natur aus hatte und die offensichtlich meine größte Stärke ist. Für mich war sie nichts Besonderes, geschweige denn hätte ich mir jemals träumen lassen, dass andere Menschen das gerne lernen würden.

Es hat sehr lange gedauert, das anzuerkennen, aber am Ende hat es doch geklappt. Und wenn ich meine einzigartigen Fähigkeiten herausfinden konnte, dann kannst du das auch. Ich bitte dich hier, nicht aufzugeben, ich weiß besser als viele andere, wie schwer dieser Weg sein kann, aber du schaffst das. Und du musst dir dafür nicht aus der Hand lesen oder Karten legen lassen, so wie ich. Ja, du hast richtig gelesen, ich wollte so unbedingt meine Talente finden, dass ich mir sogar die Karten habe legen lassen.

Ich erinnere mich noch genau an einen Nachmittag auf einem Mittelaltermarkt. Der Platz war voller Menschen und trotzdem fiel mir ein Stand besonders auf. Dort gab es nämlich ein Zelt, in dem eine Frau Kartenlegungen anbot. Normalerweise halte ich nichts von solchen Sachen, aber zu dem Zeitpunkt war ich so am Ende meiner Kräfte, dass ich mich überwinden konnte, es auszuprobieren. Ich dachte noch bei mir: »Hoffentlich erwischt mich hier keiner.« Mein Mann, der normalerweise nie im Leben zu einer Wahrsagerin gehen würde, musste mich praktisch hineinschieben. Nach Monaten, in denen er meine zunehmende Verzweiflung miterlebt hatte, schien er zu dem Entschluss gekommen zu sein, dass wir alle Möglichkeiten ausschöpfen sollten – selbst die unkonventionellen.

Aber wirklich geholfen hat es trotzdem nicht. Ich weiß nicht einmal mehr, was sie mir alles vorausgesagt hat. Ich kann mich nur noch an diese innere Verzweiflung erinnern; an das Gefühl, dass mir die Zeit davonrennt. An die wahnsinnige Angst, dass ich niemals herausfinden werde, was mich wirklich erfüllt, was mein Ding ist und womit ich anderen Menschen helfen kann.

Das war eine der schwierigsten Zeiten in meinem Leben. Wir hatten vor Kurzem erst unsere Tochter bekommen und das Mamasein verändert einen Menschen. Ich wollte plötzlich unbedingt etwas Sinnvolles mit meiner Zeit anfangen. Ich wollte nicht einfach irgendetwas tun, sondern etwas, das für mich bestimmt war und mit dem ich ein Vorbild für meine Kinder sein konnte. Zeit ist so wertvoll, und ich wollte sie mit Dingen verbringen, die mir Spaß machen und mir Geld bringen. Damit ich am Ende des Tages auch noch genug Energie für das Wichtigste in meinem Leben habe. Meine Lieblingsmenschen.

Sich mit seinen eigenen Talenten und dem, was man wirklich im Leben will, auseinanderzusetzen, klingt erst mal nach einer großen Herausforderung. Klar, es ist nicht einfach, sich diese tiefen Fragen zu stellen – vor allem, wenn es um etwas so Großes geht wie deinen Lebensweg, deine Träume, das, was du wirklich kannst und liebst. Aber genau hier liegt der Clou: Sich dieser Challenge zu stellen, hat nicht nur etwas mit persönlichem Glück zu tun, sondern es ist auch sehr wichtig, um später ernst genommen und respektiert zu werden.

In einer Welt, die sich pausenlos verändert und wo jeder nach Authentizität und dem »echten Ich« sucht, ist es Gold wert, zu wissen, was einen ausmacht und diese Stärken auch zu zeigen. Wenn du den Mut hast, kritisch zu hinterfragen, ob du auf dem richtigen Weg bist oder vielleicht sogar die Richtung ändern solltest, beweist du nicht nur Stärke, sondern auch, dass du dein Leben selbst in die Hand nimmst. Das macht Eindruck – im Privatleben genauso wie im Job.

Und mal ehrlich: Deine eigenen Talente richtig zu kennen und sie in Einklang mit deinen Zielen zu nutzen, öffnet dir jede Menge Türen. Du kannst deinen Platz in der Welt aktiv gestalten und wirklich etwas bewegen. In einer Zeit, wo alles immer schneller und oberflächlicher wird, setzen Menschen, die echt und authentisch leben und arbeiten, ein starkes Zeichen. Am Ende des Tages sind es genau die Menschen, die wissen, was sie können und diese Talente auch nutzen, die andere inspirieren. Sie zeigen, dass es möglich ist, seinen eigenen Weg zu gehen – auch wenn's manchmal brenzlig wird. Das ist nicht nur ein riesiger Schritt für die persönliche Entwicklung, sondern macht dich auch zu jemandem, den man ernst nimmt und respektiert.

Wenn du deine Talente entdeckst und aktiv nutzt, stärkst du nicht nur dich selbst, sondern auch dein Umfeld. Du wirst zu einem Vorbild für andere, die sich ebenfalls fragen, wie sie ihren eigenen Weg finden können. Es ist genau diese Authentizität, die dich strahlen lässt und dich von anderen abhebt. Deine Einzigartigkeit ist also nicht nur deine Stärke, sondern auch ein Geschenk für die Welt. Ein Geschenk, weil du anderen Menschen dadurch den Mut schenkst, zu ihren Fähigkeiten zu stehen und ebenfalls etwas zu verändern.

Die Welt braucht genau dich mit deinen einzigartigen Fähigkeiten.

Sich diesen Dingen zu stellen, heißt nicht nur, sich selbst besser kennenzulernen, sondern auch, in Zukunft richtig zu glänzen. Es bedeutet, echt zu sein und dabei einen Weg zu gehen, der nicht nur dir, sondern auch anderen etwas Gutes tut. In einer Welt, die sich schnell verändert, ist es wichtig, deine Talente zu kennen und zu nutzen. So wirst du nicht nur überleben, sondern kannst wirklich etwas bewirken und einen Eindruck hinterlassen, der bleibt.

Und so findest du deine Stärken

Genau das ist es, was charismatische Menschen auszeichnet: Sie haben sich diesen Herausforderungen gestellt, ihre Talente erkannt und genutzt, um ihren Weg zu gehen. Und ich weiß, dass du das auch kannst. Denn wie du weißt, glaube ich fest daran, dass auch du deine Frau oder deinen Herrn Charisma, aufwecken kannst. Ich spüre das ganz tief in mir – auch du hast das Potenzial, zu inspirieren und zu begeistern. Ich hätte niemals gedacht, dass ich das mal schaffen würde, und schau dir an, wo ich heute bin. Heute inspiriere ich mehr als 100.000 Menschen auf Social Media, weil ich meine Stärken nutze und meine Visionen mit euch teile. Ich inspiriere, indem ich einfach ich selbst bin und meine tiefsten Überzeugungen mit euch teile. Und ich bin auch nicht anders als du. Ich bin eine ganz normale Frau mit einem Mann und zwei Kindern, die zu Hause den Haushalt macht, kocht und auch mal die Toilette schrubbt. Und deswegen weiß ich, dass du eventuell einfach nur ein wenig Hilfe brauchst, um deine einzigartigen Fähigkeiten zu finden, sie anzuerkennen und dann auch zu nutzen.

Ein kleiner Schubs ist manchmal schon ausreichend, um das Feuer in uns wieder zu entfachen. Und ich bin gern diejenige, die dir diesen Schubser verpasst. Also nicht erschrecken, denn wenn du den nächsten Geheimtipp befolgst, dann wirst du definitiv ins Stolpern geraten – aber genau das ist der Punkt! Dieser kleine Stolperer wird dich dazu bringen, weiterzugehen und den Weg zu finden, der schon immer für dich bestimmt war.

Mein Geheimtipp für dich

Du brauchst ungestörte Zeit nur für dich. Weißt du, wie ich meine Stärken herausgefunden habe? Mit einem einfachen Blatt Papier. Ich habe damals also ein leeres Blatt Papier genommen und angefangen, alles aufzuschreiben, was mich interessiert. Das hat mir unglaublich geholfen. Denn so konnte ich nicht nur alle Themen sehen, mit denen ich mich gerne näher auseinandersetzen wollte, sondern auch, bei welchen Themen ich schon von alleine sehr viele Gedanken hatte. Und beim Thema Ausstrahlung konnte ich dann nicht mehr aufhören zu schreiben. Als ich alles noch einmal durchlas, war mir endlich bewusst, dass es genau das ist, was ich in Zukunft machen möchte. Dass ich da endlich meine größte Stärke vor mir habe.

Am Ende hatte ich ungefähr zehn große Blätter vor mir mit Themen, die mich interessierten, und Dingen, von denen andere mir gesagt hatten, dass ich sie gut könne. Dinge, die ich in meiner Freizeit gerne machte und die mir leichtfielen. Aber nur bei diesem einen Thema schrieb ich wie verrückt. Es war, als würde ich endlich etwas rauslassen, das da immer schon drin gewesen war.

Wichtig dabei ist nur: kein Internet, keine Störungen. Nur du und deine Gedanken. Und dann lass es fließen.

Kurz gesagt, der Schlüssel liegt darin, sich die Zeit und den Raum zu geben, um in sich hineinzuhören – ohne Ablenkungen, ganz bei dir. So schaffst du es, das herauszukitzeln, was tief in dir verborgen liegt. Deine größten und wertvollsten Fähigkeiten. Und wenn du diese kennst, dann hilft dir das nicht nur dabei, ein erfülltes und glückliches Leben zu führen, sondern auch, dich nicht mehr unterlegen oder klein neben anderen Menschen zu fühlen.

Bei mir war es jedoch so, dass ich zwar mit meinem Kopf verstanden hatte, dass ich mich jetzt nicht mehr unterlegen fühlen muss, allerdings habe ich es noch nicht wirklich gefühlt. Der Verstand war bereits überzeugt, aber mein Herz benötigte noch etwas Hilfe. Und falls das bei dir auch so ist, möchte ich dir einen darauf aufbauenden weiteren Geheimtipp nicht vorenthalten. Wir haben auf den vorherigen Seiten schon besprochen, dass du dich aufgrund deiner Einzigartigkeit mit jedem Menschen auf Augenhöhe unterhalten kannst und solltest. Und um das jetzt wirklich tief in deinem Innern zu fühlen und dann auch im Außen auszustrahlen, kannst du Folgendes tun:

Mein Geheimtipp für dich

Nutze die 3-3-3-Regel und schreib dir in einer ruhigen Minute drei Stärken, drei Schwächen und drei Dinge, die du genauso gut kannst wie der Durchschnitt, auf. Wenn du diese Dinge auf dem Papier Schwarz auf Weiß sehen kannst, dann fällt es dir umso leichter, wirklich zu verstehen, dass jeder Mensch, egal welchen Status er hat, genauso eine Liste hat. Auch dieser Mensch, vor dem du vielleicht Angst hast, oder neben dem du dich regelmäßig unwohl fühlst, hat diese Liste. Selbst wenn er sie nicht aufgeschrieben hat. Du weißt jetzt, dass dieser Mensch nicht nur Stärken hat, sondern auch Schwächen und dass er auch viele Dinge einfach nur genauso gut kann wie der Durchschnitt.

Das hat mir enorm geholfen, mich nicht mehr klein oder unbedeutend neben augenscheinlich viel erfolgreicheren Personen als mich zu fühlen. Und, ebenso wichtig, dadurch fühlte ich mich auch nicht mehr überlegen. Das ist die Zauberformel für eine Kommunikation auf Augenhöhe. Mit einfach jedem Menschen.

Wir müssen keine Angst vor niemandem haben. Du kannst nie wissen, was wirklich in einem Menschen vorgeht. Er mag zu Beginn noch so beeindruckend wirken, am Ende hat auch diese Person ihre ganz eigenen Unzulänglichkeiten und sie ist auch nur ein Mensch, genau wie du und ich.

Werde dir deiner Fähigkeiten bewusst und mach dir unbedingt diese Liste. Sie war für mich der erste Schritt in die Freiheit. Und mit Freiheit meine ich die Leichtigkeit in der Kommunikation mit anderen Menschen. Ich hatte das erste Mal das Gefühl, dass ich mich wirklich unbeschwert mit allen Menschen, egal wie beeindruckend sie im ersten Moment gewirkt haben, unterhalten konnte. Endlich keine Minderwertigkeitsgefühle mehr! Ich fing an, mich zu mögen, und habe mich gerne mit anderen unterhalten.

Das hier ist dein erster und wichtigster Schritt hin zu einem unerschütterlichen Selbstbewusstsein. Denn was passiert, wenn du dich selbst nicht magst oder denkst, dass du nichts kannst und im Gegensatz zu allen anderen nichts erreicht hast? Du könntest dann dazu neigen, den Kontakt zu anderen Menschen zu vermeiden. Du willst dich vielleicht nicht mit anderen unterhalten, denn was ist, wenn sie dir DIE Frage stellen, vor der du Angst hast? Die Frage, die dich auffliegen lassen würde? Die Frage, die allen beweisen würde, dass du nichts draufhast und eigentlich ein totaler Loser bist?

»Und, was machst du so beruflich?« Diese scheinbar einfache Frage löste in mir wahnsinnige Angst aus. Ich war noch nicht sicher in meinem Thema, hatte gerade erst den Sprung in die Selbstständigkeit gewagt und meine eigenen Talente noch nicht klar erkannt. Das machte mich unsicher und zurückhaltend, besonders bei Familientreffen oder anderen geselligen Anlässen. Ich vermied es, über meine Arbeit zu sprechen, aus der Angst heraus, dass meine Unsicherheit entlarvt werden könnte. Ich fühlte mich minderwertig, weil ich meine eigenen Talente noch nicht wirklich herausgefunden hatte. Hätte ich mir zuvor die Zeit genommen, meine Stärken zu identifizieren und zu erkennen, wie sie mich in meiner Selbstständigkeit unterstützen könnten, hätte ich mit viel mehr Selbstsicherheit in solche Gespräche gehen können. Ich hätte selbstbewusst sagen können, dass ich zum Beispiel großartig darin bin, zu reden, und vorhabe, diese Fähigkeit zu nutzen, um in den sozialen Medien erfolgreich zu sein. Das hätte mir viel Verstecken und Bauchschmerzen erspart.

Aber ich wusste es damals einfach nicht besser. Deswegen ist es mir so wichtig, dass du diese Dinge weißt. Ich möchte nicht, dass du dich minderwertig fühlst. Ich möchte, dass du dich wertvoll, wertgeschätzt und sicher fühlst.

Aber ich weiß, es ist verdammt schwer, sich gleichwertig zu fühlen, wenn eine sehr beeindruckende Persönlichkeit vor dir steht. Und in ganz extremen Fällen vergessen wir plötzlich, was uns ausmacht, und fallen wieder zurück in die Unsicherheit. Ich meine, wenn eine berühmte Persönlichkeit wie Ryan Gosling plötzlich vor mir stehen würde, würde ich vermutlich kein Wort mehr herausbekommen. Dann hilft mir auch kein Tipp wie: »Stell dir die Person einfach nackt vor, dann fühlst du dich gleich besser.«

Ich meine, ernsthaft? Wenn ich mir Ryan Gosling nackt vorstelle, dann würde das vermutlich das genaue Gegenteil bewirken. Falls du ihn nicht kennst, dann schau im Internet nach, und du wirst verstehen, was ich meine. Ich wäre noch mehr eingeschüchtert, rote Wangen und dämliches Grinsen im Gesicht inklusive. Da hilft dann auch kein Wir-kochen-alle-nur-mit-Wasser-Sprichwort. Aber ich habe etwas für mich gefunden, das mir tatsächlich dabei hilft, und das möchte ich dir nicht vorenthalten.

Mein Geheimtipp für dich

Ich habe einen supereinfachen Trick. So einfach, dass wir meistens gar nicht darauf kommen. Aber es ist der beste und schnellste Trick, um jede noch so beeindruckende Persönlichkeit neben dir sofort wieder in einen normalen Menschen zu verwandeln, neben dem du dich nicht mehr eingeschüchtert fühlst.

Stell dir diese Persönlichkeit sitzend auf der Toilette vor. Ich weiß, das klingt vielleicht eklig und man möchte sich das nicht vorstellen, aber es hilft ungemein, selbst die beeindruckendste Persönlichkeit als einen normalen Menschen wie du und ich zu betrachten. Wir müssen alle die Toilette benutzen, aber niemand sagt es offen. »Ich muss mal kurz verschwinden!«; »Ich muss mal für kleine Mädchen.« Es schickt sich nicht, so offen darüber zu reden, und genau deshalb ist es so effektiv. Weil diese beeindruckende Person genauso auf die Toilette geht wie du und genauso wie du ihr Geschäft erledigen muss. (Haha, hast du gemerkt, dass ich es auch wieder umschrieben habe?)

Dieses kleine Gedankenspiel klingt simpel – und ist es auch. Du brauchst dafür keine Übung, und du kannst es jederzeit durchführen, ohne dass es jemand bemerkt. Okay, es könnte sein, dass dir ein Schmunzeln über die Lippen kommt, aber das kann dich dann sogar noch sympathisch aussehen lassen.

Mit deinen Werten zu einer starken Persönlichkeit

Nachdem wir uns mit deinen Fähigkeiten auseinandergesetzt haben, ist es entscheidend, dass wir uns jetzt deinen Werten zuwenden. Deine Werte sind die grundlegenden Überzeugungen und Prinzipien, die dir wirklich am Herzen liegen. Sie bilden das Rückgrat deiner Persönlichkeit und leiten alle deine Entscheidungen und Handlungen. Bewusst und unbewusst.

Stell dir vor, du bist ein Schiff mitten auf dem großen, weiten Meer, aber ohne Kompass. Ohne deine Werte würdest du einfach ziellos herumtreiben, ohne Ahnung, in welche Richtung du segeln sollst. Deine Werte sind wie ein persönlicher Kompass – sie geben dir Orientierung und helfen dir, deinen Weg zu finden, selbst wenn's mal stürmisch wird. Ohne sie kannst du leicht vom Kurs abkommen und dich in Situationen wiederfinden, in denen du eigentlich gar nicht sein möchtest.

Angenommen, einer deiner Kernwerte ist Ehrlichkeit. Du strebst also danach, dein Leben von einem ehrlichen und authentischen Umgang mit deinen Mitmenschen leiten zu lassen. Nehmen wir jetzt mal ein hypothetisches Szenario, in dem du diese eine Freundin hast, die ihren Freund betrügt. Und als diese Freundin dann ein heimliches Treffen mit ihrer Affäre plant und dich bittet, für sie zu lügen, werden du und deine Werte plötzlich auf die Probe gestellt.

Wenn du dir deinen Wert Ehrlichkeit jetzt nicht ins Gedächtnis rufst, könntest du dich leicht überreden lassen und etwas tun, was sich für dich komplett falsch anfühlt. Du stehst vor einer schwierigen Entscheidung: deiner Freundin zu helfen oder zu dir stehen. Wenn einer deiner Werte Freundschaft wäre und nicht Ehrlichkeit, dann würde deine Entscheidung wahrscheinlich anders ausfallen. Hier ist es jedoch Ehrlichkeit. Ein klares Verständnis deiner Werte hilft dir, standhaft zu bleiben und nicht in Handlungen verwickelt zu werden, die deinen Überzeugungen widersprechen. Anstatt also widerwillig nachzugeben und damit deiner eigenen Integrität zu schaden, kannst du deiner Freundin auf eine respektvolle und aufrichtige Weise deine Sichtweise erklären: »Es tut mir leid, aber Ehrlichkeit ist mir sehr wichtig. Ich möchte mich nicht an einer Lüge beteiligen. Bitte verstehe, dass ich mich da raushalten möchte.« Eine wahre Freundin wird deine Werte letztendlich auch respektieren und dich nicht zu etwas zwingen, das du nicht tun willst.

Es ist nicht immer leicht, geschweige denn angenehm, seine eigenen Werte selbstsicher zu vertreten. Besonders, wenn es sich um Menschen handelt, die wir lieben. Wir wollen ihnen gerne helfen und ihnen etwas Gutes tun. Aber es ist so wichtig, dass du dich selbst dabei nicht vergisst. Wenn du immer wieder Dinge tust, die du eigentlich nicht tun willst, dann kann das weitreichende Konsequenzen für dich haben.

Wenn du gegen deine eigenen Werte handelst, ist es, als würdest du dich selbst verraten. Stell dir vor, du sagst oder tust etwas, das nicht zu dem passt, was du wirklich glaubst – das kann dich innerlich ganz schön durcheinanderbringen. Es fühlt sich an, als würdest du dir selbst in den Rücken fallen. Dieser Selbstverrat kann dazu führen, dass du dich selbst weniger schätzt und respektierst.

Kurz gesagt, wenn du nicht nach deinen eigenen Regeln spielst, fängst du an, an dir selbst zu zweifeln. Dieser Zweifel an dir selbst wirkt sich direkt auf dein Selbstbewusstsein aus. Wie kannst du erwarten, dass du dich stark und sicher fühlst, wenn du dir selbst nicht treu bist? Es ist schwer, selbstbewusst zu sein, wenn du tief im Inneren weißt, dass du nicht das tust, was du für richtig hältst.

Wenn du deine Werte verrätst, verrätst du dich selbst, und das macht dich schwach und unglaubwürdig!

Und, wenn du einmal den Ruf hast, dass du deine Prinzipien leicht über Bord wirfst, kann es schwer werden, von anderen ernst genommen zu werden. Stell dir vor, du stehst für etwas ein, aber handelst anders, wenn es darauf ankommt. Andere Menschen könnten beginnen, dich als unzuverlässig oder inkonsequent zu sehen. Das kann dazu führen, dass sie dich und deine Worte weniger ernst nehmen. Im Endeffekt schadet es deiner Glaubwürdigkeit und deinen Beziehungen zu anderen. Es ist also nicht nur eine Frage der inneren Zufriedenheit, deinen Werten treu zu bleiben, sondern es beeinflusst auch, wie du von der Welt wahrgenommen wirst. Um ein starkes Selbstbewusstsein aufzubauen und die Achtung anderer zu gewinnen, ist es entscheidend, konsequent nach deinen Werten zu leben. Das gibt dir nicht nur ein gutes Gefühl, sondern stärkt auch das Vertrauen, das andere in dich setzen.

Natürlich wird das nicht immer allen gefallen. Es wird auch Menschen geben, die ganz andere Werte leben als du. Sie werden deine Entscheidungen vielleicht nicht nachvollziehen können, aber sie werden sie respektieren, wenn sie sich selbst an ihre eigenen Spielregeln halten. Menschen, die dich angreifen oder verachten, nur weil du deine Werte lebst, sind oft Menschen, die selbst keine Werte haben und nicht wissen, was ihnen wichtig ist. Lass dich davon nicht von deinem Weg abbringen. Habe Mitgefühl und bleibe freundlich. Du musst deine Werte vor niemandem rechtfertigen. Du hast sie und Punkt. Lass dich nicht beirren. Die richtigen Menschen werden das akzeptieren und dich für deine Standfestigkeit respektieren. Und wer weiß, vielleicht inspirierst du den einen oder anderen dadurch auch, sich über seine eigenen Werte Gedanken zu machen?

Sind es wirklich deine eigenen Werte?

Dennoch gibt es auch auf dem Weg zu den eigenen Werten einige Herausforderungen, die dich erwarten könnten. Unter anderem stellt sich oft die Frage, ob die von dir verfassten Werte tatsächlich deine eigenen sind oder ob du sie unbewusst von deinen Eltern oder anderen Personen übernommen hast. Hier ist es wichtig, dass du dir bewusst Zeit nimmst, um dich ehrlich zu fragen, ob deine Werte aus deinem Herzen kommen oder nicht. Mir hat es hier besonders geholfen, mir meine Werte Schritt für Schritt vorzunehmen und mich da komplett hineinzufühlen. Was sagt mir mein Körper? Fühle ich ein prickelndes, warmes Gefühl, wenn ich einen bestimmten Wert vor mir betrachte oder macht sich irgendwo ein ungutes Gefühl breit? Vielleicht taucht auch in einem Moment eine bestimmte Person in deinem Kopf auf. Frag dich ganz bewusst, ob du diesen Wert eventuell von ihr übernommen haben könntest. Um es einfach auszudrücken: Es geht darum, dass du deinem Bauchgefühl vertraust. Wenn du dir genug Zeit nimmst, um dir Gedanken über deine Werte zu machen, dann wirst du auch ein Gefühl dafür bekommen, ob es deine eigenen sind oder nicht.

Deine Werte sind die Spielregeln deines Lebens, an die du dich halten möchtest!

Und die Zeit solltest du dir unbedingt nehmen. Falls nicht, läufst du Gefahr, dein Leben lang nach den Spielregeln anderer Menschen zu leben, die du für deine eigenen hältst. Dabei sind es gar nicht deine. Diese Erkenntnis mag dann manchmal erschreckend sein, besonders wenn du erst Jahre später auf dieses Thema aufmerksam wirst. Aber weißt du, es ist nie zu spät, das Leben nach seinen eigenen Vorstellungen zu leben. Du hast jetzt immer noch die Möglichkeit, etwas daran zu ändern. Du bist nicht hilflos in dieser Sache. Dein Leben ist deine Verantwortung und kann von dir nach freien Stücken gestaltet werden. Es geht hier auch ganz klar darum, dass du Verantwortung für dein Leben übernimmst.

Seine Werte zu hinterfragen kann Angst machen

Aber hey, ich verstehe sehr gut, wenn dir das Angst macht. Es kann ziemlich beängstigend sein, plötzlich für sich einzustehen und nur noch Dinge zu tun und mit Dingen einverstanden zu sein, die DEINEN Vorstellungen und nicht denen der anderen entsprechen. Besonders wenn du plötzlich merkst, dass du mit den Menschen um dich herum so gar nichts mehr gemeinsam hast, aber dich trotzdem nicht von der Gruppe lösen kannst.

Das kann deine Familie oder eine Freundesgruppe sein. Der sogenannte Gruppenzwang ist etwas, was nicht nur in Bezug auf Rauchen oder Alkohol greift. Wir neigen auch leicht dazu, die Werte einer Gruppe von Menschen anzunehmen, mit denen wir die meiste Zeit verbringen, damit wir nicht zum Außenseiter mutieren. Und da kann es leicht passieren, dass wir in unserem Innern spüren, dass wir irgendwie nicht mehr so wirklich dazugehören, aber im Außen so tun, als wäre alles immer noch genauso wie immer. Wir haben Angst, etwas gegen die Ansichten der Gruppe zu sagen, weil wir nicht abgelehnt werden wollen. Das ist völlig normal, diese Gedanken kennt jeder und dafür musst du dich nicht schämen.

Weißt du, was ich bei diesem Thema wirklich fatal finde? Dass so viele Coaches und Trainer da draußen, ohne großartig über die Folgen nachzudenken, anderen Menschen empfehlen, den Kontakt zu solchen Menschen abzubrechen. Einfach so, nur, weil sie andere Ansichten und Werte vertreten und dich auf deinem Weg zu einem erfolgreicheren Leben aufhalten würden, weil sie dich nicht verstehen und unterstützen würden.

Ich bitte dich, das nicht so leichtfertig zu entscheiden. Denn ich finde diesen Ansatz sehr überheblich und ziemlich realitätsfern. Du kannst Menschen mit diesem scheinbar harmlosen Rat dazu bringen, tiefe Freundschaften aufzugeben, die sie schon seit dem Kindesalter haben. Solche Freundschaften baut man nicht mal eben mit anderen Menschen auf. Überleg mal ernsthaft, wie viel Zeit du mit deinen aktuell besten Freunden bereits verbracht hast. Zumindest meine Freunde kenne ich alle seit meiner Schulzeit und ich habe Jahrzehnte in diese Freundschaften investiert. Das wirft man doch nicht so einfach weg.

Nein, es gibt einen anderen Weg, selbstbewusst zu seinen Werten zu stehen und die Beziehungen zu seinen Freunden, auch wenn sie andere Ansichten haben, zu erhalten. Und diesen Weg möchte ich dir gerne erklären.

Als ich vor rund acht Jahren anfing, mich mit Persönlichkeitsentwicklung zu beschäftigen, war das, als wären da plötzlich Tausende und Millionen von Farben – wo vorher alles schwarzweiß gewesen war. Ich hatte das Gefühl, auf eine ganz neue Welt gestoßen zu sein. Und ich war überwältigt, motiviert und hungrig nach mehr. Ich war so fasziniert von all den Möglichkeiten, die sich mir plötzlich eröffneten. Ein Augenöffner nach dem anderen. Meine komplette Welt wurde auf den Kopf gestellt, und ich fing an, mein bisheriges Leben zu hinterfragen. Warum habe ich diese Entscheidungen getroffen? Wieso habe ich mich nicht getraut, das zu tun? Ich fing an, mich intensiv mit mir selbst auseinanderzusetzen, und hinterfragte unter anderem meine Werte. Ich fand Stück für Stück heraus, was mir wirklich wichtig ist und was ich in meinem Leben erreichen möchte. Und vor allem, wie ich mein Leben gestalten möchte. Und das war anders als das Leben, das meine Freunde und Familie und bis dato auch ich gelebt hatten. Und dann machte ich einen großen Fehler.

Ich fing an, alle meine Freunde und Familienmitglieder bekehren zu wollen. Ich wollte ihnen zeigen, dass die Art und Weise, wie sie leben, falsch ist und meine neue Art zu denken die richtige. Du kannst dir vorstellen, wie hervorragend das geklappt hat. Nämlich überhaupt nicht. Ich bin tatsächlich einfach allen auf die Nerven gegangen.

Ich weiß auch nicht, was ich erwartet habe, aber das konnte ja gar nicht gut gehen. Ich hatte mich immerhin schon eine kleine Weile mit diesen Themen auseinandergesetzt und genügend Zeit, meine Prioritäten auszuloten. Meine Freunde und Familie hatten das nicht. Und dann kam ich und wollte ihnen erzählen, wie sie ihr Leben zu leben haben. Ich begriff nicht, dass es okay ist, wenn Menschen unterschiedliche Werte und Ansichten haben. Und wenn du damit nicht aufpasst, dann kann es schnell passieren, dass du deine Lieblingsmenschen plötzlich vergraulst.

Meine Freunde leben alle ganz anders als ich. Vielen von ihnen ist Sicherheit wichtig, das Gegenteil von Freiheit, welcher einer meiner Werte ist. Wir haben auch privat teilweise sehr unterschiedliche Ansichten und trotzdem sind wir bis heute die besten Freundinnen. Wir haben so viele Dinge gemeinsam erlebt – den ersten Herzschmerz, unsere Hochzeiten, die Geburten unserer Kinder. All das einfach wegzuwerfen, wäre fatal. Solche tiefen Freundschaften, die du seit deiner Schulzeit hast, wirst du vielleicht nie wieder finden.

Etwas anderes ist es, wenn es sich um toxische Beziehungen handelt, in denen du nur gibst und nichts zurückbekommst. Hier sind vielleicht drastische Maßnahmen nötig, aber in allen anderen Fällen solltest du dir das wirklich gut überlegen.

Merk dir bitte Folgendes: Menschen haben Angst, die Person zu verlieren, die du warst. Wenn du dich weiterentwickelst, dann veränderst du dich. Nicht alle kommen mit so einer Veränderung leicht zurecht. Manchmal brauchen sie ein wenig länger, und manchmal sind es toxische Menschen, die das niemals akzeptieren werden. Wenn du aufmerksam bist, dann wirst du unterscheiden können, um welche Art Freund es sich bei dir handelt. Wahre Freunde werden über kurz oder lang verstehen, dass du dich weiterentwickelst und das akzeptieren. Manche werden dir sogar folgen und andere nicht. Trotzdem sind es immer noch deine Freunde.

Du kannst die Menschen um dich herum nicht verändern. Aber du kannst dir andere Menschen suchen, die die gleichen Dinge fühlen wie du, und dich mit ihnen austauschen. Und zwar zusätzlich zu deinen Freunden. So behältst du tiefe, enge Beziehungen und findest gleichzeitig neue, inspirierende Menschen, die sich gerne mit dir über andere Themen unterhalten. Andere Menschen, die die gleichen Werte teilen wie du. Wir müssen nicht alle die gleichen Werte haben, um uns gut verstehen zu können.

Ein erster Schritt zu einem Leben mit mehr Zufriedenheit ist es, zu akzeptieren, dass alle Menschen unterschiedlich sind und wir trotzdem eine schöne Zeit mit ihnen verbringen können. Du akzeptierst, dass jeder

Mensch seine eigenen Werte hat. Und das schließt dich mit ein. Du darfst dich als genauso wichtig nehmen wie jeden anderen Menschen. Du bist es wert, dass du dein Leben nach deinen Vorstellungen gestaltest. Das Leben ist zu kurz, um es nach den Vorstellungen anderer Menschen zu leben. Wir haben alle die gleiche Chance bekommen, also nutze sie voll aus.

Lass dir deine Zeit und schau mal ganz bewusst nach, ob du wirklich deine eigenen Werte lebst oder die Erwartungen von jemand anderem erfüllen möchtest. Es ist nicht immer leicht, aber es lohnt sich, denn dein Leben wird sehr viel leichter werden, wenn du nur noch Dinge tust, die sich für dich richtig anfühlen.

Deine Werte können sich verändern

Das eigene Wertegerüst bringt allerdings noch eine Herausforderung mit sich: Von Zeit zu Zeit müssen wir herausfinden, ob sie sich erneut verändert haben.

In der Schulzeit oder in unseren frühen Zwanzigern waren mit Sicherheit andere Dinge für uns von Bedeutung als heute. Und das ist vollkommen in Ordnung. Während in unserer Jugend und im jungen Erwachsenenalter Autonomie und Freiheit möglicherweise oberste Priorität hatten, kann es sein, dass in unseren Dreißigern Sicherheit einen höheren Stellenwert einnimmt. Wir sollten unsere Werte immer mal wieder bewusst kritisch hinterfragen und schauen, ob wir wirklich noch so leben, wie wir es wirklich wollen. Oft passiert das Leben schnell, und wir treffen Entscheidungen, die wir nachher bereuen, weil wir unsere Werte nicht berücksichtigt haben. Spätestens wenn du an einem Punkt angelangt bist, an dem du das Gefühl hast, dass dein Leben und der eingeschlagene Weg nicht mehr stimmig sind, dann ist es an der Zeit, deine Werte bewusst zu überdenken.

Ein Schiffskapitän würde auch nicht über das Meer segeln und den Kompass einfach in der Tasche lassen. Nein, er schaut auch immer mal wieder darauf, um sicherzugehen, dass er noch auf dem richtigen Weg ist.

Und genau das rate ich dir auch. Es ist okay, wenn du dann einen anderen Weg gehst als den, den du dir eigentlich vorgestellt hast. Viele Wege führen nach Rom. Manchmal müssen wir uns einfach ein wenig anpassen und unseren Kompass neu ausrichten. Und dann geht es mit vollem Elan weiter. Auf welchem Weg du am Ende an dein Ziel kommst, ist egal, die Hauptsache ist, dass der Weg Spaß gemacht hat. Der Weg ist das Ziel. Haha, heute sprudeln die Zitate nur so aus mir heraus.

Mein Geheimtipp für dich

Falls du Schwierigkeiten beim Finden deiner Werte hast, habe ich hier einen weiteren Geheimtipp für dich. Achte mal bewusst auf deine emotionalen Reaktionen in bestimmten Situationen. Gibt es Dinge, die dich immer wieder triggern? Wo du dich tierisch aufregen könntest oder vielleicht auch Dinge, die dich überglücklich machen? Ich zum Beispiel reagiere sehr empfindlich darauf, wenn andere Menschen lügen oder mich dazu bringen wollen, unehrlich zu sein. Deshalb habe ich erkannt, dass für mich der Wert Ehrlichkeit eine sehr große Rolle spielt. Frage dich jedoch immer, ob es wirklich DEIN Wert ist, den du leben möchtest oder ob du ihn unbewusst übernommen hast.

Ordnung und Sauberkeit sind in meiner Familie zum Beispiel sehr wichtig gewesen. Ich habe das unbewusst übernommen und kann es bis heute schwer ertragen, wenn es mal nicht ordentlich ist. Dabei bin ich in meinem Herzen davon überzeugt, dass ein bisschen Chaos manchmal nicht schlimm und es viel wichtiger ist, dass wir zu Hause eine harmonische und liebevolle Atmosphäre haben. Ich habe erkannt, dass Ordnung und Sauberkeit Werte sind, die ich von meinem Elternhaus übernommen habe. Sie sind mir bis heute wichtig, aber nicht so wichtig, dass sie mein Leben bestimmen sollten.

Deshalb erinnere mich immer wieder, sobald ich schlechte Laune kriege, weil es zu Hause mal ein wenig chaotisch aussieht, daran, dass mir Liebe und Harmonie viel wichtiger sind. So verändere ich meinen Fokus und tue wieder Dinge, die mir wirklich wichtig sind. Nämlich mit meiner Familie lachen und eine schöne Zeit verbringen. Aufräumen tue ich natürlich trotzdem, aber es darf auch mal Spielzeug liegen bleiben. Das klappt mal besser und mal schlechter ...

Mit deinen Werten zu mehr Respekt und Vertrauen

Ein positiver Nebeneffekt, wenn du nach deinen Werten lebst, ist, dass die Menschen nicht nur Respekt vor dir haben, sondern auch Vertrauen in dich setzen. Stell dir einen Menschen vor, der seinen Werten konsequent folgt, selbst wenn andere anderer Meinung sind. Ein Mensch, der auch in schwierigen Situationen die für ihn richtigen Entscheidungen trifft, ohne seine Prinzipien zu verraten. Ein Mensch, der lieber durch schwierige Zeiten geht, als seine eigenen Werte zu opfern. Solch eine Person kann auf sich selbst zählen, sie kann sich voll und ganz auf sich verlassen, und das strahlt unfassbares Selbstvertrauen aus.

Und das ist das wahre Geheimnis, wenn du respektiert und ernst genommen werden willst. Es geht darum, dass du dir selbst treu bleibst. Wenn du dir selbst Respekt zollst, dann werden dich auch andere Menschen respektieren. Das ist nicht immer einfach. Nein, manchmal kann das sogar sehr schwer werden, und du wirst versuchen, den einfacheren Weg zu gehen. Aber sei dir dann immer bewusst, dass der einfache Weg sehr oft auf Kosten deiner Integrität geht. Wenn du dir selbst gegenüber kein Vertrauen zeigst, riskierst du nicht nur, deinen Glauben an dich selbst zu verlieren, sondern du könntest auch dazu beitragen, dass dein Umfeld dich respektlos behandelt. Aber wenn du dich daran hältst, dann wirst du sehen, dass die Vorteile klar überwiegen.

Das Leben nach deinen eigenen Werten ist eine der schönsten Erfahrungen, die du machen kannst. Du wirst merken, wie befreiend es sich anfühlt, ganz nach seinen eigenen Regeln und Vorstellungen zu leben. Es gibt dir ein tiefes Gefühl der Zufriedenheit, weil du genau weißt, wer du bist und was dir wichtig ist.

> **Wenn du nach deinen Werten lebst, strahlst du eine Art Authentizität aus, die Menschen nicht nur respektieren, sondern sogar faszinieren kann.**

Dein Selbstbewusstsein wächst, weil du dir sicher bist in dem, was du tust und sagst. Außerdem fällt es dir leichter, standhaft zu bleiben, auch wenn du mit Herausforderungen oder Versuchungen konfrontiert wirst, die nicht deinen Werten entsprechen. Du wirst weniger von den Meinungen anderer Menschen beeinflusst, weil du deinen inneren Kompass hast, der dir hilft, die richtigen Entscheidungen zu treffen. Und wenn du fest in deinen Überzeugungen und Werten verankert bist, strahlst du eine natürliche Selbstsicherheit und Ehrlichkeit aus, die andere Menschen magnetisch anzieht. Du bist echt und stark in deinem Auftreten und das können alle sehen.

Im Kontakt mit den Mitmenschen zu mehr Selbstbewusstsein

Indem du jetzt deine Stärken, Schwächen und Werte kennst, hast du einen ganz wichtigen Part für mehr Selbstbewusstsein – und somit für eine Seite von Charisma – schon gemeistert. Jetzt geht es noch darum, dass du in Interaktion mit anderen Menschen trittst. Denn nur durch die Theorie wirst du nicht selbstsicherer werden und auch nicht anders auftreten. Diese Dinge sind das Fundament für mehr Selbstbewusstsein. Aber du hast ja nicht an deinem Selbstbewusstsein gearbeitet, um zu Hause sitzen zu bleiben und in deinem stillen Kämmerchen stolz auf dich zu sein. Nein, du hast das getan, weil du von anderen Menschen gesehen, gehört und ernst genommen werden möchtest. Und deshalb musst du rausgehen, deine Komfortzone verlassen und dein dazugewonnenes Selbstbewusstsein auch vor anderen Menschen zeigen.

Zu Hause ist es leicht, sich zu sagen, dass man einzigartig ist und die Welt erobern könnte. Aber vor anderen Menschen sieht das ganz anders aus. Plötzlich kommen dann doch wieder Minderwertigkeitsgefühle hoch. Plötzlich werden wir doch wieder nervös. Und leider habe ich hier keinen Geheimtipp an dich, denn worauf es hier ankommt, ist ganz einfach: ÜBUNG! Übung macht den Meister, das haben wir tausendfach in der Kindheit gehört, und mit Selbstbewusstsein ist es nicht anders. Du musst dich bewusst Situationen aussetzen, vor denen du Angst hast, und dich dann immer weiter steigern. Und dafür habe ich dann doch einen weiteren meiner Geheimtipps.

Mein Geheimtipp für dich

Sagen wir mal, du hast Angst, mit deinem Chef zu sprechen, weil er eine so starke Ausstrahlung hat, dass du dir neben ihm wie ein kleines Mäuschen vorkommst, das direkt von ihm verspeist werden könnte. Diese Angst kannst du folgendermaßen überwinden:

Du fängst ganz klein an. Sprich einen Fremden an und frag ihn nach der Uhrzeit.

Schon zu viel? Dann starte noch kleiner: Lächle einen fremden Menschen an und steigere dich bis zum Fragen der Uhrzeit. Setze dir für dich immer neue Meilensteine. Bis du mit einem fremden Menschen sprechen kannst, der eine ebenso starke Ausstrahlung wie dein Chef hat, aber eben NICHT über dein Gehalt entscheidet. Und wenn du das selbstsicher meisterst, dann trau dich mal ein lockeres Gespräch mit deinem Chef zu führen.

Viele Menschen gehen davon aus, dass sie, nachdem sie die innere Arbeit, wie das Entdecken ihrer Fähigkeiten und Werte, geleistet haben, sofort in den schwierigsten Situationen selbstbewusst sein sollten. Aber das ist nicht der Fall. Diese Erkenntnisse ähneln eher den Spielregeln, die du erst verstehen musst, bevor du das Spiel spielen kannst. Sobald du die Spielregeln beherrschst, musst du zunächst üben und im eigentlichen Spiel immer besser und damit dann auch selbstsicherer werden. Und so baust du nach und nach immer mehr Selbstbewusstsein auf.

Mit dem richtigen Mindset geht es noch schneller

Es gibt allerdings etwas, das uns auf unserem Weg zu mehr Selbstbewusstsein und Charisma sabotieren kann. Und das sind unsere inneren Überzeugungen. Manche nennen sie auch Glaubenssätze. Wir sind uns unserer Glaubenssätze meistens nicht bewusst, aber sie steuern unser Verhalten.

Nehmen wir mal ein hypothetisches Beispiel: Sagen wir also, du hast in deiner Kindheit den Glaubenssatz übernommen, alle Männer seien Schweine. In unserem Beispiel kannst du dich gar nicht daran erinnern, jemals so etwas gedacht zu haben, jedoch hat deine Mutter dir genau das vorgelebt. Du weißt also nicht, dass du diese Gedanken hast, aber unbewusst glaubst du sie trotzdem. Du würdest niemals auf die Idee kommen, zuzugeben, dass du alle Männer für Schweine hältst, und doch bist du jedem Mann gegenüber immer erst einmal skeptisch und provozierst mit deiner Skepsis schlechtes Verhalten seinerseits. Der Mann wird sich dann über kurz oder lang wie ein Schwein verhalten, weil du ihm unbewusst das Gefühl vermittelt hast, er wäre eins. Und dein Glaubenssatz wird bestätigt und verstärkt sich. So bauen sich sehr starke, unbewusste Überzeugungen auf, die unser komplettes Handeln beeinflussen. Und das Tückische daran ist, dass wir es nicht einmal bemerken.

Denn diese Überzeugungen werden in unserem Unterbewusstsein gespeichert, welches viel mächtiger ist als unser bewusstes Denken. Wenn du dich einmal hinters Steuer deines Autos gesetzt und dich danach gefragt hast, wie du nach Hause gekommen bist, dann weißt du, dass dein Unterbewusstsein dich nach Hause gefahren hat. Weil du die Straße schon auswendig kennst und Auto fahren dir leichtfällt, übernimmt dein Unterbewusstsein die Kontrolle und bringt dich heil nach Hause. Ohne, dass du großartig darüber nachdenken musst. Und genau das wollen wir mit positiven Überzeugungen erreichen. Wir müssen sie so oft in unseren Alltag integrieren, laut wiederholen und auch danach handeln, dass sie in unser Unterbewusstsein übergehen und wir nicht mehr bewusst darüber nachdenken müssen.

Und ich kann dich beruhigen, wir werden nicht in deiner Vergangenheit herumstochern und alte Überzeugungen aufdecken. Weil wir uns aber trotzdem die Macht unseres Unterbewusstseins zunutze machen wollen, werden wir einfach ein paar nützliche Überzeugungen in unser Repertoire aufnehmen und unser Unterbewusstsein nach und nach umprogrammieren. Denn durch kontinuierliches Üben und Anwenden einer neuen Überzeugung kann sich unser Denken und Handeln im Laufe der Zeit ändern. Eins vorweg: Das geschieht nicht von heute auf morgen, sondern kann in extremen Fällen sogar sehr lange dauern. Aber du weißt ja, Übung macht den Meister.

Darum funktionieren Affirmationen bei den meisten nicht

Leider würde es absolut keinen Sinn machen, wenn ich dir hier jetzt ein paar wunderschöne Überzeugungen wie »Ich kann alles schaffen« aufschreibe, die du dir einfach regelmäßig vorsagst. Das würde vermutlich sogar den gegenteiligen Effekt bewirken. Du fragst dich vielleicht warum, denn jeder erzählt doch immer, dass Affirmationen (so nennt man positive Überzeugungen, die man sich regelmäßig aufsagt) so toll sind und helfen sollen, uns besser zu fühlen – wir müssen sie nur oft genug laut sagen, dann werden wir irgendwann auch wirklich anfangen, daran zu glauben.

So stimmt das leider nicht. Das würde vielleicht in der Kindheit funktionieren, solange wir noch »beeinflussbarer« sind – ich weiß, fürchterliches Wort –, aber im Erwachsenenalter ist es nicht mehr so einfach, unsere Überzeugungen zu verändern. Heute musst du schon neben den Affirmationen aktiv etwas dafür tun, damit sich nachhaltig etwas verändert. Also bitte glaube niemandem, der dir sagt, dass du durch ein morgendliches Aufsagen von Affirmationen dein gesamtes Mindset ändern kannst.

Nope, das funktioniert nicht. Viel wahrscheinlicher ist es, dass du noch frustrierter wirst, weil du dir diese Sätze sagst und keine Veränderungen spürst. So fühlst du dich am Ende noch schlechter, weil es ja angeblich bei allen anderen funktioniert, nur bei dir nicht. Und so können dir Affirmationen am Ende eher schaden als helfen.

Durch Affirmationen allein wirst du dein Mindset niemals ändern können.

Und das kann an zwei Gründen liegen: Erstens, du hast dir die Affirmationen irgendwo aus dem Internet geholt, und sie kommen nicht aus deinem Kopf. Das ist der erste Fehler, den viele begehen, wenn sie anfangen, mit Affirmationen zu arbeiten. Sie nehmen einfach vorgefertigte Sätze, die gar nicht zu ihnen passen, und dann geht das Ganze schief. Wenn du deine Art zu denken, positiv umprogrammieren möchtest, dann darfst du niemals die Sätze anderer Menschen verwenden. Du kannst sie gerne als Inspiration nehmen, aber die Sätze, die du in dein Unterbewusstsein aufnehmen möchtest, müssen sich nach DIR anhören. Sie müssen sich für dich richtig anfühlen. Sonst funktioniert das Ganze nicht.

Der zweite Fehler, den viele machen, ist, sich ihre Sätze vor dem Spiegel aufzusagen und im Alltag trotzdem ganz anders zu handeln. Nehmen wir mal eine gängige positive Überzeugung, die wir gerne alle leben würden: »Ich bin mutig.« Du sagst dir also morgens vor dem Spiegel, dass du mutig bist, und verlässt deine Wohnung. Dann stehst du am Bahnhof und wartest auf deinen Zug, und plötzlich erscheint aus heiterem Himmel der schönste Mensch, den du jemals gesehen hast. Du fühlst dich sofort zu ihm hingezogen und kannst die Augen nicht von ihm lassen. Du weißt, dass du diesen Menschen ansprechen willst, aber dir fehlt der Mut. Du traust dich einfach nicht. Immer, wenn du kurz davor bist, den Mund aufzumachen, machst du ihn wieder zu, und es kommt kein Wort über deine Lippen. Im nächsten Moment kommt der Zug, in den du einsteigen musst, und deine Chance ist weg. Du kritisierst dich heftig, weil du nicht mutig genug warst, und beginnst deiner morgendlichen Affirmation immer weniger zu glauben. Irgendwann ist es sogar so schlimm, dass du davon überzeugt bist, ein Feigling zu sein.

Hier ist schiefgelaufen, dass du deiner Affirmation keine Taten hast folgen lassen. Denn ohne Taten, die diese positive Überzeugung bestätigen, wirst du dein Unterbewusstsein nur schwer davon überzeugen, dass es seine alten, negativen Überzeugungen loslassen darf.

Wie du merkst, ist es also gar nicht so leicht, sein Denken zu verändern. Es braucht Zeit, und vor allem musst du dir selbst beweisen, dass diese Affirmationen wirklich stimmen.

Natürlich soll es auch die Möglichkeit geben, durch Hypnose solche negativen Überzeugungen aufzulösen und sie durch positive zu ersetzen. Das möchte ich dir nicht verschweigen, jedoch kenne ich niemanden, der das bereits gemacht hat, und selbst ich habe das auch noch nicht ausprobiert. Aber, hey, wenn du den Versuch mal starten möchtest und jemanden findest, der dir mit Hypnose helfen konnte, so schreib mir bitte. Das würde mich wahnsinnig interessieren.

Weil ich aber weiß, dass es vermutlich schwierig werden kann, eine geeignete Person dafür zu finden, werden wir uns hier Wege anschauen, wie du in deinem Alltag selbst dafür sorgen kannst, deine negativen Überzeugungen Schritt für Schritt aufzudecken und umzuwandeln. Das geht, wenn du aufmerksam und präsent bist.

So entdeckst du deine negativen Überzeugungen

Wie genau kannst du denn jetzt negative, oder sagen wir mal, dir hinderliche Überzeugungen finden und sie umwandeln? Das ist gar nicht so schwer. Der Clou liegt darin, dass du anfangen musst, bewusster durch deinen Tag zu gehen. Und damit meine ich, dass du öfters mal bewusst auf deine Gedanken hören solltest.

Lass uns noch einmal die Situation am Bahnhof betrachten und zusammen überlegen, welche Gedanken du in dieser Situation wohl gehabt haben könntest. Welche Gedanken haben wohl dafür gesorgt, dass du diesen Menschen doch nicht angesprochen hast? Deine Gedanken werden nämlich stark von deinen tiefsten Überzeugungen beeinflusst.

Du erinnerst dich, dass du dir in unserem Beispiel vorgenommen hattest, mutig zu sein. Doch etwas ist passiert, kurz bevor du dich entschieden hast, diesen Vorsatz über Bord zu werfen. Es war ein negativer Gedanke. Ein Gedanke, der dich davon abgehalten hat, diesen Menschen anzusprechen. Das könnte eine Vielzahl an Gedanken gewesen sein. In unserem Beispiel hättest du denken können »Oh nein, auf keinen Fall. Was, wenn er mich auslacht?« oder »Nein, ich mache es doch nicht. Bestimmt ist er eh schon vergeben« oder »Was mache ich da? Ich kann doch nicht einfach einen fremden Menschen ansprechen?«.

Wie du siehst, kann es bei jedem ganz unterschiedliche Gründe haben, diesen fremden Menschen am Bahnhof nicht anzusprechen. Welche negativen Überzeugungen es bei dir sind, das kannst du nur selbst herausfinden. Und das schaffst du, indem du aufmerksam wie ein neugieriger Wissenschaftler deine Gedanken beobachtest.

Vielleicht fällt es dir leicht, fremde Menschen anzusprechen. Vielleicht hast du andere Herausforderungen, vor denen du dich regelmäßig drückst und die dir wahnsinnige Angst machen. Ich rate dir, dich solchen Situationen öfter einfach mal bewusst auszusetzen. Du musst es nicht einmal wirklich tun. Wie du an diesem Beispiel siehst, reicht es auch schon, dass du denkst, dass du dich jetzt dieser Situation aussetzt. Du musst es zumindest wirklich vorhaben.

Und bei diesem Versuch wird sich deine innere Stimme lautstark melden. Du kannst dir diese Stimme wie eine Alarmanlage vorstellen, die immer dann angeht, wenn du deine Komfortzone verlassen möchtest. Und gerade in diesen Momenten solltest du ganz genau hinhören. Und dann mit einer für dich passenden, positiven Überzeugung kontern, deinen Mut zusammennehmen und es tun. Ich habe es dir hier noch einmal als Checkliste aufgeschrieben, sodass du es leichter umsetzen kannst.

Checkliste zur Umwandlung negativer Überzeugungen

1. Morgendliche Affirmationen
- Beginne deinen Tag mit positiven Affirmationen,
z. B. »Ich bin mutig«.

2. Löse bewusst deine innere Alarmanlage aus
- Gehe bewusst durch deinen Tag, und tue so, als würdest
du dich unterschiedlich herausfordernden Situationen aussetzen, z. B. einen fremden Menschen ansprechen.

3. Achte bewusst auf deine Alarmanlage
- Schau, wie deine Alarmanlage angeht, und beobachte deine
Gedanken und Gefühle in diesen Situationen und schreibe sie
auf, z. B. »Fremde Menschen anzusprechen, ist mir peinlich«.

4. Hinterfrage deine Gedanken
- Frage dich, ob diese Gedanken wirklich wahr sind und ob sie
dir helfen.

5. Positive Gegenüberzeugungen formulieren
- Entwickle positive, realistische Überzeugungen, die zu dir
passen, z. B. »Es ist in Ordnung, Menschen anzusprechen«.

6. Den nächsten Schritt planen
- Schreibe dir auf, wann du deine positive Überzeugung testen
möchtest und z. B. wirklich einen fremden Menschen ansprichst.

7. Handeln
- Setz dich der Situation diesmal wirklich aus, erinnere dich an
deine positive Überzeugung und fang an zu handeln. Gehe
also auf diesen Menschen zu und sprich ihn an.

8. Reflektiere deine Erfahrungen
- Überlege, wie es gelaufen ist und was du daraus gelernt hast.

9. Bleib dran
- Wiederhole den Prozess regelmäßig und passe deine Überzeugungen und Schritte nach Bedarf an.

Und genau das ist eine der Möglichkeiten, wie du negative Überzeugungen Stück für Stück auflösen und durch positive ersetzen kannst.

Das funktioniert übrigens in allen möglichen Lebensbereichen. Sei es in Situationen, wo du dich unsicher fühlst oder auch, wenn dich immer gleiche Situationen triggern. Genau dann geht dein inneres Alarmsystem los und genau dann solltest du verdammt gut hinhören. Hilfreich ist es, wenn du ein kleines Notizbuch dabeihast, wo du dir in einer ruhigen Minute aufschreiben kannst, was du in diesen Situationen gedacht hast. So kannst du nämlich Muster erkennen und weißt irgendwann genau, was dich triggert oder wann du unsicher wirst. So kannst du dir auch ganz entspannt eine positive Überzeugung überlegen, die du gerne stattdessen glauben würdest und sie dir in genau diesen Situationen im Kopf oder gerne auch laut aufsagen und danach handeln.

Du musst in gewisser Weise schauspielern

Wenn wir es mal ganz einfach ausdrücken, ist das in solchen Momenten auch nichts anderes als zu schauspielern. In diesen emotionalen Situationen kommen deine tiefsten Überzeugungen zum Vorschein. Jetzt weißt du, wie du sie erkennst, und so kannst du dir bewusst deine neuen, positiven Überzeugungen ins Gedächtnis rufen. Im nächsten Schritt handelst du danach. Du wirst sie Stück für Stück ersetzen, bis deine neue Überzeugung zu einem tiefen Glaubenssatz geworden ist, über den du nicht mehr nachdenken musst. In diesen Situationen wirst du deine neuen Überzeugungen zunächst vermutlich selbst noch nicht ganz glauben. Aber du handelst einfach so, als würdest du das tun. Und das wird mit der Zeit immer leichter und leichter.

Irgendwann wirst du an einen Punkt kommen, wo du wieder einmal in so einer Situation bist, und dein erster Impuls wird es auf einmal sein, nach deiner neuen, positiven Überzeugung zu handeln. Das ist der Zeitpunkt, an dem du sie wirklich tief in dir verankert hast. Und zwar mithilfe von Schauspielerei. Wenn wir das auf unser Beispiel am Bahnhof übertragen, würdest du in so einem Moment also gar nicht mehr zögern, sondern diesen Menschen einfach ansprechen, weil du keine negative Überzeugung mehr hast, die dich davon abhalten möchte.

Aber das Ganze ist ein Prozess. Das wird nicht sofort funktionieren. Du musst es wieder und wieder tun. Es braucht Zeit. Die ersten Male wirst du zögern, irgendwann traust du dich dann und irgendwann hast du es geschafft. Die Überzeugung wurde überschrieben. Hab Geduld mit dir. Das Leben ist ein Marathon und kein Sprint.

Als ich mit Social Media angefangen habe, hatte ich eine ganz fiese negative Überzeugung. Ich dachte: »Wieso sollte sich jemand meine Videos anschauen? Es interessiert doch sowieso niemanden, was ich zu sagen habe!« Tatsächlich traute ich mich lange gar nicht, überhaupt ein Video hochzuladen. Ich startete dann erst einmal mit Bildern. Und schrieb meine Gedanken darunter und postete sie einfach, trotz dieser Überzeugung. Das fiel mir zu Beginn leichter, als direkt mit einem Video zu beginnen. Irgendwann erhielt ich dann auch Rückmeldung von anderen Menschen, die diese Gedanken inspirierend fanden, und so bekam die negative Überzeugung langsam Risse. Also traute ich mich, mein erstes Video hochzuladen. Und noch eins und noch eins. Und die Rückmeldungen meiner Community zeigten mir: Es interessiert doch jemanden, was ich zu sagen habe! Ich konnte diese Überzeugung umschreiben.

Ich weiß jetzt, dass es nicht völlig belanglos ist, was ich denke. Ich weiß mittlerweile, dass es immer mindestens einen Menschen gibt, für den meine Worte von Bedeutung sind. Einen Menschen, der genau das in diesem Moment gebraucht hat. Der genau diese Worte hören musste. Ich habe verstanden, dass ich wichtig bin. Doch das musste ich mir erst selbst beweisen. Ich musste meinen Mut zusammennehmen und anfangen, Videos zu posten. Natürlich hatte ich eine Wahnsinnsangst davor. Natürlich hat meine innere Alarmanlage laut protestiert, aber ich habe es trotzdem getan und ihr gesagt, dass wir das schon schaffen werden. Und ich rate dir auch, mit kleinen Schritten zu starten und nicht direkt mit einer riesengroßen Veränderung. Das kann dich sonst schnell überfordern und du verlierst den Mut und die Motivation, weiterzumachen.

Ich weiß aber auch, dass diese Stimme in unserem Kopf manchmal ziemlich fies und gemein sein kann. Aber weißt du was? Sie tut das alles nur, um uns zu schützen. Denn immer, wenn du deine Komfortzone verlässt, dann begibst du dich auf unbekanntes Terrain. Und das ist immer erst einmal eine potenzielle Gefahr für unser inneres Alarmsystem. Deine innere Stimme will dir also gar nichts Böses, sondern dich einfach nur beschützen.

Nur leider lebt diese Stimme noch immer in der Steinzeit. Sie war hilfreich, als wir noch Jäger und Sammler waren, damit wir nicht plötzlich aufgrund unseres Leichtsinns auf jemanden außerhalb unseres Stammes zugegangen wären, der uns im nächsten Moment mit seinem Speer hätte umbringen können. Und auch heutzutage will sie uns beschützen, wo wir manchmal gar keinen Schutz brauchen. Zum Beispiel, wenn du jemanden am Bahnsteig ansprechen möchtest.

Deine innere Stimme möchte dich beschützen und funktioniert wie eine Alarmanlage, sobald sie Gefahr wittert.

Du kannst deine negativen Überzeugungen oder auch allgemein deine negativen Gedanken also leichter umwandeln, wenn du akzeptierst, dass sie vorher auch nicht schlecht waren. Und wie wäre es, wenn wir jetzt sofort einfach einen neuen Begriff für negative Gedanken erfinden? Wir könnten unserer inneren Stimme doch einfach einen Namen geben. Wie wäre es mit »Beschützer« oder »Beschützerin«? Ich weiß, ist nicht sehr originell, aber der Name zeigt genau den Zweck, den diese Überzeugungen haben. Uns vor Enttäuschungen, Gefahren und Ablehnung zu schützen. So verurteilst du dich nicht dafür, sondern kannst dich bei deinem Beschützer oder bei deiner Beschützerin für die Warnungen und den Schutz bedanken und dann liebevoll einen positiven Gedanken an die Stelle setzen.

Mein Geheimtipp für dich

Zieh dir morgens mal etwas an, was du normalerweise nie anziehst. Das können Ohrringe, eine Uhr, hohe Schuhe oder alles andere sein. Das soll dir als Anker, als Erinnerung über den Tag dienen. Und an diesem Tag kannst du dich jedes Mal, wenn du deinen Anker anschaust, daran erinnern, dass du heute besonders in schwierigen Situationen auf deinen Beschützer achten solltest. Also immer, wenn du gerne etwas tun möchtest, aber dich dann beim Zögern erwischst. Was hast du in diesem Moment gedacht? Das willst du herausfinden. Ein Anker kann dir dabei eine enorme Stütze sein. So machst du es dir viel leichter, aufmerksam zu bleiben und wirklich zu hören, was dein Beschützer dir sagt, und kannst besser verstehen, warum du denkst, dass du in diesen Situationen Schutz brauchst. Während dieser Tage bist du ein Detektiv deiner eigenen Gedanken. Denn unsere Gedanken kommen schnell und sind genauso schnell wieder weg.

Du musst zu deinem eigenen Lieblingsmenschen werden

Was wir hier angeschnitten haben, ist das Beobachten deiner Gedanken. Zwar haben wir gerade besprochen, welche Möglichkeiten es gibt, deine unbewussten Überzeugungen aufzudecken und umzuschreiben, aber du kannst das Spiel auch noch weitertreiben. Indem du nicht nur versuchst, deine negativen Überzeugungen aufzudecken und umzuschreiben, sondern allgemein anfängst, positiv mit dir selbst zu sprechen. Positive Kommunikation mit dir selbst ist der Grundstein für deine Ausstrahlung. Wenn du dich ständig selbst kritisierst und beleidigst, dann wirst du dich nicht nur mies fühlen, sondern deine gesamte Außenwirkung leidet ebenfalls darunter. Und seien wir mal ehrlich, so wie wir mit uns selbst sprechen, würden wir niemanden mit uns reden lassen. Wir sind selbst unser größter Kritiker.

———————

Das erinnert mich an einen Besuch bei einer Freundin, die ich schon länger nicht mehr gesehen hatte. Ich weiß, es klingt gemein, aber mir fiel auf, dass sie ein paar Kilos zugelegt hatte. Und ich muss gestehen, dass ich dachte, dass sie sich aber ganz schön gehen lasse. Als ich ihre Wohnung betrat, war ich richtig schockiert, wie unordentlich es bei ihr war. Überall lag Zeug rum und in der Küche stand das dreckige Geschirr in der Spüle. Da sprudelte es nur so aus mir heraus: »Was ist denn mit dir los? Kannst du dir nicht wenigstens mal die Mühe machen und aufräumen, wenn ich komme? Und wo hast du eigentlich deine Disziplin gelassen? Wenn du noch mehr zunimmst, kann ich mich bald nicht mehr mit dir draußen blicken lassen!«

———————

Na, wurdest du schon leicht aggressiv beim Lesen? Natürlich habe ich diese Freundin nicht und natürlich würde ich auch niemals so mit einer Freundin sprechen. Also, warum redest du dann so mit dir selbst? Wenn du von anderen Menschen nicht nur wahrgenommen, sondern auch respektiert und im besten Fall sogar gemocht werden willst, dann musst du mal wieder bei dir selbst anfangen. Du möchtest, dass andere Menschen wertschätzend mit dir sprechen? Dann musst du anfangen, wertschätzend und respektvoll mit dir selbst zu sprechen. Werde dein eigener Lieblingsmensch. Behandle dich wie die Nummer Eins. Denn genau das bist du. Du bist das Wichtigste in deinem Leben.

Kennst du Situationen, wo du dich unerklärlicherweise auf einmal völlig mies fühlst? Wo vorher eigentlich alles gut war, und plötzlich geht's bergab? Oft denken wir dann, dass dieses Gefühl zuerst da war. Das ist jedoch ein Irrtum, denn tatsächlich ist es ein Gedanke, der diese Gefühle ausgelöst hat. Willst du dich also selbstsicher und gelassen fühlen, dann musst du selbstsicher und gelassen denken.

Und wenn dir das jetzt unmöglich scheint und du gar keine Ahnung hast, wie du das machen sollst, dann versuch dir einfach vorzustellen, dass du zu deinem Lieblingsmenschen sprechen würdest. Was würdest du ihm in solchen Momenten sagen? Was musst du hören, damit du dich wieder sicherer fühlst?

Und die wichtigste Frage: Was musst du tun, damit du dich selbst wieder mehr wertschätzt und respektierst? Diese Frage habe ich mir selbst auch vor Kurzem gestellt, und mir wurde klar, dass ich mal wieder etwas nur für mich tun muss.

Ich mache Instagram jetzt schon eine ganze Weile und ich liebe meine Community. Ich liebe meine Arbeit und trotzdem fand ich mich irgendwann in einer gefährlichen Abwärtsspirale wieder. Mein Energielevel war konsequent gesunken. Ich war mit allem überfordert, weil ich nur noch mit Arbeiten, Haushalt und Kindern beschäftigt war. Für meinen Mann blieb da nicht so viel Zeit, geschweige denn Zeit nur mit mir alleine. Das wirkte sich nicht nur auf meine Kreativität aus, sondern auch auf meine mentale Gesundheit. Ich hatte fast keine Ideen mehr und war zu Hause ständig gereizt. Ich erkannte mich selbst nicht mehr wieder. Und da wusste ich, dass mir alles gar nichts bringt, wenn es mir nicht gut geht.

Da muss ich jetzt noch einmal kurz das Thema Energie ansprechen, denn während ich das hier schreibe, bin ich gerade im Urlaub und erhole mich. Ganz alleine, ohne Mann und Kinder. Und es tut mir so gut. Ich habe mich nach drei Tagen bereits so viel besser gefühlt und hatte wieder jede Menge Ideen im Kopf. Wieder einmal wurde mir klar, dass wir ohne genügend Energie verloren sind. Ich habe mich tatsächlich schon wie ein Hochstapler auf Social Media gefühlt. Ich wusste zwar, dass meine Tipps und der Content gut sind und helfen, aber ich konnte die Tipps zu diesem Zeitpunkt selbst gar nicht umsetzen, weil ich nicht genügend Energie hatte.

Bevor ich hier jetzt zu sehr ausschweife, will ich dir einfach sagen, dass es überaus wichtig ist, dass du dich gut um dich selbst kümmerst. Wenn du von anderen gesehen, gehört und ernst genommen werden willst, dann musst du anfangen, dich selbst wahrzunehmen, auf deinen Körper und deine Seele zu hören und dich selbst ernst zu nehmen.

Vielleicht fragst du dich jetzt, woran du erkennen kannst, ob du jetzt wirklich selbstbewusst bist oder nur so tust? Das erkennst du daran, dass es dir egal wird, was andere von dir halten. Haha, nein! Das ist kein Selbstbewusstsein. Das ist eine Vorbeugungstaktik aufgrund der Angst, dass dich jemand ablehnen könnte. Wenn du denkst »Mir doch egal, ob andere mich mögen«, dann hast du noch kein felsenfestes Selbstbewusstsein erlangt. Dann versuchst du dir selbst nur einzureden, dass es so ist, aber eigentlich trifft es dich doch noch ziemlich hart, wenn du auf Ablehnung stößt. Aber ich verspreche dir – wenn du dir selbst die Zeit gibst, das herauszufinden, was dich ausmacht und anfängst dich dafür zu lieben, wer du bist, dann wird aus »Mir doch egal, ob andere mich mögen« auf einmal »Es ist okay, wenn jemand mich nicht mag«.

Und das ist echtes Selbstbewusstsein. Es ist dir nicht egal, ob andere dich mögen, aber es ist okay für dich, wenn es nicht so ist. Und das ist ein kleiner, aber mächtiger Unterschied.

Stell dir mal vor, du gehst auf eine Party und du sagst dir vorher: »Heute gehe ich da hin, spreche die Menschen an, und wenn mich einer nicht mag, tja, dann ist das sein Problem, nicht meins.« Weißt du, wie du dann wirkst? Als würdest du dich für die Königin der ganzen Welt halten und alle anderen wären nur das Fußvolk. Deine innere Welt spiegelt sich immer im Außen wider. Wenn du dich an die selbsterfüllende Prophezeiung erinnerst, wirst du dir jetzt denken können, was als Nächstes passiert. Na klar, du provozierst die Ablehnung der anderen Menschen. Und du redest dir dann ein, dass es keine Rolle spielt, weil du dich ja selbst liebst. Auf Dauer kann dich so ein Denken ganz schön einsam machen.

Ganz anders sieht es allerdings aus, wenn du verstehst, dass wir Menschen nun mal soziale Wesen sind und gerne die Anerkennung anderer haben wollen. Es ist doch auch nicht schlimm, wenn du gerne gemocht werden möchtest. Das ist ein natürlicher Wunsch. Wenn du jetzt also auf diese Party gehen würdest, und du sagst dir vorher: »Okay, ich werde heute ein paar andere ansprechen und freue mich coole Leute kennenzulernen. Wenn sie mich mögen, wäre das super, aber falls nicht, ist es auch okay für mich.« Was für eine Ausstrahlung hättest du wohl in diesem Fall? Eine ganz andere. Denk mal drüber nach.

Mut ist wichtiger als Selbstbewusstsein

Und ich weiß genau, selbstbewusster zu werden klingt jetzt vielleicht nach sehr viel Arbeit, und du weißt nicht, wie du das überhaupt alles umsetzen, geschweige denn wo du anfangen sollst. Ich kann dich sehr gut verstehen, denn mir ging es zu Beginn auch nicht anders. Aber weißt du was? Du musst auch gar nicht alles direkt umsetzen. Nimm dir eine Sache vor, die du heute machen möchtest. Möchtest du deine Stärken herausfinden? Super, dann nimm dir auch genügend Zeit, bis du dir sicher bist, dass du sie gefunden hast.

Dein Weg zu mehr Selbstbewusstsein muss nicht schnell sein. Kennst du die Geschichte mit dem Hasen und der Schildkröte? Der Hase lässt sich auf seinem Weg sehr oft ablenken, weil er denkt, dass die Schildkröte ihn sowieso nicht überholen kann. Die Schildkröte ist zwar langsamer, aber mit vollem Fokus auf ihrem Weg. Und rate mal, wer das Ziel als Erster erreicht? Die Schildkröte. Ich möchte dir damit sagen, dass dein Weg zu einem festen Selbstbewusstsein nicht schnell sein muss. Nimm dir die Zeit, die du brauchst, aber verliere den Fokus nicht. Mache erst mit dem nächsten Schritt weiter, wenn du einen gemeistert hast.

Natürlich musst du nicht unbedingt die Reihenfolge hier im Buch einhalten, du kannst auch an einem anderen Punkt starten, wenn sich das für dich stimmiger anfühlt. Diese Reihenfolge ist die, die meine Kursteilnehmer befolgen und die mir persönlich am besten gefallen hat. Aber, hey, fühl dich frei, selbst zu entscheiden. Sei dir nur bewusst, dass du die Antworten nicht im Außen finden kannst, sondern nur in dir selbst. Niemand wird dir auf diesem Weg helfen oder dir diese Arbeit abnehmen können. Ich kann dir auch nur Tipps und Anregungen geben, aber die Arbeit musst du selbst erledigen. Und weil ich weiß, dass das manchmal ziemlich herausfordernd werden kann, möchte ich dir noch eine wichtige Sache mit auf deinen Weg geben.

Ob du glaubst, dass du schon selbstbewusst bist oder nicht: Es spielt keine so große Rolle, weil Mut noch wichtiger ist als Selbstbewusstsein.

Natürlich bist du mutiger, wenn du dich selbstbewusster fühlst. Wenn du genau weißt, wer du bist, was dich ausmacht und was du kannst, dann traust du dich auch mehr. Das ist völlig logisch. Aber es wird immer Situationen geben, in denen du dich unterlegen oder unsicher fühlst. Es wird immer Menschen geben, die in deinen Augen mehr Selbstbewusstsein besitzen als du. Was dir in solchen Situationen helfen wird, ist dein Mut. Es geht nicht darum, immer perfekt selbstbewusst aufzutreten, sondern darum, dass du deinen Mut zusammennimmst und Dinge trotzdem tust – obwohl du Angst hast.

Auch die selbstbewusstesten Menschen auf diesem Planeten erleben Situationen, denen sie sich nicht gewappnet fühlen. Aber weißt du, was sie tun? Sie trauen sich einfach. Sie haben auch Angst, aber sie nehmen all ihren Mut zusammen und tun es trotzdem. Und genau das unterscheidet sie von den meisten anderen Menschen. Wir denken, dass sie schon immer so selbstbewusst gewesen sein müssen, aber tatsächlich haben sie einfach gelernt, mutig zu sein.

Und bitte schäme dich nicht, wenn dich die Angst doch einmal übermannt. Angst ist ein natürliches Gefühl, und wir können lernen, es liebevoll anzunehmen. Denn ohne Angst gäbe es auch keinen Mut. Das nächste Mal, wenn du dich unsicher fühlst und Angst hast, kannst du dir sagen: »Danke Angst, dass du da bist. Denn jetzt habe ich die Chance, mutig zu sein.«

Mut ist wie ein Muskel, den wir trainieren können. Nur wenn du regelmäßig trainierst, erlangst du diese Ausstrahlung, die allen zeigt, dass du überzeugt bist, alles schaffen zu können. Du musst noch nicht wissen, wie du das hinkriegst. Das ist nicht so wichtig, wie die Gewissheit, dass du es schon irgendwie schaffen wirst.

Wenn du dich genügend Herausforderungen stellst, egal wie klein sie für andere sein mögen, und sie dann nach und nach meisterst, wirst du dir blind vertrauen können, mit allem zurechtzukommen. Es spielt keine Rolle, wie selbstbewusst du dabei warst, es zählt nur, dass du dich getraut und dir selbst ein Ja gegeben hast. Vielleicht war es sogar maximal peinlich, aber du stehst immer noch fest da, bereit für die nächste Herausforderung. Du kommst damit zurecht! So erlangst du diese innere Einstellung: »Egal, was passiert, ich werde das schon irgendwie hinkriegen, auch wenn ich jetzt noch nicht genau weiß wie, weiß ich, dass ich damit zurechtkommen werde.« Und genau diese Ausstrahlung sorgt dafür, dass Menschen dich sehen, respektieren und ernst nehmen.

Die letzten Hindernisse auf deinem Weg zu mehr Selbstbewusstsein

Ich habe mal gehört, dass Menschen, die es nicht gewohnt sind, selbstbewusst zu sein, Selbstbewusstsein oft mit Arroganz verwechseln. Menschen, die es nicht gewohnt sind, durchsetzungsstark zu sein, könnten das mit Aggressivität verwechseln. Und Menschen, die es nicht gewohnt sind, sich selbst an erste Stelle zu nehmen, verwechseln das vielleicht mit Egoismus. Falls du das auch in gewissem Maße fühlst, bist du damit nicht allein. Ich habe selbst lange gebraucht, um zu verstehen, dass es nicht so ist.

Wie oft habe ich keine Grenzen gesetzt, weil ich dachte, ich sei unhöflich. Wie oft habe ich anderen den Vortritt gelassen und mich selbst zurückgenommen, weil ich mich nicht für wichtig genug gehalten habe. Und wie oft habe ich mein Strahlen versteckt, weil ich dachte, dass die anderen mich für eingebildet halten könnten. Viel zu oft, aber ich habe heute endlich verstanden, dass es kein Zeichen von Egoismus ist, für mich selbst einzustehen. Es ist nötig, damit es mir gut geht. Denn nur, wenn es dir selbst gut geht, kannst du dich gut um andere kümmern. Es ist keine Aggressivität, wenn du dich durchsetzt. Es ist nötig, damit du nicht ausgenutzt wirst und Dinge tust, die du gar nicht tun möchtest. Grenzen setzen ist wichtig für dein Wohlbefinden. Sonst kann es leicht passieren, dass du plötzlich ausgebrannt bist und keine Energie mehr hast.

Du hast ein Recht, deine Grenzen zu verteidigen. Du hast das Recht, Nein zu sagen. Ich bin immer ein Freund davon, erst einmal freundlich und höflich zu sein. Aber spätestens beim zweiten Nein darfst du ruhig eindringlicher werden und musst auch nicht mehr höflich bleiben. Es ist okay, anderen deine Grenzen aufzuzeigen. Wie sollen sie denn sonst wissen, dass sie eine Grenze überschritten haben, wenn du sie nicht darauf hinweist? Es mag sein, dass manche Menschen so feinfühlig sind, dass sie dein Unbehagen spüren, aber viele sind es eben auch nicht.

Wenn es sich in deinem Innern also falsch anfühlt, weil jemand deine persönlichen Grenzen missachtet hat, dann musst du etwas dagegen tun.

Sonst zeigst du deinem Unterbewusstsein und diesem Menschen, dass du es dir nicht wert bist, für dein Wohlbefinden zu sorgen.

Ich möchte hier aber dennoch eine kleine Anmerkung machen. Denn oft sehe ich Tipps zum Thema Grenzen setzen, die ich wirklich furchtbar finde und die ich dir auf keinen Fall raten möchte.

Oft wird geraten, das Essen im Restaurant auf alle Fälle zurückgehen zu lassen, wenn mit der Bestellung etwas nicht stimmt. Generell finde ich diese Idee erst einmal richtig und die Message dahinter auch wichtig. Denn das bedeutet ja, dass du es dir wert bist, das von dir bestellte Essen zu bekommen und darauf zu bestehen, dass es das richtige ist. Ich finde aber, dass ein essenzieller Punkt hier außen vorgelassen wird. Denn was ist, wenn die Bestellung zwar falsch ist, aber es eigentlich nicht so schlimm für dich ist? Was ist, wenn du siehst, dass der Kellner unfassbar gestresst ist und deswegen einen kleinen Fehler gemacht hat – obwohl er trotzdem noch die Energie aufgebracht hat, freundlich zu dir zu sein. Würdest du trotzdem um jeden Preis auf deiner Bestellung bestehen, nur um dir selbst zu beweisen, dass du Nein sagen kannst? Oder möchtest du vielleicht sogar Ja sagen, aber machst es nicht, weil du Angst hast, dass die anderen dich für einen People Pleaser halten könnten?

Bevor ich eine Bestellung im Restaurant zurückgehen lasse, überlege ich mir gut, ob ich mit dem, was mir gebracht worden ist, nicht auch zurechtkomme. Falls es sich natürlich um etwas handelt, was für dich nicht machbar ist, weil zum Beispiel Zwiebeln im Essen sind und du gegen diese allergisch bist, dann ist das natürlich etwas anderes. Natürlich darfst du auch Essen zurückgehen lassen, wenn du es absolut nicht magst. Ich will dir nur sagen, dass wir vor einem Nein vielleicht kurz mal in uns gehen sollten, um zu überprüfen, ob wir wirklich Nein sagen wollen oder nur denken, es sagen zu müssen.

Um deine eigenen Grenzen selbstbewusst nach außen zu kommunizieren, musst du sie für dich erst einmal festlegen. Was kannst du akzeptieren und was geht gar nicht? Seine eigenen Grenzen erkennen und dann dazu stehen und nicht um jeden Preis beweisen, dass man Grenzen setzen kann. Das ist es, was wir erreichen wollen.

Mein Geheimtipp für dich

Wenn du deine eigenen Grenzen nicht kennst, dann kannst du sie mit dieser Übung leichter herausfinden. Nimm dir mal vor, einen ganzen Tag oder sogar eine Woche oder einen Monat zu allem Nein zu sagen. Wirklich zu jedem und allem. So wirst du bemerken, dass es erstens gar nicht so schwer ist, auch mal Nein zu sagen, und zweitens wirst du so herausfinden, zu was du wirklich gerne hättest Ja sagen wollen. Vor allem für Menschen, die nicht Nein sagen können, kann diese Übung besonders hilfreich sein.

Keine Grenzen setzen zu können, wird dir über kurz oder lang Energie rauben. Und Charisma ist Energie. Doch wenn deine Energie im Keller ist, weil du nicht auf sie achtest, dann wird es schwer werden, charismatisch zu sein.

Und es ist keine Arroganz, wenn du selbstbewusst zu dir stehst. Es ist nötig, damit du dich selbst als den wertvollen Menschen anerkennst, der du bist. Solange du dich nicht besser als andere Menschen siehst, bist du auch nicht arrogant. Mein Ziel ist es, dass du dich auf Augenhöhe mit anderen Menschen fühlst. Nicht besser und nicht schlechter als jemand anderes. Und das kann niemals Arroganz sein. Und falls jemand dich dann doch so bezeichnen sollte, dann liegt das sehr wahrscheinlich daran, dass diese Person mit eigenen Unsicherheiten zu kämpfen und vielleicht sogar selbst die Überzeugung hat, dass selbstbewusst zu sein bedeutet, arrogant zu sein.

Mit Sympathie Herzen gewinnen

Sympathie ist ein unterschätzter Charisma-Faktor. Wer will schon zugeben, dass er gerne gemocht werden möchte? Selbstbewusstsein ist es, was alle wollen. Oder hast du schon einmal jemanden sagen hören, dass er gerne sympathischer wäre? Wahrscheinlich eher selten, denn Selbstbewusstsein ist cool. Sympathie macht dich schwach. Zumindest wird es so immer wieder im Internet und in Büchern dargestellt. Sei kein People Pleaser, sei nicht zu nett, sonst wirst du ausgenutzt.

Viele »Ratgeber« wollen dir zeigen, wie du selbstbewusst und schlagfertig auftreten kannst, aber vergessen dabei, dass auf der anderen Seite auch ein Mensch mit eigenen Gefühlen steht. Natürlich ist es wichtig, sich nicht ausnutzen zu lassen und Grenzen setzen zu können, aber anderen Menschen sympathisch zu begegnen, ist mindestens genauso wichtig.

Ich habe seit einiger Zeit das Gefühl, dass wir Menschen auf einen sehr gefährlichen Weg zusteuern. Wenn wir alle anfangen, nur noch an uns selbst zu denken und nicht mehr an andere, wo kommen wir denn dann hin? Ich denke auch gerne an mich und du solltest dich selbst auch sehr wichtig nehmen. Aber ich möchte nicht in einer Welt leben, wo jeder nur noch an seine eigenen Vorteile denkt. Wo keiner mehr dem anderen helfen möchte und »nett« ein Schimpfwort geworden ist. Und das alles nur, damit wir nicht schwach wirken? Ich frage mich ernsthaft, ist es nicht eher schwach, einem anderen Menschen NICHT zu helfen? Zeugt es nicht erst recht von Schwäche, andere Menschen zu ignorieren, anstatt für sie da zu sein?

Die Netten werden ausgenutzt, heißt es. Aber weißt du, was ich denke? Freundlichkeit ist eine Superpower, solange du dich selbst dabei nicht vergisst. Sympathie ist es, was die Menschen verbindet. Wenn wir Menschen anlächeln und gemeinsam lachen können. Wenn Menschen spüren, dass du gerne mit ihnen zusammen bist. Wenn du mal herzlich mit jemandem lachen konntest, dann wirst du wissen, was ich meine, wenn ich sage, dass Sympathie verbindet.

Und dazu gehört auch die Fähigkeit, über sich selbst lachen zu können. Wer zeigt denn größere Selbstsicherheit als ein Mensch, der Scherze über sich selbst machen kann? Denk mal an Jennifer Lawrence. Sie ist überaus beliebt. Das mag zu einem großen Teil an ihrer schauspielerischen Leistung liegen, aber zu einem ebenso großen Teil liegt es daran, dass sie regelmäßig über sich selbst lacht.

Erinnerst du dich noch an die Szene während der Oscarverleihung, wo sie die Treppe hinaufgestürzt ist? Man hat gesehen, dass es ihr peinlich war, aber sie hat es einfach akzeptiert und mit dem Publikum über sich selbst gelacht. Und was ist passiert? Sie wurde nur noch beliebter. Jennifer Lawrence gewann die Herzen der Menschen und macht ihre Schwäche, tollpatschig zu sein, zu ihrer größten Stärke. Und damit ist sie überaus sympathisch.

An dieser Stelle möchte ich mich einmal besonders bedanken. Ich habe einfach eine so tolle Community und fühle mich regelmäßig so inspiriert von euch. Tausendfach danke, besonders für die folgende Inspiration. Seit einiger Zeit versuche ich durch meinen Content zu zeigen, dass wir aufhören sollten, Selbstbewusstsein mit Schlagfertigkeit oder superdominantem Auftreten gleichzusetzen. Ich möchte zeigen, dass wir auch selbstbewusst sein können, ohne besonders schlagfertig, laut oder im Vordergrund sein zu müssen. Und dass Sympathie nicht außer Acht gelassen werden sollte. Aber bis vor Kurzem hatte ich einfach keinen greifbaren Begriff dafür. Ich habe dann immer von Charisma gesprochen, denn genau das macht Charisma ja für mich aus. Die Kombination aus Selbstbewusstsein und Sympathie.

Allerdings ist Charisma für viele Menschen ein Begriff, mit dem sie nicht so viel anfangen können. Aber dann hat mir der liebe Markus eine Nachricht geschrieben und genau das in die perfekten Worte gefasst, was ich bisher nicht konnte. Ich werde euch einfach seinen Satz hier so wiedergeben, wie er ihn mir geschrieben hat, dann werdet ihr verstehen, was ich meine.

Es ist so wichtig, dass wir Sonnenblumen blühen lassen und uns zeigen und das Feld nicht mehr den ängstlichen, dominanten Leuten überlassen.
***Sanfte Stärke* ist etwas Wunderschönes und sie bewirkt zeitlos etwas Gutes.**

Ich muss sagen, als ich das gelesen habe, war mein erster Gedanke: »WOW, das ist das Wort, das ich gesucht habe.« Sanfte Stärke. Was für ein wunderschöner Ausdruck, Markus! Ohne dich wäre ich wahrscheinlich nie darauf gekommen. Und doch ist es das, was sich viele Menschen wünschen. Ich weiß das, weil ich diesen Gedanken einmal auf Social Media geteilt habe und sehr viele positive Reaktionen erhalten habe. Es gibt einfach Menschen, die von Natur aus sanfter sind und mit den üblichen Selbstbewusstseinstipps nichts anfangen können.

Auch ich war vor einigen Jahren noch ziemlich verzweifelt auf der Suche nach Ratschlägen für mehr Selbstsicherheit und Selbstbewusstsein und habe fast nichts gefunden, was zu mir und meiner sanften Persönlichkeit gepasst hat.

»Nein ist ein vollständiger Satz und bedarf keiner Erklärung!«, war zum Beispiel einer dieser Tipps, die mir so gar nicht geholfen haben. Ich tue anderen nun mal gerne einen Gefallen. Und ich finde es sehr unsympathisch und unhöflich, deinem Gegenüber nicht wenigstens eine kurze Erklärung für dein Nein zu geben. Natürlich musst du nichts rechtfertigen und darum geht es ja auch in diesem Moment nicht. Sich zu erklären ist nicht das Gleiche wie sich zu rechtfertigen. Wenn ich jemanden um einen Gefallen bitte und derjenige sagt einfach Nein, ohne mir zu erklären warum, dann fühle ich mich total vor den Kopf gestoßen. Wo ist da die Freundlichkeit? Sind wir nicht alle Menschen und können wir nicht bitte ein wenig netter miteinander umgehen? Einfach kurz und mit fester Stimme erklären, warum man keine Zeit hat, ist ja wohl noch drin, oder?

Und deswegen ist es so wichtig, dass du bei solchen Tipps immer auch auf dein Bauchgefühl hörst. Wenn es sich für dich richtig anfühlt, dann sei nett! Du darfst nett sein. Ich finde ehrlich gesagt, dass wir gar nicht zu nett sein können. »Du bist einfach zu nett!« Nee, ich bin gerne nett! Ich liebe es, freundlich zu anderen Menschen zu sein. Steh dazu!

Ich weiß noch genau, wie es war, als ich eines meiner ersten Seminare gehalten habe. Ich konnte die Nacht davor kaum schlafen und ging die

Themen immer und immer wieder durch. Frühstücken fiel mir schwer, ich bekam kaum etwas hinunter, und bevor ich den Seminarraum betreten konnte, musste ich vor der Tür erst einmal tief durchatmen, weil ich so aufgeregt war. Dort angekommen wurde ich dann sehr herzlich begrüßt und ich fühlte mich direkt wohler. Ich war bewusst schon dreißig Minuten früher gekommen, damit ich mich mit dem Raum und den Menschen vertraut machen konnte, und das war die beste Entscheidung überhaupt. Denn ich war da, bevor die Seminarteilnehmer auftauchten und so konnte ich alle persönlich begrüßen. Ich ging zu jedem einzeln hin, wir gaben uns die Hand und ich stellte mich nochmals vor.

Viele Trainer haben jemanden, der die Teilnehmer für sie begrüßt, und sie kommen erst in den Raum, wenn das Seminar beginnt. Für mich hat es sich einfach stimmiger angefühlt, jeden persönlich zu begrüßen und eine erste Verbindung herzustellen. Das sorgte nicht nur dafür, dass ich mich viel wohler fühlte und meine Nervosität verflog, sondern das machte mich auch gleich zu Beginn viel sympathischer.

Und was ich dann getan habe, davon hätte mir vermutlich jeder Selbstbewusstseinstrainer abgeraten. Ich brachte tatsächlich jedem Teilnehmer einen Kaffee. Direkt bei der Begrüßung fragte ich jeden einzelnen, ob ich einen Kaffee bringen dürfe, und dieses Angebot wurde dankend angenommen. Dadurch fühlten sich die Teilnehmer wertgeschätzt und starteten mit einem sehr positiven Gefühl in das Seminar. Ich fragte mich währenddessen tatsächlich, ob das angemessen sei, weil ja immer suggeriert wird, dass du als Alpha wahrgenommen werden sollst, wenn du ein Seminar gibst, aber ich fand die Geste einfach nett und habe es gerne getan, immerhin war ich ja auch die Gastgeberin und wollte, dass sich meine Gäste wohlfühlen. Also gab ich meiner inneren Beschützerin zu verstehen, dass alles in Ordnung sei, und zog es einfach durch.

Ich war in dem Moment ganz ich selbst und das war genau richtig so. Denn soll ich dir verraten, was am Ende des Seminars passiert ist? Ich habe nicht nur Applaus bekommen, sondern es sind alle aufgestanden und haben weitergeklatscht. Wenn du jemals Standing Ovations bekommen hast, dann weißt du, wie besonders sich das anfühlt.

Ich habe mir meine Kompetenz für den eigentlichen Vortrag aufgespart und währenddessen gezeigt, dass ich auch etwas draufhabe, und zu Beginn alle mit meiner Herzlichkeit auf meine Seite gezogen. Das hat mir noch einmal deutlich bewiesen: Gewinne zuerst die Herzen und zeige dann, was du kannst. Während des Seminars sprachen wir auch über den ersten Eindruck, und ich fragte die Teilnehmer, was ihnen als Erstes an mir aufgefallen sei. Ich wollte wissen, worauf sie als Erstes geachtet hatten. Und es wurde einstimmig gesagt, dass es mein strahlendes Lächeln gewesen sei, das sie umgehauen habe. Da soll nochmal einer sagen, dass Lächeln schwach macht.

––––––––

Freundlichkeit macht dich nicht schwach. Lächeln und nette Gesten machen dich nicht schwach. Natürlich habe ich ebenfalls starke Signale zu Beginn gezeigt. Ich habe Blickkontakt gehalten, hatte einen festen Händedruck, stand aufrecht und habe mit klarer Stimme gesprochen. Damit habe ich schon gezeigt, dass ich eine starke Persönlichkeit bin, auch wenn ich jemandem einen Kaffee bringe. Das unterstrich deutlich, dass ich nicht darauf angewiesen war, Kaffee zu machen, sondern dass ich es gerne und freiwillig getan habe. Und genau das macht den Unterschied. Ich finde es wahnsinnig charismatisch, wenn eine in meinen Augen starke Persönlichkeit solche freundlichen Gesten nutzt und dir ihre Wertschätzung damit zeigt. Dass sie dir damit zeigt, dass du genauso wichtig bist wie sie und sie sich nicht für etwas Besseres hält, nur weil sie in diesem Moment vielleicht mehr weiß oder den höheren Status hat.

Genau das habe ich nämlich in einer Schulung erlebt, in der ich Teilnehmerin war. Ich hatte mich für einen Auffrischungskurs für Erste Hilfe für Kinder angemeldet und die Seminarleiterin trat ziemlich überheblich auf. Ich bin mir sicher, dass es ihr nicht bewusst war, dass sie sehr arrogant und besserwisserisch rüberkam, denn oft merken wir das selbst gar nicht. Sie hat uns allerdings bei jeder Frage, die wir gestellt haben, quasi bloßgestellt, warum wir das nicht wissen. Sie hat ihre Antworten so formuliert, als würde sie uns für dumm halten. Und deswegen gab es sogar Beschwerden im Nachhinein über sie.

Sie hat diesen einen Fehler gemacht: Sie wollte um jeden Preis zeigen, dass sie eine kluge und kompetente Trainerin ist, und ließ uns deutlich spüren, dass wir eigentlich gar nichts wussten. Und damit machte sie sich extrem unbeliebt.

Ich möchte, dass du keine Angst hast, allen deine herzliche und warme Seite zu zeigen. Das ist so wundervoll und heutzutage so selten. Es gibt fast nichts Schöneres, als wenn dir jemand von ganzem Herzen zeigt, wie sehr er sich freut, dich zu sehen. Lass deine Gefühle zu. Du kannst niemals zu herzlich sein. Niemals.

Das Einzige, was du beachten solltest, ist es, auf dein Gefühl zu hören und Nein zu sagen oder Grenzen zu setzen, wenn es an der Zeit ist. Zum Beispiel, wenn du bemerkst, dass du ausgenutzt wirst oder du dich einfach nicht wohlfühlst. Vergiss nie, dass deine Zeit und vor allem du selbst genauso wertvoll und wichtig sind wie die Person dir gegenüber. Es geht nicht nur darum, freundlich zu anderen zu sein, sondern auch zu dir selbst. Sei herzlich, sei nett, tue anderen Gefallen, überrasche sie, bringe sie zum Lachen, nur schließ dich mit ein.

Freundlichkeit macht dich nicht schwach! Sie ist eine Superpower!

Und das ist nicht nur so, wenn du wie ich ein Seminar hältst, sondern auch bei Vorstellungsgesprächen, Meetings oder an deinem ersten Tag an einer neuen Stelle. Es zählt nicht nur, ob du kompetent und selbstsicher in deinem Job bist, sondern auch, ob du gut ins Team passt. Ob du also sympathisch bist. Freundlichkeit öffnet Türen, die bloße Kompetenz allein oft nicht öffnen kann. Sie schafft echte Verbindungen und sorgt dafür, dass du in jedem Umfeld positiv wahrgenommen wirst. Letztens habe ich erst von einer meiner Teilnehmerinnen genau das bestätigt bekommen.

Wir hatten mit einigen Teilnehmerinnen von **Sichtbar. Sympathisch. Selbstbewusst** ein Onlinecoaching, und da kam unter anderem das Thema Jobwechsel zur Sprache. Sabrina wollte gerne wissen, wie sie am ersten Tag an der neuen Stelle einen positiven Eindruck machen könne, damit sie möglichst gut von den neuen Kollegen aufgenommen werde. Wir thematisierten vor allem den Faktor der Sympathie. Sabrina bestätigte mir, dass schon im Vorstellungsgespräch klar kommuniziert worden sei, dass es wichtiger sei, dass sie ins Team passe, als dass sie superkompetent sei. Das habe ihr zukünftiger Chef genauso gesagt.

Wir sprachen darüber, dass es zunächst wichtiger sei, ihren neuen Kollegen zu zeigen, dass sie eine von ihnen sei. Es sei wichtiger, dass sie mit ihr eine unkomplizierte Zusammenarbeit erwarten könnten, erst dann solle sie zeigen, dass sie auch was draufhabe. Denn, wenn man sich mal in die Situation der neuen Kollegen hineinversetzen würde, dann sei sofort klar, dass niemand mit jemandem zusammenarbeiten möchte, der den Raum betritt, als würde ihm das Unternehmen gehören und jedem sofort zeigt, wie kompetent und selbstsicher er ist. Das würde bei den neuen Kollegen wohl eher negativ rüberkommen. Ja, wahrscheinlich sogar sehr unsympathisch.

Sympathie ist also einer der wichtigsten Faktoren, wenn wir gesehen, gehört und ernst genommen werden wollen. Ohne Sympathie strahlt auch ein unerschütterliches Selbstbewusstsein nur schwach.

Selbstliebe als Fundament für mehr Sympathie

Okay, ich denke du weißt jetzt, warum Sympathie so wichtig ist. Sorry, falls du es zu lang fandest, aber für mich ist es so unglaublich wichtig, dass du das verstehst. Denn ich weiß, dass es viele von uns gibt, die sich mit ihrem Lächeln und ihrer Freundlichkeit zurückhalten, weil ihnen mal jemand gesagt hat, dass sie so selbstbewusster rüberkämen. Mach das nicht. Keine Sorge, wir schauen uns später noch im Detail an, welche anderen Signale du ebenfalls zeigen solltest, damit diese warme Seite an dir nicht wie eine Schwäche, sondern wie eine Superpower rüberkommt. Bevor wir uns jedoch intensiver mit diesem Thema beschäftigen, sollten wir uns zunächst das Fundament der Sympathie genauer anschauen. Und das ist Liebe! Allen voran unsere Selbstliebe.

Oh man, denkst du jetzt bestimmt. Jetzt kommt sie mir auch mit diesem blöden Begriff. Haha, ja, ich weiß, es ist so einfach gesagt, dass man sich nur selbst lieben müsse und schon wären alle Probleme aus der Welt geschafft. So leicht geht das natürlich nicht. Und es ist auch nicht so, dass du alles an dir lieben musst. Ja, es darf auch Dinge geben, die du nicht an dir magst. Oder liebst du alles an deinen Lieblingsmenschen?

Nein, natürlich gibt es Dinge an uns selbst, die uns nerven und die wir so gar nicht leiden können. Ja, es gibt sogar Eigenarten meiner Kinder, die mich regelmäßig in den Wahnsinn treiben, aber bedeutet das, dass ich sie deswegen weniger liebe? Auf gar keinen Fall! Das alles zusammen, all die Dinge, die ich an meinen Kindern vergöttere, und die Dinge, die mich nerven, machen doch erst das unvergleichliche Gesamtpaket aus. Das macht einen Menschen doch erst so richtig interessant. Bei Selbstliebe geht es also nicht darum, dass du dich anschaust und anfangen musst, alles an deinem Aussehen oder an deinen Eigenarten zu lieben. Es geht darum, dass du dich als ganzen Menschen und einzigartige Persönlichkeit anfängst zu lieben.

Es ist normal, wenn dich Dinge an dir nerven. Es ist normal, wenn du beispielsweise deine Beine, deinen Po oder auch deine aufbrausende Art nicht magst. Hier geht es darum, dass du diese Dinge akzeptierst. Sie gehören zu dir. Sie machen dich zu dem Menschen, der du bist. Bei Selbstliebe geht es nicht darum, dass du dein Spiegelbild in voller Liebe anschaust und denkst: »Wow, ich bin so verliebt in dich.« Es geht darum, das Beste für dich zu wählen. Aus Selbstliebe heraus zu handeln. Aus Liebe zu dir selbst auch mal Nein zu sagen und das Wasser statt die Cola zu wählen.

Selbstliebe bedeutet, liebevoll mit sich selbst umzugehen.

Sich nicht zu verurteilen, wenn etwas mal nicht geklappt hat, sondern sich mitfühlend zu begegnen. Sich zu sagen, dass heute vielleicht ein verdammt beschissener Tag war, aber dass du es morgen besser machen wirst. Selbstliebe bedeutet, sich selbst nicht für Fehler zu verurteilen und schlecht zu machen, sondern sich einzugestehen, dass man Fehler machen darf und einen das nicht zu einem schlechteren Menschen macht.

Letztendlich bedeutet Selbstliebe, sich als das einzigartige Gesamtpaket anzunehmen, mit all seinen Facetten, Unvollkommenheiten und Stärken, und das Beste aus dem eigenen Leben zu machen. Indem du selbst Liebe und Mitgefühl für dich entwickelst, wirst du auch anderen gegenüber liebevoller begegnen können, was deine Ausstrahlung und Sympathie enorm steigern wird.

Aber ich weiß, dass das in der Theorie häufig viel einfacher klingt, als es in der Praxis umzusetzen ist. Vor allem, wenn man mit sich selbst und seinem äußeren Erscheinungsbild unzufrieden ist.

Dein eigener Schönheitsstandard

Erinnerst du dich noch an das Problem mit dem Vergleichen? Was uns häufig daran hindert, uns so anzunehmen, wie wir sind, ist das Vergleichen mit unrealistischen Standards. Und dazu zählen hier jetzt nicht nur deine Stärken und Talente, sondern auch dein äußeres Erscheinungsbild. Wie oft verstecken wir uns, weil wir uns selbst nicht schön oder schlank genug fühlen. Wie oft sehen wir bei anderen wunderschöne Augen, glänzende Haare, eine perfekte Haut oder einen durchtrainierten Körper und schauen dann auf uns herab und fühlen uns direkt schlecht. Wenn wir damit nicht aufhören, dann werden wir uns nie so annehmen können, wie wir sind. Du musst anfangen, deinen eigenen Schönheitsstandard zu erstellen und dich nur noch daran zu messen.

Bei dem Vergleich mit anderen Menschen wirst du immer verlieren. Es mag sein, dass du dich gegenüber anderen als schöner betrachten würdest und dich deswegen kurzfristig besser fühlst, aber das ist keine Selbstliebe. Sobald jemand um die Ecke kommt, der in deinen Augen besser aussieht, wirst du dich nämlich wieder schlechter fühlen. Und es wird immer jemanden geben, der als Nächstes um die Ecke schaut. Vergleiche bringen dich über kurz oder lang nicht an dein Ziel. Was wir erreichen möchten, ist, dass du dich neben jedem Menschen gut fühlen kannst. Dass du weißt, dass du immer wertvoll bist und niemand besser oder schlechter ist als du.

Beim Finden deines eigenen Schönheitsstandards ist es wichtig, zu erkennen, dass du nicht alles an deinem Erscheinungsbild akzeptieren musst. Wenn dich etwas stark stört und du die Möglichkeit hast, es zu verändern, dann darfst du das tun. Das kann bedeuten, dass du bestimmte Eigenschaften durch Kleidung, Frisur oder Make-up betonst oder durch eine gesündere Lebensweise dein Wohlbefinden verbesserst. Aber lass dich nicht von einem zwanghaften Streben nach Perfektion oder gesellschaftlichen Standards treiben. Jeder von uns hat einzigartige Merkmale wie Hautfarbe, Sommersprossen oder andere physische Eigenheiten, die uns auszeichnen und besonders machen. Diese Eigenschaften zu akzeptieren und zu lieben, ist ein wichtiger Schritt zur Selbstannahme und Selbstliebe.

Es geht nicht darum, dich einer unrealistischen Idee von Schönheit anzupassen, sondern darum, dich nur an dir selbst zu messen.

Es geht darum, das Beste aus dir herauszuholen, ohne dich in einen Optimierungswahn zu begeben. Lass nicht zu, dass Vergleiche mit anderen dein Selbstwertgefühl beeinflussen.

Ich weiß noch genau, wie ich mich früher immer für meine weiße Haut und meine Sommersprossen geschämt habe. Wir waren im Urlaub in Italien und alle wurden braun – außer mir. Während meine Cousinen also alle eine schöne Farbe bekamen, musste ich mich in der Sonne quälen. »Chris, leg dich mal mehr in die Sonne, du bist ja käseweiß«, hieß es dann immer. Also lag ich in der Sonne und schwitzte.

Was ich dadurch vor allem bekam, waren Sommersprossen, aber so wirklich braun wurde ich nicht. Ich hasste meine Haut dafür, dass sie so hell ist. Tatsächlich bewunderte ich Frauen, die schön gebräunt waren und dunkle Haare hatten. Was war also mein nächster Schritt? Ich färbte meine Haare dunkel. Megan Fox war da ganz klar mein Vorbild. Denn sie hatte dunkle Haare und Sommersprossen.

Tja, die Rechnung ist natürlich nicht aufgegangen, weil meine Haut nun mal zu hell für dunkle Haare ist. Das Ergebnis war, dass ich durch die viel zu dunklen Haare noch blasser aussah. Und das wollte ich lange Zeit einfach nicht wahrhaben. Und tatsächlich fing ich erst jetzt, viele Jahre später, an, meine Haut einfach so anzunehmen, wie sie nun mal ist. Im Winter weiß und im Sommer sehr leicht gebräunt mit vielen Sommersprossen. Und was soll ich sagen? Seit ich akzeptiert habe, dass ich an meiner Hautfarbe einfach nichts verändern kann, liebe ich sie plötzlich. Ich werde zwar nicht braun, aber, hey, ich habe Sommersprossen. Und sie sehen wunderschön aus. Sie lassen mich irgendwie wild und aufregend aussehen. Ich liebe sie einfach.

Heute vergleiche ich mich nicht mehr mit anderen Frauen und betrachte sie auch nicht länger als Schönheitsideale. Es ist fast komisch, wie sehr ich früher aussehen wollte wie Megan Fox. Doch zum Glück habe ich erkannt, dass ich niemals genau so aussehen werde wie sie, denn ich bin ein einzigartiger Mensch mit meinen eigenen Merkmalen und Eigenschaften. Diese Erkenntnis möchte ich gerne an dich weitergeben: Werfe alle vorgefassten Vorstellungen von Schönheit über Bord und betrachte einfach nur dich selbst. Was findest du an dir schön? Was macht dich einzigartig? Welche Qualitäten besitzt du, die andere bewundernswert finden? Und wenn es etwas an dir gibt, das dir nicht gefällt, erinnere dich daran, dass es auf dieser Welt jemanden gibt, der alles dafür geben würde, um das zu haben, was du von Natur aus besitzt.

Mein Geheimtipp für dich

Wenn du magst, dann nimm dir einen Moment Zeit, um alle deine festgefahrenen Vorstellungen von Schönheit aufzuschreiben – alles, was du bisher für schön gehalten hast. Dann zerknüll den Zettel und wirf ihn weg. Befreie dich von diesen überholten und einschränkenden Vorstellungen. Du brauchst sie nicht.

Schönheitsideale ändern sich. Sie werden sich immer ändern. Früher galten weiße Haut und eine kurvige Figur als Ideal. Heute streben viele nach einem sonnengebräunten Teint und nach einer schlanken Silhouette. Doch was heute als schön angesehen wird, könnte morgen schon wieder ganz anders sein. Wenn du dich immer nur danach richtest, was gerade als Ideal gilt, wirst du niemals wirklich glücklich und zufrieden mit dir sein. Und wenn wir mit uns selbst unzufrieden sind, können wir niemals wirklich Sympathie ausstrahlen. Es wird uns immer irgendwie schwerfallen. Die Leichtigkeit fehlt und das spüren andere Menschen. Dabei ist es doch die Leichtigkeit, die viele Menschen so sympathisch macht.

Zeige deine Schwächen und stehe dazu

Wir haben hier vorhin schon kurz Jennifer Lawrence angesprochen. Sie ist wahrlich eine Meisterin darin, über sich selbst zu lachen. Sie hat es geschafft, eine vermeintliche Schwäche – ihre Tollpatschigkeit – in eine ihrer größten Stärken zu verwandeln. Die Fähigkeit, über sich selbst zu lachen, zeigt nicht nur eine gesunde Selbstwahrnehmung, sondern auch eine tiefe Akzeptanz der eigenen Unvollkommenheit. Denn das sind wir alle. Unvollkommene Wesen. Und das ist völlig okay. Es ist ein Zeichen wahrer innerer Stärke, wenn du dich nicht nur in den perfekten Momenten liebst, sondern auch in Momenten der Verletzlichkeit akzeptierst und wertschätzt.

Es gibt etwas über mich, das du noch nicht weißt. Ich bin superschlecht darin, Strategien zu entwickeln und vorausschauend zu denken. Das ist in der Selbstständigkeit nicht so von Vorteil, aber dafür habe ich ja meinen Mann (wenn du das liest, danke, ich habe dich lieb!). Einmal haben wir einen Spieleabend mit Freunden gemacht, mit einem Spiel, bei dem man immer mehrere Schritte vorausdenken musste. Ich glaube es war Wizard oder so.

Ich muss gestehen, ich habe schon ziemlich lange gebraucht, um das Spiel zu verstehen, und ich war wirklich nicht gut darin. Wir zockten den ganzen Abend, und nach ein paar Stunden war ich dann auch endlich so weit, dass man mir nicht jeden Schritt erklären musste, aber gewonnen habe ich natürlich nicht. Ich hatte auch mehr als einmal den Gedanken, dass mich unsere Freunde bestimmt für total dumm halten müssten, weil ich so lange gebraucht habe, um das Spiel zu verstehen.

Früher hätte ich frustriert aufgegeben und hätte irgendwann einfach nicht mehr mitgespielt und mich dafür geschämt, dass ich so schlecht in dem Spiel bin. Aber an diesem Abend habe ich es mit Humor genommen. Ich habe direkt gesagt, ich brauche bei solchen Spielen ewig und mit mir müsst ihr Geduld haben. Und was ist passiert? Es war ein wunderschöner Abend, wir haben mehr als einmal gelacht – ja, die meiste Zeit über mich –, aber es war vollkommen okay, weil ich zu meiner Schwäche stehen konnte. Ich schämte mich nicht mehr dafür, sondern akzeptierte sie und lachte einfach ein wenig über mich selbst. Unangenehm wäre es erst für die anderen geworden, wenn ich angefangen hätte, deswegen rumzuzicken oder sie wegen ihres Lachens blöd anzumachen. Dann wäre der Abend vermutlich ruiniert gewesen. Also manchmal einfach die eigenen Schwächen mit Humor nehmen, dann ist es für alle angenehmer und du fühlst dich selbst auch viel besser.

———————

Ich habe das an diesem Abend nicht für die anderen getan, ich habe mir in gewisser Weise selbst einen großen Gefallen getan. Denn, wenn ich mich geschämt und mich selbst mal wieder dafür kritisiert hätte, dann hätte ich meinem Selbstwertgefühl keinen Gefallen getan. Ich hätte mir nur selbst wieder schlechte Gefühle bereitet und mich abgelehnt. Eine wichtige Seite an mir abgelehnt, die mich doch erst zu dem Menschen macht, der ich wirklich bin.

Leider vergessen wir das sehr oft. Wir möchten unsere Schwächen nicht zeigen. Wir möchten anderen nicht die Seiten an uns zeigen, die wir selbst nicht mögen. Wir wollen nicht, dass sie uns deswegen ablehnen. Aber weißt du, was ich gelernt habe? Die richtigen Menschen werden dich genau dafür lieben. Wenn du ihnen deine ganze Persönlichkeit zeigst. Mit allen Facetten, die sie zu bieten hat!

Es gibt nichts, das uns mehr anzieht als ein Mensch, der sich seiner vollkommen bewusst ist und genau das ohne Angst im Außen zeigen kann.

Und so mag es auch nicht verwundern, dass mein Mann sich nicht nur wegen meines Aussehens, sondern vor allem wegen meiner Tollpatschigkeit in mich verliebt hat. Er konnte immer wieder herzlich über mich lachen, wenn mir kleine Missgeschicke passiert sind. Aber es war kein typisches Auslachen, sondern ein »Wow, sie ist toll«-Lachen. Und immer, wenn mir etwas peinlich war und ich mich mal wieder für meine Art geschämt habe, hat er mich mit diesem Blick angesehen, und alle negativen Gefühle waren dahin.

Haha, ich möchte hier jetzt gar keinen Liebesroman schreiben, ich will dir damit sagen, dass es Menschen da draußen gibt, die genau auf so jemanden wie dich warten. Menschen, die genau das an dir lieben werden, was du in diesem Moment vielleicht noch als Schwäche ansiehst oder nicht leiden kannst. Menschen, die sich in deiner Gegenwart noch wohler fühlen, wenn du ihnen zeigst, dass auch du Eigenarten hast, die dich auf den ersten Blick vielleicht unvollkommen erscheinen lassen. Aber das sind die Dinge, die dich in Wirklichkeit zu einem wunderbaren Wesen machen, das es wert ist, genau dafür bedingungslos geliebt zu werden.

Und wenn du dann an diesem Punkt bist, wo du diese Seiten an dir anfängst zu akzeptieren und irgendwann hoffentlich auch liebst, dann strahlst du eine unfassbare Anziehungskraft aus, die Menschen buchstäblich in ihren Bann zieht.

Dir deine eigenen Unzulänglichkeiten zuzugestehen und herzlich darüber lachen zu können, macht dich unfassbar sympathisch.

Denn die meisten Menschen trauen sich nicht, ihre verletzliche Seite zu zeigen. Wenn du aber genau das schaffst, machst du dich nicht nur sympathisch, sondern wirkst auch vertrauenerweckend, weil du dadurch unglaublich ehrlich wirst.

Mach jetzt aber nicht den Fehler und rechtfertige alle deine Verhaltensweisen damit, dass dich diese Unzulänglichkeiten sympathisch machen. Es gibt durchaus Dinge, die ich hier mal komplett ausschließen möchte. Und das sind die Dinge, mit denen du andere Menschen verletzt. Und damit meine ich zum Beispiel die Ausrede, die viele nutzen, wenn sie andere Menschen mit ihrer direkten Art so vor den Kopf stoßen, dass diese sich minderwertig fühlen oder tagelang darüber nachdenken müssen. Ich bin auch ein Mensch, der manchmal zu schnell redet und zu wenig nachdenkt. Wenn mir das passiert, dann entschuldige ich mich jedoch dafür und stelle meine Worte richtig.

Es ist keine charmante Schwäche, wenn du jemandem auf rücksichtslose Art und Weise begegnest und es dann als »Ich bin doch nur ehrlich« abtust. Ich bin immer für Ehrlichkeit. Immer! Aber bedenke dabei, dass die Wahl deiner Worte und wie du sie sagst eine sehr große Rolle spielen. Es macht einen Unterschied, ob du sagst »Dein Outfit sieht scheiße aus!« oder »Ich finde ein anderes Outfit passt besser zu dir!«. Beide Sätze sagen dasselbe aus, aber im zweiten Fall zeigst du deutlich mehr Empathie und Taktgefühl.

Wenn du ernst genommen werden und respektvoll behandelt werden möchtest, dann musst du anderen Menschen ebenso respektvoll begegnen. Du musst immer vorausgehen und den ersten Schritt machen. Zeige anderen, dass du sie wertschätzt und als vollwertige Menschen respektierst, dann werden sie dir in den meisten Fällen das Gleiche zeigen.

Du erkennst Menschen, die sich selbst lieben, sehr einfach. Du erkennst sie daran, dass sie anderen Menschen genauso liebevoll begegnen. Wenn du dich selbst nicht liebst, wenn du keine Liebe für dich übrighast, wie sollst du dann anderen Menschen Liebe zeigen? Wie willst du sympathisch sein, wenn die Voraussetzung dafür Selbstliebe ist? Ich weiß, du denkst: »Ja, aber ich liebe meine/n Partner/Kinder/Freund/Eltern, auch wenn ich mich selbst nicht so sehr liebe.« Ja, das kann sein, aber WIE würdest du lieben, wenn du mit dir vollkommen im Reinen wärst? Lies das nochmal und denk darüber einen kurzen Augenblick nach.

Welche Liebe würdest du zeigen, wenn du mit dir selbst liebevoller umgehen würdest?

Ich kann verstehen, dass das schwer nachzuvollziehen ist, deswegen versuche ich dir das mal an einem persönlichen Beispiel von mir zu zeigen.

Ich liebe meine Kinder. Ich liebe meinen Partner und meine Familie. Und trotzdem gibt es Tage, an denen ich ihnen meine Liebe nicht so zeigen kann, wie ich es gerne würde. Es gibt Tage, da schaue ich mich an und fühle mich schlecht. Da kritisiere ich mich für meine Figur und für mein Essverhalten. Da frage ich mich, warum ich diese Nachos wieder gegessen habe, obwohl ich doch eigentlich abnehmen wollte. Da kritisiere ich mich, weil mein Video zu wenig Views oder Likes hat, und sage mir, dass ich besser sein müsse. Ja, es gibt Tage, an denen ich vergesse, wie viel ich schon geleistet habe. Tage, an denen ich vergesse, wie wertvoll ich bin. Tage, an denen ich meinen Liebsten nicht die Zuneigung zeige, die ich für sie empfinde, weil ich es an diesen Tagen einfach nicht kann. Weil ich es ja nicht einmal bei mir selbst schaffe. Dann habe ich kaum Energie zum Spielen und meine Nerven sind kurz vor dem Zerreißen.

Es hat mich gerade ganz schön viel Überwindung gekostet, das hier so ehrlich aufzuschreiben, aber das Thema ist einfach zu wichtig. Du und dein Selbstbewusstsein, ihr seid dafür zu wichtig.

Und wenn du auch solche Tage kennst oder sie sogar sehr oft hast, dann kannst du sicherlich verstehen, wieso wir uns zuallererst selbst lieben müssen, damit wir anderen liebevoll und sympathisch begegnen können. Ich bin überaus dankbar, dass ich mittlerweile besser mit solchen Momenten umgehen kann und immer weniger in diese Negativspirale aus Kritik und Selbstzweifeln verfalle. Es ist wichtig, sich dessen bewusst zu sein, dass niemand perfekt ist und es völlig in Ordnung ist, solche Tage zu haben. An diesen Tagen ist es umso wichtiger, freundlich zu sich selbst zu sein und kleine Schritte zu unternehmen, um wieder in die Balance zu kommen. Manchmal reicht es schon, sich eine kurze Auszeit zu gönnen, tief durchzuatmen oder sich an etwas zu erinnern, das einem Freude bereitet. Denke daran, dass es nicht immer darum geht, sofort alles zu ändern, sondern darum, kleine Schritte in die richtige Richtung zu machen. Ich weiß aber aus eigener Erfahrung, dass das nicht immer einfach ist, und deshalb verrate ich dir jetzt auch, wie ich das mache.

Mein Geheimtipp für dich

Wenn mich ein Moment überkommt, wo ich mich anschaue und mich wieder für meine Figur oder mein Verhalten kritisieren möchte, dann sage ich bewusst STOPP zu mir selbst. Mach das gerne im Kopf oder, wenn keiner dabei ist, sogar laut. Unterbrich diese Gedanken und erinnere dich daran, dass du Fehler machen darfst. Begegne dir mit mehr Mitgefühl. Bei mir sieht das dann zum Beispiel so aus: »Okay, ich habe vielleicht ein paar Kilo zugenommen, aber es waren auch ziemlich harte Monate. Mein Körper hat mich fleißig unterstützt und zuverlässig durch die letzten Jahre gebracht. Er hat mir zwei Kinder geschenkt und lässt mich jeden Tag ohne Schmerzen aufstehen. Er lässt mich stundenlang laufen und sitzen und beschwert sich so gut wie nie. Danke dafür. Es ist okay, dass ich ein paar Kilo dazubekommen habe.«

Damit möchte ich es mir nicht schönreden, sondern mir mit mehr Mitgefühl begegnen. Ich erkenne an, dass es harte Monate waren, die jeder mal hat, und mache mich deswegen nicht fertig. Denn dadurch wird es nicht besser, sondern das macht es noch schlimmer. Akzeptieren was ist, den Zustand annehmen und es dann besser machen. Selbstmitgefühl nennt sich das und das überträgt sich auch nach außen.

Und so kommen wir auch schon zu einem weiteren wichtigen Punkt, wenn wir sympathischer werden wollen: Mitgefühl und Empathie nicht nur anderen Menschen, sondern auch dir selbst gegenüber. Deine Ausstrahlung wird einen ganzen Schwall an Wärme und Herzlichkeit dazubekommen, wenn du dir selbst mit mehr Mitgefühl begegnest. Denn dann fällt es dir auch umso leichter, das bei anderen Menschen zu tun. Wenn du dich selbst sehr hart rannimmst und dir keine Fehler erlaubst, dann wirst du es auch nicht bei anderen tun. Dann bekommst du diese harte Ausstrahlung, die vielen Menschen Angst machen kann. Viele haben dann das Gefühl, als würden sie ständig von dir beurteilt werden. Als würdest du jeden Fehler beobachten und ihnen diesen vorhalten. Und vielleicht machst du das sogar, wenn du jemand bist, der sich selbst keine Fehler zugesteht.

Du siehst, es fängt wieder einmal bei uns selbst an. Liebe dich so, wie du bist, lebe dein Leben und lache so oft und so viel du kannst. Nimm nicht immer alles so ernst und hol den berüchtigten Stock aus deinem Arsch. Nicht alles ist ernst. Wir dürfen gerne mehr Humor zeigen und uns mal locker machen. Besonders wir Deutschen haben, was das angeht, einen sehr schlechten Ruf. Social Media sind voll von Videos, wo sich andere Nationen über uns lustig machen, weil wir angeblich keinen Humor verstehen und immer so ernst sind. Lass uns doch zeigen, dass wir auch anders können. Dass wir auch sympathisch können.

Ich weiß, dass das oft schwerfällt. Manchmal würdest du vielleicht sogar gerne einen Witz erzählen oder einen Scherz machen und sagst dann doch nichts, weil du Angst hast, dass niemand ihn lustig findet. Dann erzählst du den Witz entweder so leise, dass ihn niemand hört, oder so, dass es so wirkt, als fändest du ihn selbst nicht lustig. Und dann sind alle peinlich berührt und es lacht wirklich niemand. Dabei lachen wir doch meistens nur, weil du den Witz selbst so lustig findest und dein Lachen uns einfach ansteckt. Meine Tochter zum Beispiel hat ein so herzliches Lachen, dass ich immer mitlachen muss, auch wenn das, was sie gesagt oder getan hat, für mich gar nicht so lustig war.

Es ist also auch hier erforderlich, dass wir unsere eigenen Worte und Gedanken als wertvoll genug einstufen, um sie lautstark und mit Selbstsicherheit zu teilen. Alles steht und fällt damit, ob du dich selbst als genug ansiehst und dann einfach loslegst.

Volle Aufmerksamkeit und Wertschätzung zeigen

Natürlich dreht es sich bei der Sympathie nicht nur ums Lachen. Sympathie hat auch ganz viel mit Aufmerksamkeit und Wertschätzung zu tun. Wir Menschen wollen in erster Linie gesehen werden. Sonst hättest du dieses Buch gar nicht gekauft. Du erinnerst dich? Der Untertitel heißt:

So wirst du gesehen, gehört und ernst genommen. Menschen wollen also wahrgenommen werden. Sie möchten von anderen volle Aufmerksamkeit. Du kannst einem Menschen fast nichts Schlimmeres antun, als ihn zu ignorieren. Das macht dich nicht nur unsympathisch, sondern kann ziemlichen Ärger, Wut oder sogar Trauer bei der anderen Person auslösen.

Ignoriert zu werden, fühlt sich an, als würde man nicht existieren.

Ich habe das auch schon oft bei meinen Kindern erlebt. Wenn sie mich rufen und ich nicht sofort reagiere, dann wird das Rufen immer lauter und lauter. Irgendwann ziehen sie dann an meinem Arm und schreien mir quasi ins Ohr. Was ich früher nicht verstanden habe, ist, dass sie das nicht tun, weil sie mich ärgern wollen. Ich dachte dann immer: »Sie sehen doch, dass ich gerade rede, warum warten sie nicht, bis ich fertig bin?« Sehr oft war ich dann auch genervt und habe den Kindern gesagt, dass sie nicht so schreien sollen. Heute habe ich aber verstanden, dass sie einfach nur die Bestätigung möchten, dass ich sie gehört habe.

Wenn ich mich heute mit jemandem unterhalte und eines meiner Kinder ruft dazwischen, dann entschuldige ich mich kurz bei meinem Gegenüber, nehme mir einen kleinen Augenblick Zeit für mein Kind und sage: »Wartest du bitte einen kleinen Moment, wir sind gleich fertig.« Dann lasse ich mein Gegenüber ausreden und frage mein Kind anschließend, was es gewollt hat. Was habe ich in diesem Moment gemacht? Ich habe meinem Kind gezeigt, dass ich es gesehen und gehört habe. Es hat sich wahrgenommen gefühlt und kann dann auch für eine gewisse Zeit warten, bis ich mich ihm wieder zuwende. Und mein Gegenüber fühlt sich auch nicht so vor den Kopf gestoßen, weil ich mich vorher kurz entschuldigt habe.

Und das ist bei uns Erwachsenen nicht anders. Auch wir möchten in erster Linie wahrgenommen werden. Überleg mal, wie unangenehm es sich anfühlt, wenn du in ein Hotel gehst und die Person an der Rezeption ignoriert dich einfach. Niemand beachtet dich, obwohl sie sehen können, dass du dastehst. Kennst du wahrscheinlich auch. Das fühlt sich einfach scheiße an. Viel wohler würden wir uns fühlen, wenn die Person wenigstens mit einer Handbewegung und einem Lächeln zeigen würde, dass sie gleich bei uns ist, auch wenn sie gerade viel zu tun hat.

Lieber zuhören als erzählen

Wenn wir das Gefühl haben, dass uns niemand wirklich wahrnimmt, hinterlässt das oft ein ungutes Gefühl. Und wenn du sympathisch für andere Menschen werden möchtest, ist es wichtig, ihnen deine volle Aufmerksamkeit zu schenken.

Wenn jemand mit dir spricht, dann sei wirklich präsent.

Das bedeutet nicht, nur zu nicken und zu lächeln, während deine Gedanken ganz woanders sind. Ich verstehe, dass das schwierig ist, denn unsere Gedanken schweifen ständig ab. Es erfordert Übung, anderen Menschen wirklich zuzuhören. Das erfordert Fokus und Konzentration, was in der heutigen Zeit vielen Menschen schwerfällt. Mir passiert das auch oft. Doch wenn mir das passiert, versuche ich, mich wieder auf den Moment zu konzentrieren und die Aufmerksamkeit zurück zu meinem Gesprächspartner zu lenken. Das wird dir umso leichter fallen, je mehr du das übst.

Versuche mal bei deinem nächsten Gespräch, einfach nur zuzuhören und gezielt Fragen zu stellen. Sei wirklich präsent im Moment. Falls du bemerkst, dass deine Gedanken abschweifen, erinnere dich daran, dass du gerade zuhören wolltest. Beobachte einfach, wie oft deine Gedanken abschweifen. Es kann sogar recht amüsant sein, wenn wir uns selbst dabei erwischen, wie unkonzentriert wir manchmal sind.

Mein Geheimtipp für dich

Um anderen Menschen besser zuhören zu können, musst du lernen, achtsamer zu sein. Dafür musst du nicht unbedingt meditieren. Es reicht, wenn du etwas mit vollem Fokus tust. Und damit meine ich nicht durch Social Media scrollen. Ich kann zum Beispiel auch nicht meditieren. Es fällt mir sehr schwer. Ich male zum Beispiel gerne oder mache Yoga. Diese Dinge helfen mir abzuschalten und ich bin dann voll fokussiert und manchmal sogar richtig im Flow. Ich bekomme dann gar nichts mehr um mich herum mit. Ich bin voll und ganz in der Gegenwart bei dem, was ich gerade tue, und meine Gedanken sind im Stand-by-Modus.

Mache einfach etwas, das dir wirklich Spaß macht, aber mache es mit Fokus und lasse dich nicht ablenken. Wir müssen wieder lernen, nur eine Sache auf einmal zu machen. So fällt es dann auch viel leichter, einfach nur zuzuhören, ohne sich von anderen Dingen ablenken zu lassen. Und sei es, dass du nur einen Film schaust, ohne einmal auf dein Smartphone zu schauen. Ja, wenn du dich jetzt erwischt fühlst, dann ist es höchste Zeit, an deinem Fokus zu arbeiten.

Es ist einfach wundervoll, wenn uns jemand wirklich zuhört – richtig zuhört. Allein schon deine Fähigkeit, volle Aufmerksamkeit zu schenken, unterscheidet dich von dem Großteil der Menschen, aber weißt du, womit du so wirklich herausstechen kannst? Wenn du nicht nur präsent bist, sondern auch die passenden Fragen stellst, die an das anknüpfen, was der andere sagt. Das ist eine außergewöhnliche Form der Wertschätzung. Es ist geradezu charismatisch und zeugt von großem Selbstbewusstsein. Denn es bedeutet, dass du genug Selbstbewusstsein besitzt, um dich von den eigenen Gedanken zu lösen und dich voll und ganz auf dein Gegenüber einzulassen. Auf gewisse Weise ist es sogar sehr intim und schafft eine Verbindung zu der Person, mit der man spricht. Es mag manchmal beängstigend sein, aber genau daraus entstehen oft die schönsten Bekanntschaften und Freundschaften.

Wichtig ist hierbei natürlich immer, dass wir auch unsere Einstellung gegenüber anderen Menschen verändern und wirklich offen und neugierig werden und nicht nur so tun, als würden wir uns für sie interessieren. Und wenn du das schaffst, dann hast du einen klaren Vorteil.

Durch echtes Zuhören eroberst du dir schneller einen Platz im Herzen anderer, als es das schönste Wort der Welt tun könnte.

An manchen Tagen bin ich jedoch fast schon traurig, weil ich gemerkt habe, wie selten es heutzutage ist, jemanden zu finden, der sich wirklich für dich interessiert. Ich habe manchmal das Gefühl, dass fast niemand mehr die Fähigkeit besitzt, anderen wirklich zuzuhören.

Und auch ich erwische mich selbst manchmal dabei, wie ich die Worte meines Gegenübers auf mich beziehe und das Gespräch an mich reiße. In gewisser Weise ist das manchmal sogar schön, weil wir unserem Gegenüber so zeigen, dass wir ihn verstehen und eventuell sogar das Gleiche schon einmal erlebt haben. Du solltest dann aber daran denken, ihm den Ball wieder zurückzuspielen. Denn möglicherweise war er noch nicht mit dem Reden fertig und du hast ihm womöglich das Wort abgeschnitten. Und wenn du jetzt die brutale Wahrheit möchtest, dann denke mal an dein letztes Gespräch zurück und gehe es ehrlich noch einmal durch. Wie oft hast du das Gespräch von deinem Gegenüber auf dich gelenkt? Hast du wirklich zugehört oder nur Fragen gestellt, damit du selbst darauf antworten kannst?

Ich kenne nicht viele Menschen, die diese Form der Wertschätzung zeigen. Ich könnte sie an einer Hand abzählen. Ich verurteile die anderen nicht dafür, denn ich weiß ja selbst, wie schwer es ist, sich von seinen eigenen Gedanken zu lösen. Es ist wichtig, dass du dir bewusst machst, dass es schwieriger wird, gehört und ernst genommen zu werden, wenn du nur über dich selbst sprichst und damit dem anderen das Gefühl gibst, unwichtig zu sein. Denn im Grunde genommen möchten wir Menschen nicht zuhören, wenn sie uns auch nicht wirklich zuhören. Wir möchten sie nicht ernst nehmen, wenn sie uns und unsere Gedanken nicht ernst nehmen.

Ein großer Fehler liegt also darin, zu denken, dass du ständig das Wort führen musst, um gehört zu werden. Das macht dich nicht nur unsympathisch, sondern bewirkt sogar das Gegenteil. Denn dann werden die Menschen anfangen, deine Worte einfach auszublenden. Niemand hört gerne Menschen zu, die 90 Prozent des Gesprächs reden, ohne auch nur einmal auf andere einzugehen. Das ist einfach verdammt anstrengend.

Und wenn du dich jemals gefragt hast, ob du zu viel geredet hast, dann lautet die Antwort: JA! Du hast zu viel geredet. Denk bitte einmal an einen Menschen, der immer das Gespräch dominiert. Wirkt dieser Mensch wirklich selbstbewusst auf dich? Oder wirkt es vielleicht sogar so, als müsste er sich selbst beweisen, wie selbstbewusst er wirklich ist?

Merk dir eins: Wirklich selbstbewusste Menschen wissen um ihr Selbstbewusstsein und müssen es anderen nicht unter die Nase reiben.

Echtes Selbstbewusstsein entsteht aus innerer Sicherheit, nicht durch äußere Bestätigung.

Diese Menschen sind sich ihres Selbstwerts vollkommen bewusst und zeigen ihr Selbstbewusstsein durch ihr Verhalten, das Ruhe und Sicherheit ausstrahlt.

Mein Geheimtipp für dich

Mir hat folgender Satz wahnsinnig dabei geholfen, anderen Menschen besser zuzuhören und weniger über mich selbst zu sprechen.

»Jeder Mensch ist mir in irgendeiner Weise überlegen und ich kann von ihm lernen.«

Das soll nicht heißen, dass du weniger wertvoll und als Mensch unterlegen bist, sondern dass jeder Mensch in irgendeinem Bereich besser ist als du und du von ihm etwas Neues aufnehmen kannst.

Sage dir vor einem Treffen immer mal wieder, dass du dich wahnsinnig freust, die Person zu sehen und zu hören, was so in ihrem Leben passiert ist. Du möchtest aus ganzem Herzen wissen, was in der Person vorgeht. So fällt es dir viel leichter, dich auf ein Gespräch einzulassen und mit voller Aufmerksamkeit zuzuhören. Dann musst du dich gar nicht mehr anstrengen, zuzuhören, denn wenn wir eine Person tatsächlich faszinierend finden, hören wir von ganz alleine aufmerksam zu.

Wir neigen aufgrund unseres ersten Eindrucks dazu, Menschen vorschnell in eine Schublade zu stecken, und denken unter Umständen, dass uns dieser Mensch jetzt gar nichts Interessantes erzählen könne. Aber weißt du was? JEDER hat etwas Spannendes zu erzählen. Jeder hat etwas, das ihn begeistert und wovon er stundenlang schwärmen kann. Wenn du es schaffst, jemanden für seine Lieblingsdinge zu begeistern, wirst du unvergesslich für diese Person werden.

Menschen erinnern sich nicht an die Worte, die du gesagt, sondern an das Gefühl, das du ihnen vermittelt hast. Wenn du es schaffst, in den Menschen das Gefühl von Begeisterung und Lebensfreude auszulösen, indem du einfach nur interessiert zuhörst und dich von ihrer Begeisterung anstecken lässt, dann werden ihre Augen strahlen und sie werden dich für immer mit diesem Gefühl in Verbindung bringen. Jedes Mal, wenn sie an dich denken, werden sie wieder diese Wärme spüren, die du bei ihnen ausgelöst hast. Und dabei hast du nichts weiter getan, als einfach nur zuzuhören und ihnen deine ungeteilte Aufmerksamkeit zu schenken.

Freue dich mit deinen Mitmenschen, feiere ihre Erfolge so, als wären es deine eigenen. Trauere mit ihnen und habe Mitgefühl in schwierigen Zeiten. Dafür brauchst du keine besonderen Kenntnisse, sondern nur die Fähigkeit, im Hier und Jetzt zu sein und ganz und wahrhaftig zuzuhören.

Was tun, wenn jemand nicht aufhört zu reden?

Ich weiß, was du jetzt denkst: »Ja, ich würde ja gerne zuhören, aber wer hört mir dann zu? Ich möchte auch mal von meinem Leben und meinen Problemen erzählen.« Das kann ich so gut nachvollziehen. Ich glaube, wir sehnen uns alle nach dieser einen Person, der wir alle unsere Probleme und Herausforderungen anvertrauen können. Falls du sie schon hast, dann halte sie gut fest! Falls nicht, dann gehe erst einmal in Vorleistung. Du kannst von niemandem etwas erwarten, was du selbst nicht bereit bist zu geben. Du zeigst anderen zuerst, dass du sie wertschätzt, indem du ihnen deine ungeteilte Aufmerksamkeit und deine Zeit schenkst. In vielen Fällen werden sie dir dann ebenfalls zuhören.

Natürlich sollte ein Gespräch immer ausgeglichen sein. Es geht auch gar nicht darum, dass du gar nichts mehr sagst und nur noch zuhörst. Du darfst und solltest deine Geschichten erzählen. Deine Worte sind genauso wertvoll wie die deines Gesprächspartners. Gute zwischenmenschliche Kommunikation besteht aus Gesprächen, in denen beide Parteien zum Zug kommen und beide gleichermaßen zuhören.

Die Realität sieht leider anders aus, denn oft ist es so, dass einer ununterbrochen erzählt und der andere nur zuhört. Das kann ziemlich nerven, ich verstehe dich. Vielleicht hilft es dir, dir in solchen Situationen bewusst zu machen, dass die meisten Menschen nicht mit Absicht so viel reden. Sie wissen oft nicht, dass sie sich gerade unbeliebt machen. Deshalb ist es einfacher, wenn du dich immer wieder daran erinnerst, dass sie dich damit nicht absichtlich ärgern wollen und du keinen Groll gegen die Person hegst. Denn innerer Groll schadet dir mehr als der anderen Person, die wahrscheinlich nicht einmal bemerkt, dass du verstimmt bist.

Falls du in ein Gespräch verwickelt wirst, das sich wie eine Einbahnstraße anfühlt, dann darfst du natürlich gehen. Dennoch: Solltest du bemerken, dass du dich in solchen Gesprächen nicht wohlfühlst, zögere nicht, das Thema anzusprechen. Es ist wichtig, für sich selbst einzustehen und ehrlich zu sagen, wenn etwas nicht passt. So zeigst du nicht nur dir selbst, sondern auch deinem Gesprächspartner gegenüber Respekt.

Mein Geheimtipp für dich

Sollte dich also jemand vollquatschen, und du möchtest etwas einwerfen oder das Gespräch sogar beenden, dann habe keine Skrupel, denjenigen zu unterbrechen. Ich weiß, dass das oft schwerfällt, weil wir denken, dass es unhöflich ist, aber manchmal geht es einfach nicht anders. Du kannst jemanden aber auch höflich unterbrechen, ohne ihn vor den Kopf zu stoßen. Schau dir mal die folgenden Schritte an, die ich persönlich am liebsten mag:

Schritt 1: Passe deine Körpersprache an

Wenn du das Gespräch beenden möchtest, dann zeige schon mit deiner Körpersprache, dass du gehen musst. So sendest du schon erste Signale, die unbewusst schon auf deinen Gesprächspartner wirken können. Stelle dazu einen Fuß seitlich, sodass du nicht mehr gerade vor deinem Gegenüber stehst, sondern mehr Raum zwischen euch einrichtest. Dann stellst du Blickkontakt her, um sicherzustellen, dass dein Gegenüber dich wirklich hört.

Schritt 2: Unterbrich deinen Gesprächspartner

Ist der Blickkontakt hergestellt, sagst du freundlich, dass dich das Gespräch sehr gefreut hat, aber du jetzt gehen musst.

Schritt 3: Mach es verbindlich und gehe wirklich

Du gibst deinem Gegenüber zum Abschied die Hand und gehst dann wirklich. Du brauchst kein schlechtes Gewissen zu haben. Du hast dich höflich verabschiedet und darfst jetzt auch gehen.

Wichtig: Wenn du Anzeichen zeigst, dass du gehen möchtest, dann tu es auch wirklich. Sobald du sagst, dass du gehst, halte dich an deine eigenen Worte, werde verbindlich und gehe. Deine Zeit ist genauso wertvoll, und du hast ein Recht darauf, ein Gespräch zu beenden, wenn deine Zeit es nicht zulässt. Bleibe dabei jedoch immer respektvoll und höflich.

Hier findest du das passende Video dazu:

Natürlich gibt es auch Fälle, wo wir eventuell nicht einfach gehen können oder wollen, vor allem wenn es sich um enge Freunde oder Familienmitglieder handelt. Mir sehr nahestehenden Menschen sage ich, wenn ich mich nicht gehört fühle. Unter meinen Schwestern kann das dann auch mal so klingen: »Also, du hast ja mal wieder richtig gut zugehört. Ich habe dir gerade XY erzählt und du fängst mit einem ganz anderen Thema an. Voll unhöflich von dir.« Hier kann ich direkt sein, weil wir immer ehrlich miteinander sind und unsere Verbindung so ein Verhalten auch zulässt.

Es ist dein gutes Recht, darauf aufmerksam zu machen, wenn du das Gefühl hast, dass deine Zeit und deine Freundlichkeit ausgenutzt werden. Denke nur immer daran, respektvoll zu bleiben, und erinnere dich, dass diese Person unter Umständen ohne böse Absicht handelt. Manche sind so sehr in ihrem Tunnel und ihren eigenen Problemen gefangen, dass sie völlig unfähig sind, auf deine Signale zu achten. Behalte das einfach im Hinterkopf, bevor du explodierst und der anderen Person Vorwürfe à la »Nie hörst du mir zu« machst.

Stell dir nur mal vor, die andere Person weiß nicht, dass sie zu viel redet, und fragt sich ihr Leben lang, warum sie es nicht schafft, wahre Freundschaften aufzubauen. Du würdest ihr vielleicht die Augen öffnen und einen ganz neuen Menschen aus ihr machen. Und falls dir an dieser Person etwas liegt, dann kannst du ihr mit deiner Ehrlichkeit auch die Chance ermöglichen, sich zu ändern. Wenn du diesem Menschen also nicht aus dem Weg gehen kannst und dich die Gespräche belasten und dir Energie rauben, dann nimm deinen Mut zusammen und erkläre ihr, was dich belastet.

Mein Geheimtipp für dich

Wenn du solche Themen ansprichst, dann vermeide es, Du-Sätze zu verwenden wie zum Beispiel: »Du redest zu viel und lässt mich nie ausreden.« Versuche stattdessen, Ich-Sätze zu benutzen und deine Gefühle zu erklären wie: »Ich habe das Gefühl, in unseren Gesprächen nie zum Zug zu kommen.« Dadurch wandelst du Anschuldigungen in deine eigenen Gefühle um und erleichterst eine offenere und weniger defensive Kommunikation.

Ich denke, dass ich jetzt deutlich gemacht habe, wie wichtig es ist, wirklich zuzuhören und weniger zu sprechen. Ich bin überzeugt, dass das einer der wichtigsten Aspekte für eine charismatische Ausstrahlung darstellt. Aber damit nicht genug, denn um deiner Sympathie jetzt noch den letzten Schliff zu verleihen, kannst du noch einen Schritt weiter gehen und aktiv zuhören.

Werde zur Small-Talk-Queen

Was meine ich damit? Ich meine, dass du anstatt »nur« zuzuhören (was heute an sich schon eine Meisterleistung darstellt) auch die richtigen Fragen stellen kannst. Wenn dir jemand etwas über sein neuestes Projekt erzählt und du ihn nicht nur ausreden lässt, sondern Fragen stellst, die zeigen, dass du wirklich mehr darüber erfahren willst, dann erzeugt das in der anderen Person ziemlich gute Gefühle. Sie fühlt sich anerkannt und wichtig. Und wenn du es schaffst, dass eine Person sich in deiner Gegenwart wahrgenommen und wichtig fühlt, dann wird es umso wahrscheinlicher, auch von ihr gesehen und gehört zu werden.

Natürlich weiß ich, dass das allein nicht reicht. Deine Stimme, Worte und Körpersprache müssen ebenfalls signalisieren, dass du dich selbst als einen Menschen siehst, der es wert ist, gehört und gesehen zu werden. Aber das schauen wir uns später noch einmal im Detail an.

Wer zuhören und Fragen stellen kann, hat einen entscheidenden Vorteil: Ihm werden niemals die Gesprächsthemen ausgehen. Kein peinliches Schweigen oder Herumdrucksen mehr. Wenn du wirklich zuhörst, dann wirst du in den Worten deines Gegenübers viele Ansatzpunkte finden, an die du mit deinen Fragen anknüpfen kannst. Aber dafür ist es erforderlich, aufmerksam zu sein. Ablenkungen und das Durchgehen der eigenen To-dos sind da keine Hilfe.

»Was soll ich bloß sagen?« Diese Frage ist der Killer für jede Unterhaltung. Sie zieht die Aufmerksamkeit weg von deinem Gesprächspartner hin zu dir. Der Grund für peinliches Schweigen ist nicht die andere Person, sondern du. Du denkst viel zu viel nach und die Leichtigkeit eines Gesprächs geht dadurch verloren. Wir denken und denken und am Ende kommt nichts dabei herum.

Oft trauen wir uns auch gar nicht zu sagen, was wir wirklich sagen wollen. Eines der größten Hindernisse beim Small Talk ist dieser Gedanke: »Das kann ich doch nicht sagen, was würden sie nur denken?« Hand aufs Herz, wie oft hast du dich schon in einer Situation erwischt, wo du etwas in das Gespräch einbringen wolltest und dann doch still wurdest? Ich rede hier nicht von unangebrachten Sprüchen, bei denen man am besten immer vorher nachdenken sollte, sondern von ganz normalen Fragen oder Antworten. Viel zu oft haben wir eine unbegründete Angst davor, was der andere wohl von uns und unseren Worten hält, und sagen dann einfach gar nichts. Aber weißt du was? Wenn du aus deinem Herzen sprichst und das laut kommunizierst, was dir auf der Zunge liegt, dann wirkst du nicht nur sympathisch, sondern auch noch wahnsinnig authentisch.

Mein Geheimtipp für dich

Um wieder zu lernen, deine Gedanken ohne Overthinking auszusprechen, gibt es eine Übung, die dich wunderbar dabei unterstützen kann. Sie hilft dir zu sprechen, ohne nachzudenken und direkt das erste Wort laut zu sagen, das dir im Kopf herumschwebt.

Die Übung funktioniert folgendermaßen:

1. Schaue dich in deiner Umgebung um, und suche dir irgendeinen Gegenstand aus, der dir ins Auge fällt. Es spielt keine Rolle, um was es sich handelt.

2. Sag den Namen dieses Gegenstandes laut, z. B. »Lampe.«

3. Jetzt sagst du das nächste Wort laut, das dir einfällt. Also das, was nach Lampe als Erstes in deinem Kopf ist. Wenn du mehrere Sekunden zögerst, denkst du zu viel nach. Es spielt auch hier wieder keine Rolle, ob das nächste Wort dazupasst oder um was es sich handelt. Sprich es einfach aus, egal ob es sich richtig oder falsch anfühlt.

Mache das mindestens eine Minute lang und lasse dich überraschen, wo du am Ende landest.

Ich habe diese Übung einmal mit meinem Mann zusammen gemacht und wir haben uns über unsere letzten Wörter schlappgelacht. Wir starteten mit dem Wort »Lampe« und dann legte jeder von uns los. Es ist wahnsinnig witzig, welche Wörter in unseren Köpfen aufblitzen können und was dann nach einer Minute dabei herumkommt. Lasse mich dir versprechen, dass das letzte Wort rein gar nichts mehr mit einer Lampe zu tun haben wird. Bei uns war das letzte Wort nach einer Minute Mojito. Haha, da soll mir mal einer verraten, was ein Mojito mit einer Lampe zu tun hat.

Es wird dir guttun, das Overthinking zu beenden. Trotzdem will ich jedoch nicht andeuten, dass du einfach ohne nachzudenken sprechen solltest. Seine eigenen Gedanken ohne Überlegung immer und in jeder Situation auszusprechen, ist nicht immer hilfreich. Sieh diese Übung einfach als Hilfe, um zu langes Hinterfragen deiner Gedanken ein Stück weit hinter dir zu lassen.

Deine selbstbewusst-sympathische Verpackung

Wow, jetzt haben wir schon ziemlich lang an deinem inneren Kern gearbeitet. Ich freue mich so sehr, wenn du bis hierher gelesen hast und wir jetzt endlich zu meinem Lieblingsthema, unserer selbstbewussten und sympathischen Verpackung, kommen. Denn genau darüber spreche ich am liebsten. Körpersprache und Auftreten. In diesem Kapitel schauen wir uns also an, was du gezielt an deinem Äußeren verändern kannst, um nicht nur im Innern selbstbewusst zu sein, sondern auch im Außen zu strahlen. Damit jeder auf den ersten Blick sehen kann, dass du ein Mensch bist, der genau weiß, wer er ist und was ihn ausmacht. Denn was bringt es dir, wenn du einen starken Kern hast, aber es im Außen niemand sehen kann?

Wenn du ein Restaurant siehst, das von außen einen eher bescheidenen Eindruck macht, würdest du hineingehen und das Essen probieren? Vielleicht, je nachdem wie schlimm dieser Eindruck war. Wenn das Essen dann jedoch ungenießbar wäre, würdest du vermutlich kein zweites Mal dorthin gehen, richtig? Und was wäre, wenn der Koch gewechselt hätte, aber der äußere Eindruck immer noch der gleiche wäre? Würdest du dann hineingehen? Wahrscheinlich nicht, denn wenn nicht gerade ein Schild draußen hängt, das dich auf den neuen Koch aufmerksam macht, würdest du dich kein zweites Mal auf das Risiko einlassen, wieder schlecht essen zu müssen. Du würdest von dem neuen Koch also niemals erfahren.

Anders sieht es aber aus, wenn sie das gesamte Restaurant renovieren würden. Wenn die äußere Erscheinung sich zum Positiven verändern würde und alles plötzlich einladend und gemütlich aussieht. Dann würdest du dich eventuell doch noch überreden lassen, diesem Laden eine zweite Chance zu geben, oder? Warum also verurteilen wir Menschen dafür, wenn sie sich Mühe um ihr äußeres Erscheinungsbild machen? Wir sind auch nicht anders als ein Restaurant.

Ich weiß, ein komischer Vergleich. Ich will damit sagen, dass die meisten Menschen dir keine Chance geben werden, zu beweisen, dass du dich verändert hast, wenn sie es im Außen nicht sehen können. Das machen sie nicht mit böser Absicht, so sind wir einfach, visuelle Wesen, die nun mal stark auf optische Veränderungen reagieren. Aber du kannst es dir und den anderen leichter machen, wenn du ganzheitlich Veränderung anstrebst.

Nehmen wir zum Beispiel mal deinen Gang. Nehmen wir an, dass du einen Gang hast, der bei anderen den Eindruck erweckt, dass du ein wenig ängstlich oder unsicher bist. Allerdings hast du jetzt ziemlich lange an deinem Selbstbewusstsein gearbeitet. Du warst mutig und fühlst dich richtig stark. Und klar, das wird an deinem Gesichtsausdruck und eventuell auch an der Art, wie du gehst, ein Stück weit zu sehen sein, aber sagen wir mal, du hast dir angewöhnt, immer mit hochgezogenen Schultern zu gehen und bist dir dessen nicht bewusst. Dann wird es eventuell immer noch so aussehen, als wärst du ängstlich, und du verstehst nicht, warum dich Menschen immer noch so falsch einschätzen. Denn ängstlich bist du ja schon lange nicht mehr.

Das alles sind Gewohnheiten, die du dir über die Jahre antrainiert und zu deinem natürlichen Verhalten gemacht hast. Und die bekommst du nicht weg, indem du an deinem starken Kern arbeitest. Nein, das musst du gesondert angehen. Deshalb kommst du auch nicht drumherum, dir deine Körpersprache und dein Auftreten anzuschauen. Ich rate dazu immer zu Videotraining, aber dazu kommen wir später noch einmal im Detail.

Körper und Geist kannst du nicht trennen. Du musst beide Aspekte berücksichtigen.

Du wirst eventuell bemerken, dass dein Inneres plötzlich aufschreit, wenn du eine offene Körpersprache zeigst, weil du auf einmal gesehen wirst. Du bist das nicht gewohnt und das bedeutet für deine innere Stimme immer erst einmal Gefahr. Deine innere Alarmanlage wird anspringen, und so hast du sogar noch einen weiteren Weg, um deine inneren Blockaden herauszufinden. Indem du dich einfach in eine selbstbewusste Körpersprache begibst und schaust, was dir deine innere Stimme sagt. Beobachte deine Gedanken, deine Gefühle, während du deine Körpersprache veränderst, und schau was passiert.

Dein Körper und dein Geist sind unmittelbar miteinander verbunden. Was du im Inneren fühlst, überträgt sich ins Außen. Deshalb haben wir auch zuerst an deinem starken inneren Kern gearbeitet, aber wenn du dich in eine bestimmte Körpersprache begibst, dann überträgt sich das ebenso auf deine Gefühle. Es überträgt sich auf dein Inneres.

Und wenn du mir nicht glaubst, dann steh jetzt auf, streck die Arme in die Luft, lächle mal so richtig, hüpf hoch und schrei dabei: »Mein Leben ist scheiße!« Falls du das wirklich gemacht hast, wirst du verstehen, was ich meine. Denn das hat sich garantiert total merkwürdig angefühlt. Und das liegt daran, dass wir in einer solchen positiven Körperbewegung gar nicht in der Lage sind, schlecht zu denken. Dein Körper bietet einen der schnellsten Zugänge zu deinen Emotionen. Wie ein Steuerpult, auf dem du nur die richtigen Knöpfe drücken musst. Du solltest das auf keinen Fall vernachlässigen und immer mit bedenken. Dein starker Kern ist das Fundament, aber wenn du deinen Körper nicht miteinbeziehst, dann wäre das so, als würdest du beim Po-Training nur die eine Seite trainieren und die andere nicht. Würdest du ja auch nicht machen, oder? Würde auch total merkwürdig aussehen.

Jetzt könntest du einwenden, dass du die ganze Arbeit am inneren Kern ja auch einfach weglassen und nur an deiner Körpersprache arbeiten könntest. Wäre doch viel einfacher. Nein, leider nicht. Deine Körpersprache hilft dir durchaus kurzfristig dabei, dich selbstbewusster zu fühlen, aber um langfristig echtes Selbstbewusstsein aufzubauen, kommst du um die innere Arbeit nicht herum. Sieh deinen Körper immer als Unterstützung, niemals als alleiniges Werkzeug.

Wir werden uns in diesem Kapitel im Detail anschauen, wie du dir eine selbstbewusste und sympathische Verpackung zauberst. Ich habe bewusst nicht von einer schönen Verpackung gesprochen. Denn ich habe schon oft wunderschöne Menschen gesehen, die null Ausstrahlung hatten. Sie fallen auf, aber verzaubern nicht. Man schaut kurz hin und ist dann aber auch schon wieder gelangweilt. Ja, natürlich ist es manchmal sehr hilfreich, wenn du eine schöne Verpackung vorzuweisen hast, doch das, was die Menschen wirklich fasziniert, ist deine Energie, deine Ausstrahlung. Es ist das, was die Verpackung dir verspricht.

Ein wunderschönes Äußeres bringt dir also nichts, wenn deine Ausstrahlung der einer Wurst gleicht. Außerdem fühlen sich andere Menschen schnell von außergewöhnlich schönen Menschen eingeschüchtert. Ich bin mir sicher, auch du hast schon gehört, dass die schönsten Menschen im Club meistens nur angestarrt, aber nicht angesprochen werden. Deshalb lass uns schauen, dass wir ein Äußeres anstreben, das anderen Menschen nicht nur zeigt, wie schön du im Außen, sondern wie selbstbewusst und sympathisch du in deinem Inneren bist.

Deine Gedanken, dein Mindset, spielen hier eine entscheidende Rolle. Es kann dir unglaublich viel Selbstsicherheit schenken, wenn du dich in Schale wirfst. Aber wenn du gleichzeitig in negativen Gedanken hängen bleibst, dann kann auch die schönste Verpackung deine Ausstrahlung nicht retten. Es geht auch hier immer um beides. Körper und Geist im Einklang. Zum Glück lässt sich beides gegenseitig beeinflussen, sodass wir es uns einfacher machen können.

Bevor wir uns nun jedoch anschauen, wie wir von außen nachhelfen können, möchte ich dir zunächst die Angst nehmen, unauthentisch zu wirken. Diese Sorge höre ich leider fast täglich. Doch es ist wichtig, dass du diese Angst loslässt, damit du mit voller Energie an dir arbeiten kannst, ohne die störende Stimme im Kopf, die dir einreden möchte: »Wenn ich mein Äußeres verändere, bin ich nicht mehr authentisch. Ich bin so wie ich bin – das ist am besten!«

Das Authentizitätsdilemma

Wisst ihr, was die meisten Menschen auf Social Media unter meinen Videos kommentieren, wenn sie mich noch nicht lange kennen und eines meiner Videos gesehen haben? »Hört doch mit dämlichen Tipps auf. Bleibt einfach, wie ihr seid, hört auf, euch zu verstellen und anderen etwas vorzuspielen.« Und weißt du, zu Beginn meiner Karriere habe ich mir diese Kommentare immer sehr zu Herzen genommen und mich gefragt, ob ich vielleicht wirklich dämliche Tipps teile.

Aber nein! Ich lag nicht falsch. Sie aber auch nicht. Denn ich weiß ganz genau, was sie damit meinen. Man kann meine Tipps schnell falsch verstehen, wenn man nicht mein ganzes Profil kennt. Ich bin ein großer Fan von Authentizität, und ich möchte auch, dass jeder sich selbst treu bleibt. Ich möchte nicht, dass du deine Persönlichkeit veränderst, nur damit du von anderen gesehen und gehört wirst. Auf gar keinen Fall ist das mein Ziel und das sollte auch nicht deins sein. Denn wenn dich jemand nicht so mag, wie du in deinem Kern bist, dann ist diese Person nicht die richtige für dich. Deshalb kann ich diese Kommentare auch zu hundert Prozent nachvollziehen. Sie sind gut gemeint, und ich habe gelernt, dass ich mich vielleicht einfach besser ausdrücken muss. Und das versuche ich jetzt.

Authentisch zu sein bedeutet in meinen Augen, dass dein Verhalten im Außen deinen Gefühlen entspricht. Du musst dich also im Außen so zeigen, wie du dich im Inneren fühlst. Ich denke, das ist klar. Aber jetzt stell dir mal ernsthaft vor, was passieren würde, wenn du immer authentisch wärst?

Nehmen wir mal an, du bist auf einer Hochzeit eingeladen, trägst deine besten Sachen und dein Tischnachbar schüttet aus Versehen sein Glas um. Das Getränk landet haargenau auf deiner Kleidung. Wie würdest du dich im Inneren fühlen? Vermutlich wärst du im ersten Moment ziemlich sauer, weil deine schöne Kleidung ruiniert ist und du dich umziehen musst. Würdest du allerdings vor allen anderen Menschen eine Show abziehen und deinen Tischnachbarn laut zur Sau machen? Wahrscheinlich nicht, weil es in diesem Moment einfach nicht angebracht wäre und völlig daneben dazu.

Noch ein Beispiel? Du musst eine Präsentation auf der Arbeit halten und würdest am liebsten verschwinden und im Erdboden versinken, weil du dich so unwohl fühlst vor all diesen Menschen. Würdest du deswegen wirklich aus dem Raum rennen? Wenn du immer authentisch sein möchtest, dann müsstest du jetzt aus diesem Raum sprinten. Aber du tust es nicht, weil du ganz genau weißt, dass es falsch wäre. Vermutlich würdest du sogar deinen Arbeitsplatz riskieren.

Wenn wir es also mal ganz genau betrachten, ist es absolut nicht hilfreich, immer authentisch zu sein. Vor allem, da wir soziale Wesen sind und nun mal darauf angewiesen sind, in einer Gruppe zu funktionieren und uns ein Stück weit an unsere Mitmenschen anzupassen.

Verstehe mich jetzt aber nicht falsch! Ich möchte damit nicht sagen, dass du wie alle anderen werden sollst. Du sollst deine Persönlichkeit behalten! Und genau dafür waren die ganzen Mindset-Themen und Geheimtipps aus dem Kapitel über deinen starken inneren Kern da. Damit du dich kennenlernst und weißt, wer du bist und was dich ausmacht. Deine Werte, deine Stärken, deine Schwächen. Das, was dich als Mensch einzigartig macht. Diese Dinge solltest du kennen und dazu stehen. Und solange du weißt, wer du bist und was du kannst und dich an deine Werte hältst, solange bist du auch authentisch.

Ich habe für mich den Begriff Authentizität also ein wenig breiter gefasst und beschlossen, dass ich immer authentisch bin, solange ich so handele, wie es sich für mich richtig anfühlt. Solange ich meine Werte nicht verrate und offen meine Stärken und Schwächen lebe, bin ich authentisch. Das darfst du mir gerne klauen.

Für die Kommunikation mit anderen ist es erforderlich, dass wir sozial angemessen reagieren und handeln können. Ich verstehe, dass Menschen Angst davor haben, fake zu sein. Das brauchst du aber nicht, solange du den Dingen treu bleibst, die dich ausmachen. Und wenn du dich in Zukunft an deine Mitmenschen anpasst und wieder einmal denkst, dass du dich gerade verstellst, dann sag dir: »Es zeugt von großer Empathie und Sozialkompetenz, wenn ich mich auf andere Menschen einstellen kann!« Das ist kein Verstellen, das nennen wir sozial.

Ich glaube, dass wir die Authentizitäts-Ausrede auch sehr oft verwenden, weil wir einen Grund suchen, um uns nicht verändern zu müssen. Authentisch sein ist einfach. Aber seiner Persönlichkeit und seinen Werten treu zu bleiben und gleichzeitig empathisch und sozial mit anderen Menschen umzugehen, ist nun mal etwas, das wir üben müssen. Es ist nicht immer einfach, richtig zu reagieren. Es erfordert Selbstreflexion, weil du dich mit deinen eigenen Triggerpunkten auseinandersetzen musst.

Nehmen wir das Beispiel mit dem umgekippten Glas auf der Hochzeit. Vielleicht würdest du gerne lautstark aufschreien und denjenigen zur Sau machen, weil man es mit dir als Kind immer so gemacht hat. Vielleicht durftest du nie Fehler machen und jetzt erwartest du das Gleiche auch von anderen Menschen. Wir reagieren immer sozial unangemessen, wenn wir uns nicht selbst regulieren können. Um das zu meistern, musst du dich mit deinen eigenen Problemen beschäftigen, und da ist es doch bequemer, es einfach auf die Authentizität zu schieben. Würde ich auch am liebsten machen.

Jetzt weiß ich es aber – manchmal leider – besser und muss es deswegen auch besser machen. Auch wenn es nicht immer einfach ist. Die Schuld auf andere zu schieben ist immer leichter, als sich selbst die Schuld einzugestehen. Wie so oft können wir also erst einmal bei uns selbst anfangen und an uns arbeiten, bevor wir mit dem Finger auf andere Menschen zeigen.

Authentisch zu sein heißt, sich weiterzuentwickeln, aber dennoch seinen Werten treu zu bleiben.

Authentisch zu sein ist also eine etwas komplizierte Sache. Und jetzt will ich dir auch noch sagen, dass du immer erst einmal unauthentisch (in dem Sinne, dass Gefühle und Außenwirkung ungleich sind) sein wirst, wenn du anfängst, an deinem Äußeren zu arbeiten und es zu verändern. Und das ist überhaupt nicht schlimm.

Sagen wir mal, du hast dir über die Jahre angewöhnt, wie ein Ice-cold Killer durch die Gegend zu laufen und wenig zu lächeln. Irgendwann denkst du dir: »Stopp, ich will das nicht mehr. Ich habe keine Lust mehr darauf, so negativ zu sein. Ich will endlich strahlen und positiver sein.« Also fängst du an zu lächeln. Und was passiert? Es fühlt sich total komisch an. Vermutlich übertrieben und so gar nicht wie du selbst. Und wie soll es das auch? Eine jahrelang praktizierte Verhaltensweise zu ändern, braucht Zeit.

Neue Dinge fühlen sich anfangs immer ungewohnt an. Aber je öfter du sie machst, desto natürlicher und authentischer werden sie sich für dich anfühlen und dann auch werden! Mit der Zeit werden sie zu einem Teil von dir, sodass du nicht einmal mehr darüber nachdenken musst. Sie werden zu Gewohnheiten, die automatisch zu dir gehören.

Was anfangs ungewohnt erscheint, kann mit Übung und Geduld zu einem authentischen Teil von dir werden.

Du darfst also deine Körpersprache, Kleidung, Haare und vieles mehr verändern, ohne Angst zu haben, fake zu sein. Und wer weiß, vielleicht wirst du erst dann wirklich zu dem Menschen im Außen, der du schon immer im Innern warst. Vielleicht hast du dich bis jetzt versteckt und dich nicht getraut, herauszukommen und allen dein volles Strahlen zu zeigen. Vielleicht sehen die anderen erst jetzt dein echtes Ich. Das Ich, das du schon immer sein wolltest.

Weißt du, ich habe mal gehört, dass alles, was wir an anderen bewundern, zu einem gewissen Teil auch in uns selbst steckt. Wenn du bei anderen zum Beispiel klassische Mode und roten Lippenstift schön findest, dir aber einredest, dass das nicht zu dir passe, dann solltest du das nochmal überdenken und einfach mal mutig sein und dich trauen. Du kannst fast alles sein, was du dir wünschst.

Sympathisch-selbstbewusste Körpersprache

Jetzt, wo wir das Authentizitätsproblem aus dem Weg geräumt haben, können wir uns ganz entspannt unserer äußeren Erscheinung widmen. Und ich würde gerne mit unserer Körpersprache beginnen. Wie du weißt, stecken wir Menschen blitzschnell in eine Schublade. Wir beurteilen alles auf einmal. Wir können das sehr schnell. Wir haben alle diesen Terminator-Blick, der wie ein Scanner unsere Mitmenschen analysiert, eine Bewertung vornimmt und diese dann in unserem Gehirn abspeichert.

Wie du aus dem Kapitel »Erster Eindruck« weißt, müssen wir Menschen anhand ihrer äußeren Erscheinung beurteilen. Wir können ihnen ja nicht IN den Kopf schauen. Um also gesehen, gehört und ernst genommen zu werden, solltest du dir eine Körpersprache aneignen, die anderen Menschen vom ersten Augenblick an zeigt, dass du ein Mensch bist, dem man gerne zuhört und respektiert.

Zunächst muss ich einmal klarstellen, dass Körpersprache bei jedem Menschen anders aussieht. Denn schon der weibliche oder männliche Körper haben anatomisch einige Unterschiede, die sich auch in unserer Körpersprache zeigen. Es gibt also nicht die eine Formel, an die wir uns halten sollten. Jeder Mensch und jeder Körper ist anders. Wäre ja auch irgendwie total langweilig, wenn wir alle dieselbe Körpersprache an den Tag legen würden, oder? Deshalb zeige ich dir einige Aspekte, die wirklich jeder verändern kann. Es gibt nämlich tatsächlich Signale, die dich unsicher oder selbstsicher wirken lassen können. Signale, die dich sympathisch oder unsympathisch machen. Und diese Signale kann wirklich jeder anwenden.

Bevor wir uns einzelne Aspekte wie den Gang, die Mimik usw. anschauen, müssen wir noch einmal kurz auf das Thema Energie zurückkommen. Du hast zu Beginn schon gelesen, Charisma ist Energie. Deine Energie beeinflusst nicht nur, wie du dich fühlst, sondern auch, wie andere dich wahrnehmen. Wenn du als selbstbewusste und sympathische Person wahrgenommen werden möchtest, dann kannst du das nicht erreichen, wenn du gelangweilt und energielos daherkommst.

Aus diesem Grund haben wir uns schon Techniken angeschaut, wie du deine Energie erhöhen kannst. Unter anderem waren das Tanzen, Dankbarkeitsübungen oder auch Visualisierungen. Ich bevorzuge Tanzen zu meiner Lieblingsmusik. Das ist der Weg, der für mich am besten und am schnellsten funktioniert. Wenn deine Energie dann hoch ist, bewegt sich dein ganzer Körper anders.

Das Faszinierende daran ist, dass man das Energielevel eines Menschen sehr oft sofort erkennen kann. Schau dir einfach ihren Gang an und du kannst ihre Stimmung ablesen.

Zeige mir, wie du gehst, und ich sage dir, wer du bist

Wenn du dich einmal in einer belebten Fußgängerzone hinsetzt und einfach nur die Menschen beobachtest, wird dir schnell klar, dass jeder Mensch einen einzigartigen Gang hat. Die Art und Weise, wie sich ein Mensch bewegt, gibt oft einen faszinierenden Einblick in seine Persönlichkeit. Einige wirken ängstlich, andere aggressiv, manche strahlen Selbstsicherheit aus und wieder andere erscheinen sehr sympathisch.

An unserem Gang lässt sich schnell erkennen, dass unsere innere Haltung und unsere Körpersprache untrennbar miteinander verbunden sind. Und Achtung, hier folgen Beispiele, die zeigen sollen, wie bestimmte Verhaltensweisen wirken könnten – es handelt sich dabei nicht um eine Bewertung.

Nehmen wir also mal einen Menschen, der von Natur aus eher ängstlich oder zurückhaltend ist. Dieser wird sich wahrscheinlich auch unauffälliger bewegen. Vielleicht sind die Schultern angespannt, die Schritte kleiner. Solch eine Person kann oft steif und weniger einladend wirken. Manch einer könnte vielleicht denken: »Mit ihr kann ich keine Pferde stehlen.«

Solch ein Gang entsteht natürlich nicht über Nacht, sondern wird über die Jahre hinweg zu einer natürlichen Körpersprache, die uns meist gar nicht bewusst ist. Ein Mensch mit einer solchen Haltung wird es jedoch schwer haben, gehört und ernst genommen zu werden. Es ist, als ob die Unsicherheit in jeder Bewegung mitschwingen würde und die Worte nicht die Kraft bekämen, die sie eigentlich haben könnten.

Das genaue Gegenteil sind Menschen, die schon durch ihren Gang sehr dominant, ja fast aggressiv wirken. Besonders auffällig ist das bei Teenager-Jungen. Sie bewegen sich oft mit weit ausgebreiteten Ellenbogen, den Oberkörper leicht nach vorne gebeugt, die Schultern schwingen kräftig mit und ihre Beine stehen etwas weiter auseinander. Für andere fühlt es sich beinahe an, als würde ein Stier auf sie zulaufen. Ich erinnere mich noch gut daran, wie ich früher instinktiv vor solchen Personen zurückgewichen bin und ihnen bloß nicht in die Quere kommen wollte.

Kleiner Fun Fact an dieser Stelle: Du kannst deine selbstsichere Ausstrahlung wunderbar testen. Nach diesem Experiment weißt du sofort, ob du von anderen ernst genommen wirst oder nicht.

Mein Geheimtipp für dich

Seit einigen Jahren mache ich immer wiedert Folgendes, wenn mir Menschen entgegenkommen, die eine sehr selbstbewusste Ausstrahlung haben. Aber Vorsicht: Wende dieses Experiment auf eigene Gefahr an und immer mit Bedacht. Wenn jemand sehr aggressiv wirkt, mache ich das natürlich nicht, da mir das zu gefährlich wäre. Aber bei anderen, ganz normalen Begegnungen nutze ich dieses Experiment.

Jemand kommt also auf dem Bürgersteig auf dich zu. Es ist klar, dass einer von euch zur Seite gehen muss. Wenn ich in dieser alltäglichen Situation testen möchte, ob ich vom anderen als selbstsichere Person wahrgenommen werde, gehe ich also nicht zur Seite. Stattdessen atme ich tief durch, lade kurz meine Energie auf und gehe selbstbewusst auf die Person zu. Dabei halte ich Blickkontakt und lächle freundlich. Bis jetzt sind die Personen immer zur Seite gewichen. Hier gilt: Wer ausweicht, hat verloren.

Ich weiß, dass das nicht gerade die höflichste Vorgehensweise ist, und normalerweise bin ich sehr darauf bedacht, zuvorkommend zu handeln. Doch manchmal hilft dieser kleine Test, ein gewisses Maß an Selbstsicherheit zu gewinnen und sich zu bestätigen, dass man auf dem richtigen Weg zu mehr Selbstbewusstsein ist.

Und dann gibt es Menschen, die wirken, als würden ihre Füße zehn Tonnen wiegen. Jeder Schritt scheint sie unglaublich viel Kraft zu kosten. Und bei vielen Menschen ist das vielleicht sogar so. Wenn wir psychisch oder physisch angeschlagen sind und wenig Energie haben, dann ist jeder Schritt anstrengend. Unser Wohlbefinden hat einen direkten Einfluss auf unsere Ausstrahlung.

Gesunde Routinen sind essenziell, wenn du eine selbstbewusste und sympathische Ausstrahlung möchtest.

Schlechte oder ungesunde Routinen wirken sich auf deine Körpersprache aus. Weniger Sport resultiert in einer schlechten Körperhaltung und einem Gang, der leicht so wirkt, als wäre jeder Schritt unendlich anstrengend. Eine schlechte Ernährung wirkt sich unweigerlich auf unser Hautbild und unser Strahlen aus. Da das hier jedoch kein Ernährungsratgeber ist, möchte ich dir hier lediglich die Wichtigkeit von gesunden Routinen näherbringen. Sie wirken sich nicht nur auf dein Äußeres aus, sondern auch auf dein Selbstwertgefühl und sind ein starkes Zeichen von Selbstliebe. Damit zeigst du dir, dass du dir selbst wichtig bist und dich um deine Gesundheit kümmerst. Wenn Charisma Energie ist, dann spielt alles eine Rolle, was deine Energie beeinflusst. Und dazu gehören nun mal auch Sport und eine gesunde Ernährung.

Aber nun zurück zu unserer Körpersprache. Wie kannst du denn nun selbstbewusst und sympathisch wirken? Selbstbewusst wirkt der Mensch, der sich seiner Selbst bewusst ist und keine Angst hat, das nach außen zu zeigen. Solche Menschen haben keine Angst vor der Sichtbarkeit. Das sieht man an der Art und Weise, wie sie sich bewegen. Sie bewegen sich. Bedeutet im Klartext, dass sie keine Bewegung scheuen. Man kann ihnen ansehen, dass sie sich wohlfühlen. Alles an ihnen wirkt locker und energetisch. Die Schultern schwingen beim Gehen mit, die Mimik ist entspannt.

Wisst ihr, was ich gerne tue, wenn ich in unserer Lieblingspizzeria bin und auf mein Essen warte? Ich beobachte gerne die Menschen, die hereinkommen und ihre Bestellung aufgeben. Es ist faszinierend, wie ihre Körpersprache direkt verrät, wie sie sich innerlich fühlen und dementsprechend kommunizieren.

Letztens saß ich dort und eine Dame kam mit ihrer Tochter herein. Beide gingen mit einem Strahlen an die Kasse, ihr Gang war gelassen und selbstsicher. Sie wirkten auf mich sehr selbstbewusst und sympathisch, und dieser Eindruck wurde bestätigt, als sie ihre Bestellung aufgaben. Ihre Stimmen waren klar und freundlich, ohne jegliche Spur von Unsicherheit oder Angst. Als Krönung drehten sie sich nach dem Bestellen zu mir um, schenkten mir ihr schönstes Lächeln und ein freundliches Hallo, obwohl wir uns noch nie zuvor gesehen hatten.

Direkt danach betrat eine Gruppe Mädchen die Pizzeria. Zunächst wirkten sie sehr cool und überhaupt nicht schüchtern. Doch als sich eines der Mädchen von der Gruppe trennte und allein zur Kasse ging, veränderte sich ihre gesamte Körpersprache schlagartig. Man konnte förmlich sehen, wie unwohl sie sich fühlte und wie sehr sie sich wünschte, schnell zu bestellen und wieder aus der Sichtlinie zu verschwinden. Ihre Unsicherheit spiegelte sich in ihrer leisen Stimme wider, die nur der Kassierer verstehen konnte. Nach der Bestellung schaute sie auf den Boden, vermied den Blickkontakt mit den anderen Gästen und ging hastig zurück zu ihrer Gruppe.

Ich mache mir selbst manchmal ein Spiel daraus, indem ich vorher einschätze, wie eine Person ihr Essen bestellt, und dann schaue, ob ich tatsächlich recht habe. Sehr oft liegen wir mit unserer Einschätzung richtig. Unser Gang kann anderen tatsächlich verraten, wie wir uns fühlen, bevor wir überhaupt die Chance haben, etwas zu sagen.

Keine von beiden Personen ist besser oder schlechter als die andere, aber beide haben eine ganz unterschiedliche Wirkung. Und jetzt rate mal, welcher Person man eher widersprechen würde, wenn sie die Bestellung aufgrund eines Fehlers zurückgeben würde. Der Person, bei der wir denken, dass es einfacher ist. Ist das fair? NEIN! Passiert das trotzdem unzähligen Menschen jeden Tag? JA! Wissen sie, warum es ihnen passiert? NEIN! Und genau deswegen ist es so wichtig, dass du lernst, deine Körpersprache richtig einzusetzen und eine Wirkung zu erreichen, die selbstbewusst und sympathisch ist.

Dein Gang stellt dich anderen Menschen vor, bevor du überhaupt die Chance hast, etwas zu sagen.

Der Gang ist eines der ersten Dinge, die Menschen an dir wahrnehmen, und vergleichbar mit deiner Visitenkarte. Die Frage ist, was steht auf deiner Visitenkarte? Selbstbewusst und sympathisch? Oder doch eher unsicher und unsympathisch? Du kannst mitentscheiden, was auf deiner Visitenkarte stehen soll. Und ich verrate dir jetzt auch genau, wie du das anstellen kannst.

Hier findest du ein passendes Video dazu:

Mein Geheimtipp für dich

So verbesserst du deinen Gang für mehr Selbstbewusstsein:

1. **Hebe den Kopf:** Schau geradeaus und vermeide es, den Blick nach unten zu richten. Dies signalisiert Selbstvertrauen und zeigt, dass du aufmerksam und interessiert bist. Aber Achtung: Halte den Kopf wirklich nur gerade, nicht zu hoch, sonst kannst du schnell arrogant wirken. Stell dir dazu vor, dass ein Faden deinen Kopf nach oben ziehen würde. Dadurch vermeidest du, dein Kinn zu weit anzuheben.
2. **Schultern zurück:** Halte deine Schultern locker und leicht nach hinten. Dadurch wirkt deine Körperhaltung offener und aufrechter. Wir ziehen sie nämlich gerne mal nach oben und spannen sie an, wenn wir uns ängstlich fühlen. Hier hilft wieder der Faden. Stell dir vor, ein Faden zieht dich an deinem Brustkorb nach oben. So wirst du aufrecht und die Schultern rollen automatisch zurück. Bewege sie gerne noch einmal hin und her, bevor du losgehst. Damit lockerst du deine Schultern automatisch.
3. **Große Schritte:** Mach etwas größere Schritte und vermeide es, schlurfend zu gehen. Dies signalisiert Energie. Hebe dazu den ganzen Fuß an. Vermeide hastiges Gehen und setze stabile, gleichmäßige Schritte. Deine Bewegungen sollten entschlossen und zielstrebig sein.
4. **Arme locker:** Lass deine Arme entspannt neben deinem Körper schwingen. Vermeide es, die Hände in den Taschen zu verstecken oder die Arme vor der Brust zu verschränken.
5. **Lächle:** Ein leichtes Lächeln kann Wunder wirken und macht dich zugänglicher und freundlicher. Es zeigt auch, dass du dich wohlfühlst. Denk daran: Ein echtes Lächeln erreicht auch deine Augen!

Atme tief durch: Eine tiefe, gleichmäßige Atmung hilft, Stress abzubauen und deine Ausstrahlung zu verbessern.

Denk jetzt aber bitte nicht, dass du nur noch auf deine Körpersprache achten solltest und deine Worte vernachlässigen kannst. Auf gar keinen Fall. Unsere Worte sind genauso wichtig wie unsere Körpersprache.

Leider kursiert oft der Irrglaube, dass unsere Worte nur sieben Prozent unserer Wirkung ausmachen, während Stimme und Körpersprache 93 Prozent ausmachen würden. Das ist aber falsch. Diese Werte stammen aus einer Studie von Albert Mehrabian, einem Psychologieprofessor an der University of California. Sehr oft wird seine Studie jedoch missinterpretiert. Tatsächlich gilt diese Regel nur in Situationen, in denen die Worte nicht mit dem Tonfall und der Körpersprache übereinstimmen.[3] Sie gilt nicht in der allgemeinen Kommunikation. Wie viel unsere nonverbale Kommunikation bewirkt, hängt stark vom jeweiligen Zusammenhang und von der Art des Gesprächs ab.

Wenn unsere Körpersprache und Worte nicht übereinstimmen, glauben wir eher der Körpersprache.

Das bedeutet konkret, dass alles zählt. Stimme, Körpersprache und deine Wortwahl. Die Studie zeigt nur, dass wir mehr auf die Körpersprache achten, wenn Worte und Körpersprache nicht übereinstimmen. Deswegen ist es auch so wichtig, dass deine Worte und die Art, wie du sie transportierst, zusammenpassen. Im besten Fall nutzt du deine Körpersprache so, dass sie deine Worte unterstreicht. Unterstützende Gestik und Mimik können Wunder in deiner Glaubwürdigkeit wirken und sind entscheidend, wenn du überzeugen und ernst genommen werden möchtest.

Wenn du dich vollkommen wohlfühlst, dann wirst du das wahrscheinlich ganz automatisch tun. Aber klar, es gibt unzählige Situationen, in denen wir uns unsicher fühlen und unsere Bewegungen nicht einfach so fließen. Sehr oft ist es so, dass wir viel zu viel darüber nachdenken, was wir sagen möchten, und die Körpersprache dann komplett vernachlässigen.

Und diese Nervosität zeigt sich dann oft in bestimmten Gesten, die dich bei zu häufiger Anwendung ziemlich unsicher wirken lassen können. Wenn du Kompetenz und Selbstbewusstsein zeigen möchtest, dann solltest du diese Gesten möglichst vermeiden oder zumindest durch starke Gesten ergänzen.

Hier sind einige Beruhigungsgesten, die oft Unsicherheit signalisieren:

1. Zappelige Bewegungen:
- Mit den Füßen wippen
- Mit den Fingern auf den Tisch klopfen
- Auf dem Kugelschreiber herumdrücken
- An der Kleidung, den Haaren oder dem Schmuck herumspielen

2. Beruhigungsgesten:
- Deine Lippen mit der Zunge befeuchten
- In deine Lippen beißen
- Ständig Gesicht, Nacken oder Hals berühren

Hier findest du ein passendes Video dazu:

Das sind natürlich nur einige von vielen Gesten, die wir Menschen machen, wenn wir uns unwohl fühlen.

Aber du kannst auch gezielt an deiner Körpersprache arbeiten, um sicherer und souveräner aufzutreten. Zum Beispiel kannst du bestimmte Gesten vor dem Spiegel üben. Wenn du beispielsweise einen Vortrag hast oder ein wichtiges Gespräch, dann rate ich dir sogar, vor dem Spiegel zu üben. Stell dich hin, überleg dir, was du sagen möchtest, und probiere ein paar Gesten aus. Spiel mit deiner Körpersprache. Trau dich, neue Gesten auszuprobieren. Bewegung und der Mut, sich zu zeigen, sind entscheidend.

Es gibt nicht die eine Bewegung, die dich selbstbewusst und sympathisch wirken lässt. Vielmehr ist es die gesamte Art und Weise, wie du dich bewegst.

Bestimmt könntest du zehn Menschen aufzählen, die selbstbewusst und sympathisch wirken, aber eine völlig unterschiedliche Körpersprache haben. Dennoch haben sie eine Sache gemeinsam: Sie fühlen sich wohl in ihrer Haut. Sie wissen alle diese Dinge, die wir im Mindset-Teil besprochen haben. Sie haben keine Angst, sich zu zeigen, und wissen, dass nichts und niemand etwas sagen oder tun könnte, das ihren Wert schmälern kann. Bewegungen und sich in der eigenen Haut wohlzufühlen sind der Schlüssel, um selbstbewusst zu wirken, aber ebenso wichtig ist es, nicht nur auf die eigenen Bewegungen und den eigenen Raum zu achten, sondern auch auf den der anderen.

Mein Territorium – hier kommst du nicht rein

Mit kaum etwas kannst du dich so schnell unsympathisch machen wie mit dem Territorium, das du dir zuschreibst. Unser Territorium ist der persönliche Raum, den wir um uns herum beanspruchen und der uns ein Gefühl von Sicherheit und Kontrolle vermittelt. Dieser Raum variiert je nach Situation und Person, aber grundsätzlich kann man ihn als den Bereich um unseren Körper herum definieren, in dem wir uns wohlfühlen und unsere Bewegungen frei ausführen können.

Wenn du jemals einen Menschen getroffen hast, der dich unbewusst sofort getriggert hat, lag es vielleicht daran, dass diese Person entweder ungefragt in deinen Raum eingedrungen ist oder mehr Raum für sich beansprucht hat, als notwendig gewesen wäre. Wir machen uns extrem unsympathisch, wenn wir ungefragt in den Raum eines anderen eintreten, insbesondere wenn wir ihm in Gesprächen zu nahe kommen. Das kann ziemlich respektlos und aufdringlich wirken.

Dabei musst du wissen, dass wir in Gesprächen mit anderen Menschen automatisch einen bestimmten Abstand zum Gegenüber halten – je nachdem, wie vertraut wir miteinander sind, kann dieser Abstand variieren. Um ein besseres Gefühl für diesen Raum zu bekommen, kannst du gerne einmal diesen kleinen Test machen: Beginne ein Gespräch mit jemandem und achte darauf, wann du vor der Person stehen bleibst. Beobachte den Abstand zwischen euch. Probiere dies mit verschiedenen Personen aus, und du wirst feststellen, dass der Abstand bei jedem Gesprächspartner ein wenig anders ist.

Dieser Abstand ist in diesem Moment dein persönliches Territorium, und es ist wie ein ungeschriebenes Gesetz, dass dieser Bereich ganz allein dir gehört. Es gibt keine feste Größe, denn dein Wunsch nach deinem eigenen Territorium wird von deiner persönlichen Stimmung, den Menschen um dich herum und der Situation, in der du dich befindest, beeinflusst. Hast du einen schlechten Tag, darf dir vielleicht selbst dein Partner nicht zu nahe kommen. Es hängt immer davon ab, wie du dich dabei fühlst.

Genauso ist es auch bei anderen Menschen. Beobachte bewusst, wie sie sich verhalten, wenn du mit ihnen sprichst. Achte darauf, dass sie sich wohlfühlen. Wenn ein Mensch einen Schritt zurückgeht, dann bedeutet das, dass er mehr Raum benötigt. Gib ihm diesen Raum, sonst entstehen negative Gefühle dir gegenüber.

Es ist also äußerst wichtig, den Raum deines Gegenübers zu wahren, damit er sich mit dir wohlfühlen kann, aber genauso wichtig ist es, zu zeigen, dass du dir DEINEN Raum nimmst, um Selbstsicherheit und Respekt für DEINE persönlichen Grenzen zu demonstrieren. Das ist ein deutliches Zeichen dafür, dass du dich als wertvoll genug ansiehst, dein Territorium tatsächlich auch für dich zu beanspruchen. Ein Mensch, der sich klein macht – sei es bewusst oder unbewusst – und so wenig Raum wie möglich für sich beansprucht, wirkt schnell unsicher und leicht beeinflussbar. Wenn du als eine ernst zu nehmende Person wahrgenommen werden möchtest, dann musst du dir den Raum nehmen, der dir zusteht.

Es geht nicht darum, bewusst zu demonstrieren, dass du dir diesen Raum nimmst, sondern vielmehr darum, keine Angst davor zu haben.

Wenn du also vor Freude die Arme in die Luft heben möchtest und kurz davor einen Rückzieher machst, weil du nicht willst, dass andere dich anschauen, dann wirkt das unsicher. Gibst du dir aber die Erlaubnis, deinen Raum zu nutzen, dann wirkt das sehr selbstsicher. Es wirkt, als wüsstest du ganz genau, was du gerade tust, ohne irgendwelche Unsicherheiten erkennen zu lassen.

Um ein besseres Gefühl für deinen eigenen Raum zu bekommen, kannst du dich aufrecht hinstellen und deine Arme zur Seite ausstrecken, sie nach oben und nach vorne strecken und dich einmal um dich selbst drehen. Den Raum, den du dabei abdeckst, kannst du als dein persönliches Territorium ansehen (das ist natürlich nur ein grober Richtwert und für jeden Menschen unterschiedlich, manche brauchen mehr Raum für sich und andere weniger).

In unserem letzten Urlaub bin ich morgens an der Strandpromenade spazieren gegangen und eine Gruppe Touristen kam mir plaudernd entgegen. Die meisten dieser Menschen fielen mir nicht besonders auf, aber ein Paar erregte sofort meine Aufmerksamkeit. Der Mann war ziemlich groß und bewegte sich ganz locker und entspannt. Die Frau hingegen war von sehr zierlicher Statur, was an sich ja erst einmal nichts Ungewöhnliches ist. Doch beim Gehen machte sie sich sehr klein. Im Vergleich zu dem Mann war ihre Stimme eher leise, und ihr ganzer Körper wirkte so, als wäre er irgendwie eingefroren. Ihre Schultern waren steif, die Arme hingen kraftlos herunter. Obwohl sie wie die anderen die Promenade entlangging, wirkte sie im Vergleich zu allen anderen energielos und schwach. Ich will damit nicht sagen, dass sie wirklich eine schwache Person war, aber ihre Körpersprache signalisierte genau das. Sie nahm sich keinen Raum. Es wirkte so, als wollte sie bloß nicht unangenehm auffallen und sich unsichtbar machen. Der Mann hingegen nahm sich seinen Raum, ohne der Frau den ihren zu nehmen. Dadurch, dass er keine Angst hatte, wahrgenommen zu werden, wirkte er sehr selbstbewusst und sympathisch. Und wenn ich ganz ehrlich bin: Hätte ich mich in einer Notsituation befunden und hätte nur einen der beiden auswählen dürfen, um mir zu helfen, dann hätte ich ohne zu zögern den Mann gewählt. Und das lag nicht daran, dass er ein Mann war, sondern an der Art und Weise, wie er sich präsentierte. Die Frau wirkte dagegen unsicher und kraftlos. Und ich weiß, dass ich aufgrund dieses kurzen Eindrucks nie mit Sicherheit sagen könnte, dass sie wirklich so ist, jedoch hat sie diesen Eindruck vermittelt. Du und ich, wir beide wissen, dass wir unseren Eindruck hinterfragen sollten, aber die meisten Menschen wissen das nicht.

Mein Punkt ist: Es geht im ersten Moment nicht darum, wer wir sind, sondern wie wir uns präsentieren. Niemand kann wissen, wie du im Inneren bist, man kann nur sehen, wie du nach außen wirkst. Dabei hat jeder das Potenzial, durch eine selbstbewusste Körpersprache stark und präsent zu wirken.

Deinen Raum zu beanspruchen, ist ein kraftvolles Statement. Es signalisiert Selbstsicherheit und zeigt, dass du dich als ernst zu nehmende Person siehst.

Wenn du dich während eines Meetings an den Tisch setzt, dann breite deine Unterlagen ohne schlechtes Gewissen auf deinem Platz aus. Nimm dir den Raum, der dir zusteht, und leg deine Unterarme auf den Tisch, statt sie darunter zu verstecken. Setz dich auf die gesamte Sitzfläche und nicht nur auf die Stuhlkante. Andernfalls wirkt es, als würdest du dich unwohl fühlen und auf die nächste Gelegenheit zur Flucht warten.

Erinnere dich jedoch daran, nicht ungefragt in den Raum eines anderen einzudringen, denn das löst instinktiv Abwehrreaktionen aus. Du weißt, was ich meine, wenn du an das letzte Mal denkst, als jemand seine Sachen auf deiner Tischseite abgelegt hat. Das fühlt sich absolut unangenehm an. Wenn du jemandem zu nahe trittst, deine Dinge auf seinem Territorium liegen lässt oder mehr Raum für dich beanspruchst, als du tatsächlich brauchst, hast du dich schon ins Aus katapultiert, bevor du überhaupt ein Wort sagen konntest.

Was ich dir damit nahelegen möchte, ist, dass du kein überdominantes Verhalten an den Tag legen musst, damit man dich ernst nimmt. So wirst du keinesfalls respektiert. Denn du zeigst deutlich, dass du die anderen nicht respektierst. Wir wollen gehört, gesehen und ernst genommen werden, weil man uns als Person wahrnimmt, der man gerne zuhört, die man gerne anschaut und die uns zeigt, dass auch sie uns respektiert und ernst nimmt.

Ich könnte dir noch unzählige weitere Beispiele zum Territorialverhalten nennen, aber das würde den Rahmen dieses Buches sprengen. Deshalb merke dir bitte: Gewöhne dir an, deinen Raum einzunehmen. Zeige mit deiner Körpersprache, dass du dich selbst als wertvoll genug ansiehst, um dir den Raum zu nehmen, der dir zusteht. Zeige, dass du ein ernst zu nehmender Mensch bist, der voller Selbstvertrauen ist, weil er sich in seinem Raum wohlfühlt und sich nicht versteckt. Achte dabei immer darauf, den Raum anderer Menschen zu respektieren, denn sonst läufst du Gefahr, dich unbeliebt zu machen. Und Menschen, die uns unsympathisch sind, schenken wir ungern unsere Aufmerksamkeit.

Apropos Aufmerksamkeit: Neben dem Respektieren des eigenen und fremden Raums zeigt nichts deine Aufmerksamkeit und Wertschätzung besser als dein Blickkontakt.

Sehen und gesehen werden: die geheime Macht des Blickkontakts

Wenn du gesehen werden möchtest, musst du anderen Menschen in die Augen schauen können. Menschen, die Blickkontakt halten und ihn gekonnt einsetzen, wirken nicht nur selbstbewusster, sondern zeigen ihren Mitmenschen auch, dass sie sie wirklich wahrnehmen. Blickkontakt ist die reinste Form der Wertschätzung für dein Gegenüber, ohne ein Wort sagen zu müssen. Durch Blickkontakt stellst du eine direkte Verbindung zu deinem Gesprächspartner her. Gleichzeitig kannst du durch bewusst fehlenden Blickkontakt zeigen, dass du jemanden nicht wahrnehmen möchtest.

Blickkontakt ist sehr mächtig. Er kann in anderen Menschen ein Gefühl der Wärme und Wertschätzung oder ein Gefühl der Angst und Missachtung auslösen. Du kannst einem Menschen buchstäblich eine Ohrfeige verpassen, ohne ihn je berührt zu haben. Denn ein verweigerter Blickkontakt fühlt sich immer miserabel an.

––––––––

Während eines meiner Seminare habe ich eine Übung zum Thema Blickkontakt mit meinen Teilnehmern durchgeführt. Die Aufgabe bestand darin, sich in Paare aufzustellen und abwechselnd den Blickkontakt zum Gegenüber bewusst zu meiden. So sollte der eine Gesprächspartner dem anderen etwas erzählen, und der andere sollte zuhören, durfte seinem Gegenüber jedoch nicht in die Augen blicken. Die Übung kam ziemlich gut an, und ich weiß noch genau, wie die Resonanz ausfiel. Alle Teilnehmer, denen der Blickkontakt verweigert wurde, bekamen ziemlich schlechte Gefühle dabei. Sie fühlten sich nicht wahrgenommen, kamen sich dumm vor und suchten ständig die Bestätigung ihres Gesprächspartners. »Ich habe immer wieder versucht, mein Gegenüber dazu zu bringen, mich anzuschauen. Es fühlt sich richtig scheiße an, wenn man ignoriert wird.«

Obwohl sie wussten, dass es nur eine Übung war, kam das unangenehme Gefühl hoch. Wie muss es sich dann erst anfühlen, wenn es keine Übung, sondern die Realität ist?

––––––––

Fehlender Blickkontakt kann also ziemlich wehtun. Wir Menschen sind soziale Wesen und wollen daher von anderen Menschen wahrgenommen werden.

Wenn du von anderen Menschen wahrhaft gesehen werden möchtest, dann zeige ihnen durch deinen Blickkontakt, dass du sie ebenfalls siehst.

Gib ihnen das Gefühl, in diesem Moment die einzige Person im Raum zu sein, und du kannst dir sicher sein, dass sie sich besonders wertgeschätzt fühlen.

Wenn du dich in einem Gespräch wiederfindest, dann schau nicht ständig in der Gegend herum. Blicke deinem Gegenüber in die Augen und zeige ihm, dass du wirklich zuhörst. Alles andere ist nicht nur unhöflich, sondern zeigt deutlich dein Desinteresse an den Worten deines Gegenübers. Konstanter Blickkontakt ist eine einfache und effiziente Möglichkeit, zu zeigen, dass du im Hier und Jetzt bist und deine gesamte Aufmerksamkeit auf deinem Gegenüber ruht. Und glaube mir, jeder von uns möchte insgeheim wahrgenommen werden. Auch wenn es sich manchmal erst einmal komisch anfühlen kann.

Als ich meinen Mann kennengelernt habe, waren wir einmal während der Weihnachtsmarktzeit in Köln in einem Restaurant. Das Ambiente war sehr romantisch. Kerzen brannten und das Licht war gedimmt. Und während wir da also auf unser Essen warteten, blickte er mir unverwandt in die Augen. Das machte er übrigens ziemlich oft, und ich kann dir sagen, dass ich es absolut nicht gewohnt war, so angeschaut zu werden.

Er war der erste Mensch, bei dem ich das Gefühl hatte, er sieht nicht nur mein Äußeres, sondern er sieht mich als ganze Person. Als wir da also in diesem Restaurant saßen und er mich so anschaute, wurde ich dermaßen verlegen, dass ich wegschauen musste. Dieses intensive Gefühl, wahrhaft gesehen zu werden, war mir völlig fremd. Ich weiß noch, wie ich mit einem verlegenen Lächeln sagte: »Oh Gott, schau mich doch nicht immer so an!« Und er antwortete: »Ich schaue dich aber gerne an!« Das war ein Moment, den ich niemals in meinem Leben vergessen werde.

———————

Ich möchte dir damit nicht nahelegen, anderen Menschen mit romantischen Absichten in die Augen zu schauen. Außer, du hast romantische Absichten, dann nur zu. Du weißt ja jetzt, wie mächtig ein intensiver Blickkontakt sein kann. Mhh, vielleicht sollte ich mal ein Buch zum Thema Dating verfassen. Das wäre doch einmal eine Idee.

Aber gut, Spaß beiseite, ich möchte dir hier einfach zeigen, dass Blickkontakt sehr intensive Gefühle bei deinem Gegenüber auslösen kann. Und du musst deinem Gesprächspartner keinen »Ich liebe dich«-Blick zuwerfen, ein »Ich sehe und höre dich«-Blick reicht völlig aus, um deine Wertschätzung zu zeigen. Wenn du dir diesen Satz »Ich sehe und höre dich« übrigens in deinem Kopf leise aufsagst, während du jemandem in die Augen blickst, wird dein Blick auch nicht romantisch rüberkommen.

Mit deinem Blickkontakt baust du also eine Verbindung zu deinem Gesprächspartner auf. Und wenn Menschen dich sympathisch finden, dann sind sie auch eher geneigt, dir zuzuhören.

Wenn dir der Blickkontakt schwerfällt

Jetzt kann es natürlich sein, dass du zu den Menschen gehörst, denen es schwerfällt, Blickkontakt zu halten. Damit bist du nicht alleine, das geht ganz vielen Menschen so. Und weißt du auch warum? Weil Blickkontakt eben die sogenannte Verbindung zu unserem Gegenüber aufbaut. Wenn wir jemanden nicht ansehen, dann kommen auch keine Gefühle hoch. Dann kapseln wir uns ab. Viele Menschen blicken konsequent auf den Boden, wenn sie an anderen vorbeigehen, in der Hoffnung, nicht bemerkt zu werden. Und der erste Impuls, den wir haben, wenn uns eine Situation unangenehm wird, ist es, unseren Blick abzuwenden. Natürlich wissen wir, dass wir trotzdem gesehen werden, aber wenn wir die anderen nicht sehen und ihnen nicht in die Augen schauen müssen, fühlen wir uns auf merkwürdige Weise unsichtbar und sicher. Wir lösen uns damit also von dieser Verbindung.

Hier findest du ein passendes Video dazu:

Kannst du dich an die Szene aus dem Dschungelbuch erinnern, wo die Schlange Kaa Mogli in die Augen schaut und ihn hypnotisieren möchte? Das funktioniert nur so lange, wie Mogli dem Blick standhält. Sobald der Blick abgewendet wird, hört auch die Hypnose auf. So kannst du dir das mit der Verbindung zu deinem Gegenüber vorstellen. Als mein Mann mich in dem Restaurant so angeschaut hat, hat das solche intensiven Gefühle ausgelöst, dass ich den Blick abwenden musste, um mich zu beruhigen.

Es ist also nicht verwunderlich, dass vielen Menschen und vielleicht auch dir der Blickkontakt schwerfällt. Denn egal ob romantisch oder nicht, eine Verbindung zu deinem Gegenüber baust du damit immer auf.

Kennst du das Sprichwort »Die Augen sind das Fenster zur Seele«? Ich bin überzeugt, dass genau das der Fall ist. Wir Menschen wenden den Blick oft ab, weil wir das Gefühl haben, dass unser Gegenüber bis tief in unsere innersten Gedanken und Gefühle blicken könnte. Bei meinem Mann war ich es nicht gewohnt, so angeschaut zu werden, und es war mir zunächst unangenehm, weil ich Angst hatte, dass er ebenfalls alles an mir sieht. Ja, das klingt jetzt merkwürdig. Wir wollen zwar wahrgenommen werden, aber wir wollen nicht, dass alles an uns wahrgenommen wird. Denn natürlich gibt es Dinge an uns, die wir verstecken wollen. Wir wollen gar nicht, dass jeder alles an uns sieht. Und deswegen wenden wir den Blick ab, denn dann sind wir ja »unsichtbar«. Dann kann niemand die

Dinge sehen, die wir selbst nicht sehen wollen, und niemand kann uns damit verletzen.

Man könnte sagen, dass Blickkontakt tatsächlich vergleichbar mit einem Spiegel ist, den man dir vorhält. Wenn dich jemand anschaut, kann das Gefühl entstehen, dass deine innersten Gedanken und Gefühle offengelegt werden. Manchmal sind diese so tief in uns versteckt, dass wir sie selbst gar nicht mehr kennen. Diese Reflexion kann ziemlich unangenehm sein, besonders wenn du ungelöste innere Konflikte oder Unsicherheiten hast.

Der Blick anderer Menschen wirkt wie ein Spiegel, der uns unsere tiefsten Gefühle und Gedanken offenlegt.

Es ist aber so unglaublich wichtig, dass du dir diese Dinge bewusst machst, denn so wird es dir in Zukunft viel leichter fallen, Blickkontakt zu halten. Wenn du nämlich nichts zu verstecken hast und mit dir im Reinen bist, dann macht dir auch der Blickkontakt mit anderen Menschen keine Angst mehr. Du wirst dadurch nicht nur selbstbewusster, sondern strahlst dieses unglaubliche Gefühl von absoluter Sicherheit aus. Die Sicherheit, sich selbst mit allen guten und schlechten Seiten zu kennen und zu akzeptieren. Ein Mensch, der diese Selbstsicherheit ausstrahlt, wird es einfach haben, ernst genommen und gesehen zu werden, weil er sich selbst im Ganzen sehen kann.

Mein Geheimtipp für dich

Nimm dir einen Menschen, dem du vertraust, und setze dich ihm ganz ungezwungen gegenüber. Stellt euch einen Timer auf zwei Minuten und schaut euch dabei einfach nur in die Augen. Versucht, nicht zu lachen, sondern das Gefühl auszuhalten. Es kann ziemlich unangenehm werden, aber es lohnt sich, das einmal auszuprobieren. Du wirst merken, was für spannende Gedanken da in dir hochkommen. Sei dir sicher, dass du nach dieser Übung viel Klarheit über dich und das, was du an dir ablehnst, gewinnst. Nimm dir danach gerne Zettel und Stift und schreibe in Ruhe auf, was du gefühlt hast. War es schön? Oder war es unangenehm? Was hast du gedacht?

Natürlich sollten wir unserem Gesprächspartner auch nicht unentwegt in die Augen schauen. Das kann dann nämlich schnell so wirken, als würdest du ihn verhören wollen. Wie du jetzt weißt, löst ein Blickkontakt Gefühle aus. Damit meine ich nicht romantische Gefühle, sondern ein Gefühl der Zusammengehörigkeit. Nicht alle Menschen sind diese Gefühle gewöhnt. Manch einer kann sich davon sogar überwältigt fühlen.

Hier ist deine Intuition gefragt. Wenn du bemerkst, dass dein Gegenüber sich von dir zurückzieht und den Blick immer wieder abwendet, dann gönne ihm ruhig eine Pause. Oft bekomme ich auf Social Media die Frage, wie denn nun ein guter Blickkontakt funktioniert. Bevor ich dich hier jedoch mit irgendwelchen Sekundenregeln und Ähnlichem völlig verunsichere, weil du dir das im Akutfall sowieso nicht merken kannst, gebe ich dir hier meine Tipps an die Hand, die ich nutze.

Hier findest du ein passendes Video dazu:

Mein Geheimtipp für dich

Überlege einfach mal ganz unbefangen, wann du gerne möchtest, dass man dich anschaut? Vermutlich wirst du jetzt sagen, dass du gerne angeschaut werden möchtest, wenn du etwas sagst. Denn so überprüfen wir, ob man uns wirklich zuhört. Was du dir merken kannst, ist, beim Zuhören deinem Gegenüber in die Augen zu schauen. Du musst nicht die ganze Zeit schauen, du darfst ab und an wegschauen. Das ist völlig natürlich. Etwa 80 bis 90 Prozent der Zeit solltest deinen Gesprächspartner aber bitte anschauen, weil er sonst das Gefühl bekommen könnte, dass du mit deinen Gedanken ganz woanders bist. Wenn du dann etwas erzählst, ist es ganz normal, zwischendurch wegzuschauen, weil wir das automatisch machen, wenn wir überlegen. Lass dich da also nicht stressen. Wichtig ist, dass du beim Zuhören den Blickkontakt konstant mit kurzen Pausen halten kannst.

Oft habe ich allerdings auch schon gehört, dass viele Menschen sich nicht konzentrieren können, wenn sie anderen in die Augen schauen. Jemand meinte mal zu mir, er könne nur konzentriert zuhören, wenn er den Blick zur Seite lenke. Und ich kann mir vorstellen, dass es vielen Menschen so geht, weil Blickkontakt eben nicht immer so einfach ist, wie es oft gezeigt wird. Falls du einer dieser Menschen bist, die sich ebenfalls nicht konzentrieren können, dann übe das bitte. Nimm dir jemanden, dem du vertraust, und versuche, auch während des Blickkontakts aufmerksam zu bleiben.

Du kannst unter Freunden, in der Familie oder bei unbefangenen Gesprächen natürlich anmerken, dass du dich ohne Blickkontakt besser konzentrieren kannst, jedoch würde ich das niemals in wichtigen Gesprächen tun. Wenn du deinem Chef während einer Gehaltsverhandlung nicht in die Augen blicken kannst, dann macht das einen schwachen Eindruck, der deiner Forderung nicht gerade dienlich ist.

Bitte sei kein Rasputin

Im Gegensatz dazu habe ich schon einmal den Tipp bekommen, dass wir, um dominant zu wirken, den Blick beim Zuhören abwenden sollten. Als ich das gelesen habe, haben sich mir direkt die Haare gesträubt, denn in meinen Augen ist das die reinste Form von Arroganz und Missachtung deines Gegenübers. Ich gebe zu, dass diese Form der Machtdemonstration ein klares Zeichen setzt, aber ich finde, dass wir so etwas nur mit Bedacht und im äußersten Notfall einsetzen sollten. Tatsächlich fällt mir kaum eine Situation ein, die so ein Verhalten rechtfertigt.

Ich habe mal gehört, dass Rasputin, ein russischer Mystiker und Wanderprediger, der großen Einfluss in der Zarenfamilie hatte, das wohl regelmäßig mit dem gemeinen Volk so gehandhabt haben soll, um seine Überlegenheit zur Schau zu stellen. Wenn du dieses Mittel einsetzen willst, dann sei dir darüber im Klaren, dass du damit ein eindeutiges Zeichen von Überlegenheit zeigst, welches aber sehr wahrscheinlich als arrogant und respektlos wahrgenommen wird. Ich rate stattdessen dazu, durch Blickkontakt echtes Interesse und Respekt zu zeigen. Dies fördert positive Beziehungen und sorgt dafür, dass du selbstbewusst und respektvoll wahrgenommen wirst.

Dein Lächeln – nicht nur sympathisch, sondern auch wahnsinnig stark

Es gibt wohl kein eindeutigeres Zeichen für Sympathie als ein echtes Lächeln. Es ist ein wunderbares Gefühl, wenn du Menschen mit deinem Lächeln den Tag versüßen kannst. Deswegen finde ich es umso schlimmer, dass einige Experten immer noch dazu raten, weniger zu lächeln, um ernst genommen zu werden. Entgegen der Meinung dieser Experten lässt ein Lächeln dich nicht schwach wirken, sondern setzt ein starkes Zeichen. Dein echtes Lächeln, das Zähne zeigt und deine Augen zum Strahlen bringt, beweist stattdessen pure Lebensfreude und innere

Stärke. Es zeigt, dass du mit jeder Herausforderung umgehen kannst und das Leben liebst.

Ein echtes Lächeln zeigt auch großes Selbstbewusstsein. Unsichere Menschen trauen sich oft nicht, ihre Gefühle so offen zu zeigen. Aber dein Lächeln, das von Herzen kommt und mit all seinen Strahlefalten leuchtet, signalisiert, dass du genug Selbstvertrauen hast, um deine Freude und Positivität mit der Welt zu teilen. Es zeugt von wahrer innerer Stärke, denn es braucht echte Leichtigkeit und Glück im Herzen, solche kraftvollen Gefühle an andere weiterzugeben. Dein Lächeln ist somit nicht nur ein Ausdruck von Freude, sondern auch ein Zeichen dafür, dass du in dir selbst ruhst und bereit bist, diese innere Stärke mit anderen zu teilen. Dein Lächeln ist das schönste Geschenk, das du der Welt und dir selbst machen kannst.

Kennst du das Gefühl, wenn du lächelst und plötzlich alles ein bisschen heller erscheint? Das ist nicht nur Einbildung, sondern wurde sogar 1988 in einer Studie bestätigt.[4] Die Teilnehmer wurden gebeten, ein Lächeln nachzuahmen, und empfanden danach tatsächlich positivere Emotionen.

Aber ein Lächeln kann noch viel mehr, als nur deine Stimmung zu heben. Es ist wie ein Zaubertrank für deine Gesundheit und dein Wohlbefinden. Es kann Stress reduzieren und den Blutdruck senken, was unserem Herz-Kreislauf-System zugutekommt.[5] Wenn du lächelst, erhöht sich auch dein Serotonin-Level, was deine Stimmung aufhellt und dich positiver stimmt.[6]

Ein Lächeln wirkt sich also direkt auf dein Energielevel aus – wenn wir glücklicher sind, erhöht sich auch unsere Ausstrahlungskraft. Und wie bereits erwähnt, ist dein Energielevel entscheidend für deine charismatische Ausstrahlung und die Art und Weise, wie du auf andere wirkst. Die Forschung hat eindeutig gezeigt, dass ein Lächeln einen großen Einfluss darauf hat, wie wir andere Menschen beurteilen.[7] Es ist wie eine geheime Waffe, die uns sofort vertrauenswürdiger und selbstbewusster erscheinen lässt.

Das zeigt doch mal wieder, wie wichtig unsere Mimik für das Miteinander ist. Ein Lächeln kann also nicht nur unsere Stimmung aufhellen, sondern auch unsere zwischenmenschlichen Beziehungen verbessern und gleichzeitig ein echter Gesundheits-Booster sowie ein Geheimrezept für mehr Charisma sein. Also: Es gibt keinen Grund, nicht zu lächeln, sondern unzählige Gründe, es noch viel öfter zu tun!

Hier findest du ein passendes Video dazu:

Wann du nicht lächeln solltest

Doch natürlich gibt es auch Momente, in denen ein Lächeln unangemessen wirken und unserem Selbstbewusstsein schaden könnte. Bei Begrüßungen ist es jedoch eine großartige Möglichkeit, eine positive Atmosphäre für das Gespräch zu schaffen. Doch übertreibe es nicht – ein konstantes Lächeln während des gesamten Gesprächs kann befremdlich wirken. Es kann helfen, die Herzen anderer von Anfang an zu gewinnen und einen tollen ersten Eindruck zu hinterlassen. Doch sei in ernsten Situationen vorsichtig mit dem Einsatz von Lächeln, da es sonst sein kann, dass man dich nicht ernst nimmt. Besonders, wenn jemand eine Grenze überschreitet und du deutlich machen möchtest, dass dies nicht akzeptabel ist, ist ein Lächeln das Letzte, was du zeigen solltest.

Was aber tun, wenn du in ausgerechnet diesen ernsten Situationen oder beim Setzen von Grenzen lächeln musst? Wenn du es nicht zurückhalten kannst? Ja, genau das hat mir eine liebe Frau aus meiner Community geschrieben. Sie habe sehr große Schwierigkeiten, in solchen Situationen ernst zu bleiben, und würde automatisch lächeln. Sie könne es gar nicht verhindern. Es passiere einfach wie von selbst.

Wenn du dich in ernsten Situationen oder beim Setzen von Grenzen ertappt fühlst und trotzdem lächelst, lass mich dir erst einmal sagen, dass das ganz normal ist. Manchmal passiert das einfach, obwohl wir es vielleicht gar nicht wollen. In solchen Momenten ist es wichtig, dir bewusst zu machen, warum das gerade passiert. Vielleicht lächelst du, um die Spannung zu lösen oder um dich selbst zu beruhigen. Oft lächeln wir auch, um eine positivere Atmosphäre zu schaffen oder um einen potenziellen Konflikt zu entschärfen. Was auch immer die Ursache sein mag, mache dir in diesen Momenten bewusst, dass du das Recht hast, auch mal wütend oder ernst zu sein. Du bist nicht dafür verantwortlich, allen Menschen ein gutes Gefühl zu geben. Es ist genauso dein Recht, deine Grenzen zu verteidigen und ernst zu bleiben wie zu lächeln und Freude zu verbreiten. Beide Seiten sind angemessen und berechtigt.

Versuche, in solchen Momenten ruhig zu bleiben und klar zu kommunizieren, was du wirklich denkst und fühlst. Es ist okay, menschlich zu sein und auch mal Gefühle zu zeigen, selbst wenn sie nicht perfekt zum Moment passen.

Mein Geheimtipp für dich

In solchen Momenten kann es hilfreich sein, bewusst auf deinen Atem zu achten. Oftmals atmen wir flach, besonders wenn wir nervös sind, und das verstärkt manchmal den Drang, zu lächeln. Durch bewusstes Ein- und Ausatmen in den Bauch kannst du nicht nur deine Aufmerksamkeit ablenken, sondern auch eine tiefe Entspannung fördern. Und dadurch kommen automatisches und unpassendes Lächeln seltener vor.

Um ernst genommen zu werden, solltest du also nicht weniger, sondern sogar mehr lächeln. Dabei brauchst du gar kein dickes Grinsen an den Tag zu legen, sondern solltest dir einfach ein freundliches Gesicht angewöhnen. Manchmal sind wir uns nämlich gar nicht bewusst darüber, wie finster wir dreinschauen können. »Aber ich schaue doch freundlich!«, sagst du jetzt vielleicht. Bist du dir da wirklich sicher? Dann lass mal jemanden ein Foto von dir in einem unbeobachteten Moment schießen und schau selbst. Ganz oft denken wir, wir würden freundlich wirken, weil wir uns so fühlen, aber nach außen zeigen wir es nicht angemessen.

Hier findest du ein passendes Video dazu:

Denk immer daran: Im ersten Moment zählt die Sympathie, dein freundliches Gesicht. Wenn es dann ans Eingemachte geht und du mit Kompetenz überzeugen willst, kannst du es gerne reduzieren.

Von Hand zu Hand: Wie du durch einen Handschlag Vertrauen aufbaust

Unser Händedruck. Viele lieben ihn und ebenso viele mögen ihn gar nicht. Dabei hat er einen enormen Einfluss darauf, wie du von anderen Menschen wahrgenommen wirst, besonders auf deinen ersten Eindruck.[8]

Hat dir schon einmal jemand die Hand geschüttelt und sie dir dabei fast gebrochen? Oder hat dir jemand die Hand geschüttelt und seine Hand war schlapp und kraftlos? Beides fühlt sich absolut nicht schön an und beides hinterlässt bei unserem Gegenüber einen negativen Eindruck. Im ersten Fall spüren wir die Überdominanz klar und deutlich. Wenn dein Händedruck zu fest ist, wirkst du nicht unbedingt selbstbewusst, sondern eher einschüchternd und fast schon aggressiv. Ein schlaffer Händedruck dagegen wirkt so, als ob die Person entweder wenig Interesse an uns zeigt oder sehr unsicher und zurückhaltend ist. Ein angemessener, fester Händedruck, der nicht zu stark ist, signalisiert hingegen Selbstbewusstsein und Respekt.

Mit deinem Handschlag kannst du also schon von Beginn an deutlich zeigen, dass du eine ernst zu nehmende Person darstellst. Stell dir nur mal vor, du hättest ein Gespräch mit dem Geschäftsführer eines großen Unternehmens. Wie stellst du dir den Handschlag dieser Person vor? Denk mal ein paar Sekunden darüber nach. Ich vermute mal, dass du an einen festen, angenehmen Handschlag gedacht hast. Nie im Leben hättest du eine Führungspersönlichkeit mit einem schlaffen Händedruck in Verbindung gebracht, oder? Und jetzt stell dir mal den Handschlag eines Menschen vor, der muskelbepackt, mit grimmiger Miene und breiten Schritten auf dich zugeht. Allein bei der Vorstellung bekomme ich schon Angst, dass meine Hand nach dieser Begrüßung ziemlich wehtun könnte. Dann würde ich mich aber stark wundern, wenn dieser Handschlag entgegen meiner Erwartung sanft und angenehm wäre.

Und genau das kannst du für dich nutzen. Denn selbst wenn du in den ersten Sekunden durch deinen Gang einen zurückhaltenden oder vielleicht sogar unsicheren Eindruck machst, kannst du durch Blickkontakt, ein echtes Lächeln und einen festen Händedruck einiges wieder wettmachen.

Hier findest du ein passendes Video dazu:

Kleidung als Statement:
deine Persönlichkeit im Rampenlicht

Früher habe ich immer Skinny Jeans getragen. Alle haben sie getragen und bei den meisten sahen sie auch wirklich gut aus. Nicht bei mir. Ich habe mich immer irgendwie in diesen Jeans unwohl gefühlt, weil ich von Natur aus die berühmte Birnenfigur inklusive sehr schmaler Waden habe.

Skinny Jeans betonten diese Ungleichheit nochmal, aber aus irgendeinem Grund habe ich sie trotzdem jedes Mal aufs Neue gekauft.

Ich habe mich aber natürlich nicht mit mir in anderen Hosen verglichen, sondern mit anderen Frauen, die extrem schlanke und lange Beine hatten. Bei diesen Frauen sahen Skinny Jeans toll aus, aber mir haben sie keinen Gefallen getan. Anstatt also zu schauen, wie ich mich kleiden kann, sodass ich Hosen trage, die meiner Figur schmeicheln, habe ich mich einfach nur unwohl neben all den anderen Frauen gefühlt. Seitdem ich jedoch nicht mehr schaue, was bei anderen gut aussieht, sondern den Fokus nur noch auf mich und meine Figur richte, geht es mir viel besser. Ich habe meinen Hosenstil angepasst, und ich sehe dadurch nicht nur besser aus, sondern ich fühle mich auch viel wohler in meiner Haut. Heute schaue ich nur noch auf mich selbst und darauf, was mir steht und mich strahlen lässt.

Ich weiß, dass das Thema Kleidung sehr umstritten ist. Es gibt unterschiedliche Geschmäcker und das ist auch gut so. Nicht jeder soll mit der gleichen Kleidung herumlaufen. Nicht jedem steht auch die gleiche Kleidung. Was ich dir aber nicht vorenthalten möchte, ist, dass deine Kleidung ebenfalls ein deutliches Statement setzen kann.

Zeigt deine Kleidung, dass du dich pflegst? Zeigt sie, dass du dir selbst wichtig bist und dich um dich und dein Äußeres kümmerst? Oder zeigt sie, dass du dir einfach gedankenlos irgendetwas übergeworfen hast? Vielleicht ist sie sogar schmutzig und sieht ungepflegt aus? All das macht einen Unterschied. All das beeinflusst, wie andere Menschen dich wahrnehmen und wie sie dich beurteilen. All das beeinflusst, welcher Film bei anderen Menschen im Kopf abläuft, wenn sie dich sehen. Welche Rolle spielst du in diesem Film? Ist sie so, wie du es haben willst? Wir wirken immer, egal was wir tun, und die Kleidung spielt dabei eine wichtige Rolle.

Ich kann verstehen, wenn du dich nicht für Fashion interessierst und nicht immer den neuesten Trends hinterherjagen möchtest. So jemand bin ich auch nicht, und ich bin bestimmt die allerletzte Person, die dir dazu raten möchte. Was ich dir hier mitgeben möchte, ist, dir einfach mal Gedanken über deine Kleidung zu machen. Wenn du deinen Kleiderschrank öffnest und ganz unbefangen einen Blick hineinwirfst, was siehst du da? Unterstützt deine Kleidung dich in deinem Ziel, gesehen, gehört und ernst genommen zu werden, oder legt sie dir Steine in den Weg?

Wusstest du, dass wir eher Menschen in Businesskleidung folgen anstatt Menschen in Freizeitkleidung? Tatsächlich gab es dazu eine superinteressante Studie, in der herausgefunden wurde, dass Menschen eher einem Mann im Anzug über die rote Ampel folgen als einem Mann in Freizeitkleidung.[9] Das zeigt doch deutlich, welchen enormen Unterschied unsere Kleidung machen kann.

Das bedeutet natürlich nicht, dass du nur noch Businesskleidung tragen solltest. Es ist aber gut zu wissen, dass formelle Kleidung deinen Autoritäts- und Glaubwürdigkeitsstatus erhöhen kann. Behalte das einfach vor deinem nächsten Vorstellungsgespräch, Vortrag oder wichtigen Gespräch im Hinterkopf.

Bevor du jetzt gleich alles aussortierst, warte kurz und gehe das Ganze lieber mit Bedacht an. Ich rate dir hier nämlich nicht, nur noch formelle Kleidung zu tragen. Vielmehr ist es wichtig, dass deine Kleidung gepflegt aussieht, sauber ist und einen ordentlichen Eindruck macht. Das hinterlässt einen positiven Eindruck, selbst wenn die Kleidung nicht besonders formell ist.

Es kommt auch immer auf den Kontext an. Nehmen wir zum Beispiel einen kreativen Job in einem Start-up, wo das Arbeitsumfeld sehr locker ist und die meisten Kollegen in Jeans und T-Shirt kommen. Hier wäre es unpassend, im Anzug zu erscheinen, da du möglicherweise als zu steif oder unpassend wahrgenommen wirst. Deine Kleidung sollte zur Unternehmenskultur und zu den Erwartungen an die Position passen. Eine Ausnahme besteht hier natürlich, wenn du in einer Führungsposition arbeitest. Hier würde ich den Aspekt des vermehrten Respekts dir gegenüber nicht vernachlässigen. Für Personen in Führungspositionen kann formelle Kleidung dazu beitragen, den Respekt und die Autorität zu verstärken, die ihnen entgegengebracht wird.

Durch deine Kleidung kannst du ebenfalls zeigen, dass du Teil einer bestimmten Gruppe bist. Ärzte zum Beispiel tragen Kittel, Handwerker ihre Arbeitskleidung und Geschäftsleute Anzüge. Manchmal kann es sich hier auch um eine bestimmte Farbe handeln wie zum Beispiel das Rot der Sparkasse oder das Blau der Volksbank.

Indem du dich an den Kleidungsstil einer Gruppe anpasst, kannst du Sympathie zeigen und Vertrauen aufbauen. Es ist ein Zeichen dafür, dass du die Normen und Erwartungen der Gruppe respektierst und teilst. Kleidung ist eine sichtbare und schnelle Methode, um deine Zugehörigkeit zu demonstrieren und so schneller Vertrauen zu deinen Mitmenschen aufzubauen. Bevor du also das nächste Mal deinen Kleiderschrank durchstöberst, denk daran: Deine Kleidung zeigt nicht nur deinen Stil, sondern auch, dass du Teil des Teams bist.

Deine Kleidung signalisiert deine Zugehörigkeit und Sympathie zu einer Gruppe, indem sie Vertrauen aufbaut und gemeinsame Werte demonstriert.

Außerdem gibt es noch einen weiteren wichtigen Grund, sich einmal mehr Gedanken darüber zu machen, wie man sich anzieht. Denn auch mithilfe deiner Kleidung kannst du dich selbstbewusster fühlen. Wenn du jemals etwas getragen hast, in dem du dich unwohl gefühlt hast, egal ob es nun zu eng oder die falsche Farbe war, dann weißt du, welchen Einfluss deine Kleidung auf dein Wohlbefinden hat.

Kleidung, die zu dir passt und deiner Figur schmeichelt, sieht nicht nur toll aus, sondern du fühlst dich auch besser darin. Allein nur die richtigen Farben zu tragen, kann ein totaler Game-Changer für deine Ausstrahlung sein. So kannst du dir im besten Fall sogar das Rouge und den Concealer sparen, weil die richtigen Farben deinen Teint schon von allein strahlen lassen.

Es gibt sogar Studien darüber, die beweisen, dass die Kleidung, die wir tragen, unser Verhalten und unser Denken beeinflussen kann.[10] Das, was du täglich anziehst, beeinflusst also nachhaltig deine Wahrnehmung und deine Art, zu denken. Formelle Kleidung zum Beispiel kann das Gefühl von Macht verstärken.[11] Es ist also wissenschaftlich bewiesen, dass wir uns tatsächlich machtvoller fühlen und danach handeln, wenn wir formelle Kleidung tragen. Und dabei musst du nicht im Kostüm oder in einem Anzug durch die Straßen spazieren. Heutzutage sind wir oft doch ziemlich frei in der Gestaltung unserer Businesskleidung. Anzug und Kostüm sind längst nicht mehr die einzigen Optionen. Es ist für jeden Geschmack etwas dabei. Die Ausrede, du würdest formelle Kleidung nicht mögen, zählt also nicht.

Deine Kleidung beeinflusst deine Wahrnehmung und dein Verhalten – wähle sie bewusst, um dein Selbstbewusstsein zu stärken und deine Persönlichkeit zu unterstreichen.

Diesen Aspekt in Hinsicht auf unsere Ausstrahlung zu vernachlässigen, wäre mehr als fahrlässig. Anziehen musst du dich sowieso, warum dann nicht gleich so, dass du dich selbstbewusster fühlst?

Am Ende zählt nur die Persönlichkeit

Ich bin ein großer Freund von Persönlichkeit. Aber ich weiß durch meine Arbeit auch, dass es eben nicht nur auf die Persönlichkeit ankommt. Wir können nun mal nicht beurteilen, wie ein Mensch tatsächlich ist, sondern nur wie er auf uns wirkt. Die Wahrheit ist jedoch, dass am Ende wohl doch nur die Persönlichkeit zählt, aber eben erst am ENDE. Zu Beginn spielen nun mal auch andere Faktoren, wie deine äußere Erscheinung, eine große Rolle.

»Ach, die Farbe meines Pullis macht doch keinen Unterschied!« – «Ach, ob ich einfach offene Haare trage oder mir eine Frisur mache, ist doch egal!« – «Ach, ob ich jetzt lächle oder nur freundlich schaue, das merkt eh keiner!« Ja, es mögen nur kleine Veränderungen sein, aber alles für sich zusammen macht dann plötzlich einen verdammt großen Unterschied.

Ich persönlich achte auch nicht tagtäglich auf diese kleinen Unterschiede. Aber bei wichtigen Ereignissen, Familienfeiern, Hochzeiten oder anderen Events nehme ich mir das sehr zu Herzen. Ich suche mir nicht einfach wahllos ein Outfit aus und gut ist. Nein, ich achte sehr penibel darauf, dass meine Frisur sitzt (selbst wenn ich meinen Pony fünfmal wieder neu stylen muss), und ich nutze extrastarke Feuchtigkeitspflege, damit mein Make-up hält. Ich schminke mich farblich passend zur Kleidung. Ich achte auf Accessoires und suche mein Outfit schon Tage vorher heraus. Und doch kann es passieren, dass ich mich am Tag des Ereignisses wieder umentscheide und etwas ganz anderes anziehe.

Ich achte auf die kleinsten Kleinigkeiten und das erhöht mein Wohlbefinden enorm. Ich möchte sogar behaupten, dass die Christina vor dem Umstyling eine ganz andere ist als die Christina nach dem Umstyling. Ich sehe dann nicht nur anders aus, sondern ich fühle mich wie eine völlig neue Person. Ich bin mir über den Einfluss meines Äußeren auf mein Selbstbewusstsein sehr wohl bewusst, und ich nutze alle mir zur Verfügung stehenden Mittel, um möglichst viel von diesem Effekt zu nutzen.

Das mache ich natürlich nicht jeden Tag, das wäre mir als Mama auch viel zu anstrengend. Aber bei den wichtigen Ereignissen nehme ich mir die Zeit für mich, und jedes Mal merke ich, wie gut es mir tut. Ich spüre dann ganz deutlich, welchen Einfluss die Vorbereitungen auf mein Inneres haben. Ich hole dadurch nicht nur das Beste aus meinem Äußeren heraus, sondern verhalte mich durch das spürbar gestiegene Selbstbewusstsein auch anders. Ich werde mutiger und traue mich mehr, zu mir zu stehen.

Die Mühe, die du in dein Aussehen investierst, bewirkt nicht nur äußerlich etwas, sondern zieht auch innerlich positive Veränderungen mit sich. Es ist wichtig, dass du dich selbstbewusst und wohlfühlst, und wenn das bedeutet, dass du dir vor wichtigen Ereignissen etwas mehr Zeit nimmst, um dich für dich selbst herauszuputzen, dann ist das absolut in Ordnung.

In unserer Welt, in der man oft sagt »Es kommt nur auf die Persönlichkeit an«, vergessen wir manchmal, wie sehr unser Äußeres das Selbstbewusstsein und das Verhalten beeinflussen kann. Schnell wird man dann als oberflächlich betitelt. Aber ist es nicht erst recht oberflächlich, wenn wir nur eine von beiden Seiten betrachten und die andere einfach ignorieren? Unsere Persönlichkeit mag die Essenz unseres Seins sein, aber unser äußeres Erscheinungsbild spielt eine entscheidende Rolle in der Art und Weise, wie wir uns selbst wahrnehmen und wie wir von anderen wahrgenommen werden.

Der Ton macht die Musik: Nutze die Kraft deiner Stimme

Dieses Buch wäre ganz und gar unvollständig, wenn wir unsere Stimme außen vor lassen würden. Deine Stimme zeigt deinem Gegenüber genauso wie dein Gang sofort deine Stimmung. Stimme und Stimmung. Richtig gelesen, diese beiden Komponenten sind untrennbar miteinander verbunden. Wenn du traurig bist, hört man es an deiner Stimme. Wenn du glücklich bist, hört man es an deiner Stimme. Wenn du müde, krank oder nervös bist, hört man es an deiner Stimme.

Wenn du jemals bei jemandem um fünf Uhr morgens angerufen hast und derjenige sich verschlafen gemeldet hat, dann weißt du, wovon ich spreche. Unsere Stimme ist in gewisser Weise genauso wie unser Körper. Sie kann immer nur die Wahrheit sprechen.

Du wirst schwerlich mit einer tiefen, entspannten Stimme sprechen können, wenn du dich unsicher oder ängstlich fühlst. In einem solchen Zustand wird deine Stimme sehr wahrscheinlich sogar viel zu hoch klingen, was deiner selbstsicheren Ausstrahlung nicht gerade guttut. Denn Tatsache ist, wenn du gehört und ernst genommen werden möchtest, dann muss deine Stimme auch danach klingen. Man muss dir anhören können, dass du zu dir und deinen Worten stehst. Das funktioniert nicht, wenn du flüsterst oder dir die Stimme wegbricht.

Grenzen setzen, Nein sagen, sich vorstellen: Das alles wird mit einer entspannten Stimme, die dann übrigens auch natürlich tiefer klingt, viel einfacher. Und dazu muss ich dir jetzt eine persönliche Geschichte erzählen, denn heute ist uns etwas mit unserem kleinen Sohn passiert, das genau zu diesem Thema passt.

———————

Wir haben unsere Kinder in die Kita gebracht und aus irgendeinem Grund wollte unser Kleiner an diesem Tag nicht in die Gruppe gehen. Normalerweise geht er liebend gerne in die Kita, aber es war wohl irgendwie nicht sein Tag. Er fing dann an, sich auf meinen Schoß zu setzen, und meinte ganz leise, dass er wieder nach Hause möchte. Er sagte es allerdings in einem so leisen Ton, dass wir nicht ganz sicher waren, ob er jetzt nur Spaß macht oder es ernst meint. Man konnte es noch nicht genau heraushören. Wenn man meinen Sohn kennt, dann weiß man, dass er oft Späßchen macht und ein sehr guter Schauspieler ist. Da muss man dann schon ein paarmal nachhaken, bis man erkennt, ob er es gerade ernst meint.

Ich fragte ihn also, ob ich ihn noch mit in die Gruppe begleiten solle und wir seine Tasche gemeinsam aufhängen sollen. Da drehte er seinen Kopf zu mir, schaute mir direkt in die Augen und sagte klar und deutlich »Nein!«. Dieses Nein war so eindrucksvoll, dass mein Mann und ich uns kurz erstaunt anschauten. Und ab diesem Moment wusste ich auch erst, dass er es wirklich ernst meint.

———————

Was ich dir mit dieser kleinen Geschichte zeigen möchte, ist, dass dein Nein oder deine Worte eher ernst genommen werden, wenn du signalisierst, dass du es auch ernst meinst. Wörter transportieren den Inhalt dessen, was wir sagen möchten, aber die Art und Weise, wie du etwas sagst, zeigt, wie du dich fühlst und wie du es meinst. Warum werden wir wohl oft falsch verstanden? Warum kriegen Menschen Dinge in den falschen Hals? Warum wird dein Nein nicht ernst genommen? Weil du es nicht auf die erforderliche Art und Weise sagst.

Wie wir etwas sagen, offenbart unsere wahre Absicht und bestimmt, ob wir wirklich gehört werden.

Körpersprache, Stimme, all das zählt genauso viel wie deine Worte selbst. Du kannst die fesselndste Geschichte erzählen – wenn du sie monoton, ohne Mimik und Gestik von dir gibst, wird dir kaum jemand zuhören. Wenn du flüsternd oder mit zu hoher Stimme deinen Standpunkt vertreten möchtest, wird es schwer sein, ernst genommen zu werden.

Ich bin nicht wichtig genug ...

Das klingt jetzt alles ziemlich logisch, aber wenn wir mal genau hinschauen, ist es oft gar nicht so einfach umzusetzen. Natürlich wollen wir gehört werden. Natürlich wollen wir, dass unsere Worte und wir als Person ernst genommen werden. Vielleicht kennst du das selbst auch von dir. Du stehst in einer Gruppe und alle unterhalten sich lebhaft. Du bist eher so der zurückhaltende Typ und wartest erst einmal ab, bevor du etwas sagst. Dann siehst du deine Chance, etwas einzuwerfen, und niemand hört dir zu. Oder noch schlimmer: Niemand hört, was du sagst, und ein paar Sekunden später wiederholt jemand deine Worte und alle stimmen ihm zu. Das ist wie eine imaginäre Ohrfeige, die man dir in diesem Moment verpasst.

Oft liegt das daran, dass wir entweder zu leise sprechen oder wir sofort abbrechen, sobald uns jemand unterbricht. Wir denken, dass unsere Worte nicht so wichtig wie die der anderen seien. Und so lassen wir uns unterbrechen, lassen in unsere Sätze reinreden und zeigen damit immer wieder aufs Neue: »Ich bin nicht wichtig.«

Unsere Mitmenschen gewöhnen sich dann daran und werden es immer wieder tun. Meistens tun sie das dann nicht einmal mit Absicht. Sie sind es gewohnt, auf diese Art und Weise mit dir zu kommunizieren. Sie sind es gewohnt, dass sie dich unterbrechen dürfen. Und das klingt jetzt gemein, aber du hast es ihnen unbewusst erlaubt. Weil du ihnen mit deiner Ausstrahlung zu verstehen gegeben hast, dass du dich für nicht so wichtig hältst wie sie.

Ich sage nicht, dass ich das gut finde. Ich finde es extrem unhöflich und respektlos, jemandem einfach das Wort abzuschneiden. Ich weiß aber, wie schnell es einem selbst passieren kann, das Wort an sich zu reißen, wenn dein Gegenüber nichts dagegen tut. Es ist für viele Menschen einfach zu verlockend. Denn was tun wir Menschen am allerliebsten? Ja klar, wir wollen über uns selbst sprechen.

Und wenn du erst einmal in dieser unglücklichen Position bist, dann musst du zunächst wieder mehr Kraft aufbringen, um den Menschen zu zeigen, dass du das nicht mehr duldest. Du musst ihnen erst einmal beweisen, dass du gehört werden möchtest. Das ist viel schwieriger, wenn es sich um Menschen handelt, die dich schon kennen und sich an deine zurückhaltende Art gewöhnt haben. Sei ihnen nicht böse, wenn sie erst einmal irritiert sein werden, wenn du plötzlich nicht mehr so nachsichtig bist. Menschen sind Gewohnheitstiere und eine plötzliche Veränderung im Verhalten eines anderen Menschen wird immer erst einmal für Verwirrung sorgen. Aber auf lange Sicht werden sie sich daran gewöhnen und es bringt viel mehr Vorteile als Nachteile.

Doch bevor du es überhaupt schaffst, dass man dir zuhört, musst du deine Worte für genauso wichtig halten wie die der anderen. Du musst dir sicher sein, dass du das Recht hast, deinen Senf dazuzugeben. Klar gibt es Situationen, in denen wir vielleicht nicht so viel Ahnung haben und uns zurücknehmen, aber selbst da kannst du immerhin Fragen stellen. So zeigst du, dass du da bist. Dass du nicht einfach wie ein schüchternes Mäuschen danebenstehst und dich aus allem raushältst. Und wenn du dich mit einem Thema auskennst oder dich einfach in einem zwanglosen Tratsch befindest, dann mache dir klar, dass du genauso ein Recht hast, zur Unterhaltung beizutragen, wie jeder andere auch. Deine Meinung zählt, egal, ob du ein Experte auf einem Gebiet bist oder nicht. Jeder bringt eine einzigartige Perspektive mit und genau diese Vielfalt macht Gespräche lebendig und spannend. Weg mit deinen Selbstzweifeln: Deine Gedanken sind überaus wertvoll.

Du hast genauso viel zu sagen wie jeder andere Mensch auf diesem Planeten.

Wenn du das mit jeder Faser deines Körpers glaubst, dann wirst du nie wieder Angst haben, das Wort zu erheben.

Mein Geheimtipp für dich

Wenn du oft an dir und deinen Worten zweifelst, dann nimm dir mal in einer ruhigen Minute einen Zettel und schreibe dir ein paar Gründe auf, warum deine Worte es wert sind, gehört zu werden. Und als ersten Grund solltest du nennen, dass du ein Mensch bist. Ja, richtig gelesen. Denn allein die Tatsache, dass du ein Mensch bist, berechtigt dich, genau wie bei allen anderen, dazu, das Wort zu erheben und gehört zu werden.

Schreibe dir deine Gründe auf und rufe sie dir immer wieder ins Gedächtnis, bevor du dich mit anderen Menschen triffst. Es ist wichtig, dass du nach dem Lesen deinen Mut zusammennimmst und dann wirklich das Wort erhebst. Deine Liste mit Gründen soll dir als Mutbooster dienen, aber sie wird dich nicht weiterbringen, wenn du diesen neu gewonnenen Mut ungenutzt lässt. Du musst immer auch handeln, nur so kannst du wirklich etwas verändern.

Auch du kannst wertvolle Einsichten und Denkweisen teilen, die andere inspirierend finden. Du magst dich vielleicht für nichts Besonderes halten und denkst, dass du nichts zu sagen hast, aber ich weiß, dass es ganz anders ist. JEDER Mensch hat etwas Wichtiges und Wertvolles, das er mit der Welt teilen kann. Jeder Mensch ist einzigartig und hat dadurch auch eine ganz einzigartige Art zu denken und Dinge zu begreifen. Und vielleicht braucht dieser eine Mensch genau dich und deine Art, die Dinge zu erklären, um sie wirklich zu verstehen. Vielleicht hat dieser eine Mensch genau auf dich gewartet.

Ihr wisst ja, dass ich auf Social Media mittlerweile einen sehr großen Account habe. Und ich bin mir durchaus bewusst, dass ich nicht die einzige Charisma-Expertin bin, die dort ihr Wissen teilt. Tatsächlich gibt es sehr viele Accounts, die fast die gleichen Themen behandeln wie ich. Allen voran den einer meiner lieben Kolleginnen, der meinem Profil inhaltlich sehr ähnlich ist.

Jetzt würden manche sagen, dass wir uns voneinander distanzieren sollten und ich um jeden Preis versuchen sollte, besser zu sein, damit sie mir meine Kunden nicht abwirbt. Aber ich bin da völlig anderer Meinung. Tatsächlich unterstützen wir uns seit Monaten gegenseitig. Wir geben uns Feedback, helfen uns bei Fragen und können uns immer miteinander austauschen. Es ist eine richtige Freundschaft daraus entstanden, obwohl wir uns noch nie persönlich getroffen haben. Und ich habe nicht ein einziges Mal den Gedanken gehabt, dass meine Community plötzlich zu ihr gehen und ich leer ausgehen würde.

Und weißt du, warum ich das denke? Weil meine Community mir folgt, weil sie meine Art und Weise der Content-Erstellung liebt. Sie lieben meinen Account in erster Linie nicht nur wegen des Inhalts, den ich vermittle, sondern vor allem aufgrund der Art und Weise, WIE ich ihn vermittle. Deswegen muss ich auch keine Angst haben, dass meine liebe Kollegin mir die Kunden wegschnappt, weil ihre Community ihr wegen ihrer Persönlichkeit folgt.

Und wenn ich mir unseren Content anschaue, könnte die Art und Weise, wie wir unsere Inhalte vermitteln, gar nicht unterschiedlicher sein. Es ist dasselbe Thema, die gleichen Worte, die gleiche Botschaft, aber auf individuelle Art und Weise vermittelt. Und deshalb werden wir auch niemals Konkurrentinnen. Weil sie Menschen anspricht, die sie lieben. Und ich Menschen anspreche, die mich lieben. Und Menschen hören Menschen zu, mit denen sie sich verbunden fühlen.

Vermutlich wird es in ihrer Community auch viele Follower geben, die mich absolut nicht ausstehen können, obwohl ich nichts anderes auf meinem Account vermittle. Und das ist vollkommen okay. Ich habe meine Art und Weise, die Dinge darzustellen, und die richtigen Menschen werden es hören und mir genau deswegen folgen.

Aus diesem Grund solltest auch du niemals Angst haben, dass deine Worte zu unwichtig für andere Menschen wären. Niemand kann die Dinge so darstellen, wie du es mit deiner Art und Weise tust. Deshalb ist es so wichtig, dass du dein Wissen teilst. Zeig den anderen, was dich bewegt. Niemand sieht die Welt so wie du, und genau deshalb wirst du viele Menschen inspirieren können, wenn du dich traust, deine Stimme zu nutzen. Weil da draußen vielleicht jemand ist, der genau deine Worte hören muss.

Deine einzigartige Art zu denken und zu kommunizieren, könnte genau das sein, was jemandem anderen gerade fehlt.

Du weißt nie, wen du mit deinen Worten und Gedanken inspirieren könntest. Du weißt nie, wessen Leben du mit deinen Worten zum Positiven verändern könntest. Deshalb solltest du mutig sein und dich trauen, deine Sichtweise mit der Welt zu teilen.

Du bist aus einem bestimmten Grund auf dieser Welt. Irgendjemand hat entschieden, dass genau DU hier sein sollst auf dieser schönen Erde. Irgendjemand hat schon an dich geglaubt, noch bevor du es konntest. Und es wird Zeit, dass auch du anfängst, an dich zu glauben. Die Welt braucht nicht noch mehr Zitate, die wir alle schon kennen. Die Welt braucht DEINE Zitate, die du aus deinen Gedanken und Gefühlen mit deinen Worten formst.

Die Angst, gehört zu werden

Ich weiß, das klingt wunderschön, aber was ist, wenn jemand unsere Worte ablehnt? In der Theorie klingt das so einfach. Ich muss einfach nur auf meine Art und Weise kommunizieren, aber was mache ich denn, wenn mich dann jemand angreift? Ich kann dich so gut verstehen! Wir haben hier das gleiche Dilemma wie mit unserer Sichtbarkeit. Wenn wir gehört werden, dann machen wir uns auch angreifbar. Denn dann werden wir ja gehört. Und es wird Menschen geben, die deine Sichtweise nicht teilen werden. Ja, es wird Menschen geben, die deine Gedanken und Worte für absolut dämlich halten werden. Und das kann wahnsinnige Angst machen. Und das darf es auch. Das ist normal!

Weißt du wie viele Aufrufe meine Videos zu Beginn meiner Social-Media-Karriere hatten? Meine Views lagen so zwischen 1.000 und 3.500 Aufrufen. Meine Followerzahl lag irgendwo um die 700. Ich hatte kaum Kommentare unter meinen Videos. Und falls doch, dann waren es Menschen, die ich schon kannte und die waren immer sehr freundlich.

Als dann irgendwann zum ersten Mal eines meiner Videos viral ging, war ich plötzlich dem ausgesetzt, wovor alle Angst haben. HATE auf Social Media. Ich war sichtlich schockiert, wie respektlos Menschen online kommentieren, wenn sie einem nicht persönlich gegenüberstehen. Eine hohe Anzahl an Menschen sah plötzlich meine Beiträge, und nicht allen gefiel, was ich da von mir gab.

Das war zunächst wirklich schwierig für mich. Ich fing an, an mir und meinen Worten zu zweifeln. Vielleicht hatten die Hater ja recht? Ich hatte auf einmal Angst davor, viral zu gehen. Alle wollen viral gehen, auch ich wollte das unbedingt, aber ich war nicht darauf vorbereitet, welcher Negativität man dann plötzlich ausgesetzt ist.

Und so fing ich an, alle meine Videos auf Biegen und Brechen zu überprüfen. Ich wollte niemandem auch nur die kleinste Angriffsfläche bieten. Ich wollte von vielen Menschen gehört und von allen gemocht werden. Aber ich kann dir sagen, dass das ein Ding der Unmöglichkeit ist. Das eine geht ohne das andere nicht. Und als ich das verstanden hatte, veränderte ich mein Mindset. Anstatt mich also verunsichern zu lassen, überprüfte ich meine Videos auf andere Art und Weise.

Von nun an achtete ich noch mehr als zuvor darauf, aus meinem Herzen heraus zu schreiben. Ich stellte sicher, dass ich wirklich zu 100 Prozent hinter dem stand, was ich da von mir gab. Natürlich dachte ich auch darüber nach, ob ich andere Menschen mit meinen Posts verletzen könnte, aber ich ließ mich nicht mehr von meiner Angst leiten.

Und dann fing ich wieder an, zu posten, ich ging noch mehrmals viral und war auch Hate ausgesetzt. Aber was sich verändert hatte, war, dass es mir nicht mehr so viel ausmachte, weil ich genau wusste, dass ich zu meiner Wahrheit stehen darf. Und dass es okay ist, wenn Menschen anderer Meinung sind. Ich habe schlussendlich akzeptiert, dass ich die Menschen und ihren Groll nicht ändern kann. Ich kann es einfach nur für mich besser machen und sicherstellen, dass ich zu mir und meinen Inhalten stehe.

Natürlich hat es Vorteile, wenn du überhört wirst. Du bist unsichtbar, also greift dich auch niemand an. Du fühlst dich sicher, aber du fühlst dich einsam. Weil du mit deinen Gedanken und dem, was dich wirklich bewegt, allein bist. Ist diese vermeintliche Sicherheit die vielen Nachteile wirklich wert? Denn für mich gibt es da nur einen einzigen Vorteil: Du bist nicht angreifbar. Was, wenn wir mal logisch überlegen, auch nicht unbedingt stimmen muss, weil man uns auch verbal angreifen könnte, wenn wir nichts sagen.

Die vermeintliche Sicherheit, unsichtbar zu sein, ist nur eine Illusion, denn selbst im Schweigen kannst du getroffen werden.

Nichts zu sagen verschafft uns also nur eine imaginäre Sicherheit, die in Wirklichkeit gar nicht da ist.

Und dann gibt es unzählige Nachteile: Du bleibst unter deinem Potenzial. Du wirst dich nie trauen, deine wahre Meinung zu vertreten, und das, was dir wichtig ist. Du wirst nie die Menschen in dein Leben ziehen, die dich für deine Wahrheit lieben und respektieren. Du wirst dich immer irgendwie einsam fühlen, weil du genau weißt, dass niemand dich wirklich kennt. Weil du dich nie getraut hast, deine wahre Meinung mit anderen zu teilen.

Du wirst ausgenutzt, weil alle ihre Probleme bei dir abladen, weil du ja so gut zuhören kannst. Du und deine Bedürfnisse werden auf der Strecke bleiben, wenn du nicht lernst, selbstsicher zu kommunizieren und dich selbst als wichtig genug zu halten, es auch zu dürfen. Es ist essenziell für deinen Seelenfrieden, dass du lernst, wie du deiner Stimme Gehör verschaffst. Es geht nicht anders.

Und es ist absolut nicht schlimm, wenn jemand eine andere Meinung hat als du. Ich denke, du wirst mir nicht widersprechen, wenn ich sage, dass auch du nicht immer mit jedem Menschen einer Meinung bist. Dass auch du Dinge anders siehst. Wie du merkst, ist das ein ganz natürliches Phänomen. Davor brauchst du keine Angst zu haben. Menschen sind unterschiedlich, haben unterschiedliche Dinge erlebt und sehen die Welt auf ihre ganz eigene Art und Weise. Wenn man es mal nüchtern betrachtet, wäre es total verrückt, wenn dir jeder Mensch zustimmen würde. Das würde nicht nur langweilig werden, sondern dir auch die Möglichkeit versperren dazuzulernen.

Mein Geheimtipp für dich

Sieh es doch mal von dieser Seite: Kritische Fragen und Anmerkungen sind oft Möglichkeiten, zu wachsen und sich weiterzuentwickeln. Statt sie als Hindernisse zu betrachten, kannst du sie als Bausteine für dein persönliches Wachstum nutzen. Anstatt Angst vor Kritik zu haben, höre sie dir ruhig an und überlege, ob und wie du sie für dich nutzen kannst. Auch hier gilt, dein vermeintlicher Angreifer könnte wertvolle Gedanken liefern, die dein Wissen um eine wertvolle Perspektive bereichern.

Zu unterscheiden gilt hier lediglich, ob dieser Mensch berechtigt ist, dich zu kritisieren, oder nicht. Denn du musst nicht jede Kritik annehmen. Stell dir vor, jemand kritisiert dich. Jetzt stellst du dir diese Worte wie einen Ball vor, den dir derjenige zuspielt. Du kannst entscheiden, ob du den Ball auffängst und behältst oder ob du den Ball einfach zurückwirfst. Deine Entscheidung. Es lohnt sich aber, zumindest kurz zu reflektieren, ob dieser Mensch berechtigte Kritik äußert oder nicht.

Sagen wir mal, du hast dir ein neues Kleidungsstück zugelegt, und alle finden es toll. Alle sagen, es stehe dir wunderbar und bringe dich so richtig zum Strahlen. Und dann kommt diese eine Freundin um die Ecke, die dir sagt, dass sie es hässlich finde und du es dringend verkaufen solltest. Würdest du diese Kritik annehmen? Wohl kaum, weil sie nur ein einziges Mal vorgekommen ist. Anders sieht es aus, wenn viele Menschen die gleichen Punkte kritisieren. Dann könnten wir zumindest in Erwägung ziehen, darüber nachzudenken und eventuell auch noch etwas dazulernen. Kritik ist also nicht per se schlecht, sondern manchmal sogar sehr hilfreich.

Ich hätte niemals gedacht, dass ich mal ein Buch schreiben würde, geschweige denn mich Autorin nennen darf. Was niemand weiß, ist, dass ich schon vor Jahren ein Buch schreiben wollte. Ich habe mir sogar ein Buch gekauft, das mir zeigen sollte, wie man ein Buch schreibt. Aber weißt du was, ich habe es nie umgesetzt. Ich habe immer noch unbewusst gedacht, dass ich zu jung sei. Dass ich viel zu unerfahren sei, um ein Buch zu schreiben. Dass mir die Weisheit fehle, um ein Buch zu schreiben.

Jetzt weiß ich es besser. Jeder hat etwas zu sagen und jeder hat wertvolle Einsichten zu teilen. Ich habe Hilfe von außen gebraucht, damit auch ich das in mein kleines Köpfchen reingekriegt habe. Ich weiß also selbst, wie schwer man sich manchmal damit tut, an sich selbst zu glauben. Und deswegen möchte ich dir eines sagen: Ich glaube an dich! Ich glaube, dass du zu großartigen und fantastischen Dingen imstande bist!

Das weiß ich ganz genau, denn auch ich bin ganz sicher kein außergewöhnlicher Mensch. Ich führe ein gewöhnliches Leben in einer Kleinstadt, ohne glamouröse Hobbys, prominente Freunde oder übermäßigen

Reichtum. Ich bin kein Nelson Mandela, keine Marilyn Monroe. Aber das bedeutet nicht, dass ich nicht etwas Bedeutendes erreichen kann. Ich habe hart gearbeitet, mir selbst Mut gemacht und bin standhaft geblieben. Auch wenn es für manche so aussieht, als hätte ich etwas Außergewöhnliches geschafft, weiß ich, dass es im Vergleich zu den Errungenschaften von Mahatma Ghandi oder Martin Luther King geradezu nichts ist.

Doch aus dieser Überzeugung heraus kann ich dir sagen: Wenn ich ein Buch schreiben kann, dann kannst auch du deiner Stimme Gehör verschaffen. Also, schieb deine Ausreden beiseite und zeig der Welt, was du zu bieten hast!

Von piepsig zu kraftvoll

Okay, wir haben jetzt ausführlich darüber gesprochen, was uns davon abhalten könnte, gehört zu werden, und welche Ängste dahinterstecken könnten. Da wir das jetzt abgehakt haben und du hoffentlich verstanden hast, dass du auf jeden Fall deine Stimme nutzen solltest, schauen wir uns jetzt an, was eine selbstbewusste und sympathische Stimme ausmacht.

Bestimmt hast du auch schon mindestens einmal einen Film gesehen, in dem eine Maus gesprochen hat. Und jetzt weißt du bestimmt auch auf Anhieb, was ich meine, wenn ich sage, dass deine Stimme so nicht klingen sollte, wenn du ernst genommen werden möchtest. Die Stimme der Maus ist sehr oft sehr hoch und piepsig. Sie klingt vielleicht noch ganz süß, aber wirklich ernst zu nehmen ist sie nicht. Wenn du so eine Stimme hören würdest und kein Gesicht vor Augen hättest, was für einen Menschen würdest du dir dann vorstellen? Einen Unternehmer mit hundert Mitarbeitern unter sich? Wohl kaum.

Eine zu hohe Stimme bringt dich schnell in einen niedrigeren Status. Du wirst leider weniger ernst genommen, wenn deine Stimme zu hoch klingt.[12] Aber mach dir keine Sorgen, auch wenn du eine recht helle Stimme hast, kannst du etwas tun, um sie tiefer klingen zu lassen – ohne sie zu verstellen.

Heutzutage ist es leider so, dass wir fast alle unter chronischem Stress leiden. Wir haben unzählige Dinge zu erledigen, wissen nicht, wohin mit der Zeit, und dieser Stress lässt deine Stimme höher klingen.

Wir machen jetzt einen kleinen Test, damit du verstehst, was ich meine. Stell dir mal eine Situation vor, in der dir jemand so richtig auf die Nerven geht. Das kann dein Bruder, deine beste Freundin oder dein Chef sein – Hauptsache, du stellst dir vor, dass dich jemand so richtig auf die Palme bringt. Eine Erinnerung an einen echten Moment ist auch möglich. Mache erst weiter, wenn du einen solchen Moment im Kopf hast. Fühle dich da so richtig hinein. Was sagt diese Person zu dir? Was macht sie? Wenn du merkst, dass dein Puls sich erhöht, machst du alles richtig.

Gut, wenn du jetzt so richtig genervt bist, sagst du: »Kannst du das mal lassen?«

Hast du es gesagt? Und wie hoch hat deine Stimme geklungen? Höher als normalerweise? Zumindest meine Stimme schießt spätestens beim »lassen« so richtig in die Höhe.

Du siehst also, dass Stress eine große Rolle spielt, wenn es um unsere Stimme geht. Von Natur aus ist es selbstverständlich so, dass die einen eine eher tiefere und andere eine etwas höhere Stimme haben. Das ist völlig normal und das kannst du auch nicht ändern. ABER Stress und eine falsche Atmung führen oft dazu, dass unsere Stimme höher ist als nötig, obwohl wir von Natur aus verschiedene Tonlagen haben können.

Und jetzt noch ein kleiner Test: Ich bitte dich, eine Hand auf deine Brust und eine Hand auf deinen Bauch zu legen. Und jetzt atme bitte einmal tief ein und aus. Und dann sage mir, welche Hand sich beim Einatmen bewegt hat? Die oben an der Brust? Herzlichen Glückwunsch! Du bist einer von vielen Menschen, die heutzutage FALSCH atmen. Richtig atmen wir, wenn wir in den Bauch atmen. Leider ist es so, dass wir in Stresssituationen zumeist in die Brust atmen. Besonders wenn wir Angst haben, wird unsere Atmung eher flach, und das sorgt für eine höhere Stimme. Wenn du also ernst genommen werden möchtest, dann musst du zu deiner natürlichen Stimmtiefe zurückfinden und anfangen, wieder in den Bauch zu atmen.

Mein Geheimtipp für dich

Regelmäßiges Yoga hat mir enorm dabei geholfen, zu entspannen und wieder richtig zu atmen. Such dir dazu einfach jemanden auf Youtube, den du magst und fang an. Du musst das nicht jeden Tag machen, aber schon zwei- oder dreimal die Woche reichen aus, um die Bauchatmung zu üben. Zusätzlich ist Yoga auch superhilfreich, um Stress loszulassen, und es tut deiner aufrechten Körperhaltung sehr gut. Also Win-win-win-Situation.

Ich habe tatsächlich keine Ahnung, warum wir Menschen heutzutage alle nur noch in die Brust atmen, aber Fakt ist, dass wir unserer Stimme und unserer Gesundheit keinen Gefallen tun, wenn wir das weiterhin tun.

Als ich angefangen habe, wieder mehr in den Bauch zu atmen, habe ich mir regelmäßig einen Timer gestellt, der tagsüber geklingelt hat und mich daran erinnerte, dass ich auf meine Atmung achten möchte. Das ist übrigens ein klasse Tipp, auch wenn du andere Gewohnheiten verändern möchtest. Ein Timer holt dich immer wieder zurück zu dem, was du dir vorgenommen hast, und hilft dir, aus dem Autopiloten zurück in die Wirklichkeit zu kommen.

Übrigens ist dein Mund nicht zum Atmen da, sondern deine Nase. Nur mal so kurz am Rande angemerkt.

Jetzt interessiert dich aber bestimmt, wie du deine natürliche Stimmtiefe wiederfindest? Das verrate ich dir gerne.

Mein Geheimtipp für dich

Stell dir dein Lieblingsessen vor. Für mich ist das ein leckeres Kartoffelgratin. Ich stelle mir gerade vor, wie ich die Auflaufform aus dem Ofen hole und das Gratin noch schön brutzelt. Jetzt nehme ich einen tiefen Atemzug und atme den köstlichen Duft ein. Und sage: *»Mhhhhh!«* Und genau das machst du jetzt auch. Du siehst vor deinem geistigen Auge dein Lieblingsessen. Du stellst dir vor, wie es duftet und wie du kurz davor bist, herzhaft davon zu essen. Und dann sagst du: »*Mhhhhhh!*«

Ist dir aufgefallen, wie tief deine Stimme dabei klingt? Das ist deine natürliche Stimmtiefe. So tief könntest du theoretisch mit deiner Stimme sprechen. Natürlich sprechen wir nicht die ganze Zeit in so einer tiefen Stimmlage. Vermutlich sogar eher selten, aber du siehst jetzt, zu welchen Tiefen deine Stimme in der Lage ist. Und jetzt klingt es doch auch schon viel wahrscheinlicher, wenn ich dir sage, dass es möglich ist, mit einer etwas tieferen Stimme zu sprechen. In diesem Moment, gerade, als du an dein Lieblingsessen gedacht hast, warst du garantiert tiefenentspannt, oder? Stress gab es da nicht.

Und jetzt zeige ich dir, wie du sofort mit einer tieferen Stimme sprechen kannst. Atme bitte einmal tief in den Bauch ein und dann wieder aus. Es ist wichtig, dass du tief einatmest und ganz entspannt alle Luft wieder rauslässt. Und dann fang einfach mal an zu sprechen. Du merkst, dass deine Stimme allein durch den tiefen Atemzug schon tiefer klingt.

Bullshitwörter und wie sie unsere Wirkung zerstören

Die schönste und eindrucksvollste Stimme hilft dir nicht weiter, wenn du die ganze Zeit Bullshitwörter in deine Sätze einbaust. Dann wirst du es schwer haben, charismatisch zu wirken. Den Begriff Bullshitwörter habe ich während eines meiner Seminare aufgeschnappt und sofort in meinen Wortschatz übernommen. Er beschreibt so treffend, was diese unnötigen Wörter sind: eben reiner Bullshit. Sie beschreiben nichts, sie sind bloße Lückenfüller und zeigen wie kaum etwas anderes deine Unsicherheit.

Solange du dich nicht Ghandi nennen kannst und dich solche Wörter ein wenig mehr wie ein normaler Mensch wirken lassen, würde ich sie möglichst vermeiden. Denn, ja, diese Worte benutzen wir alle ab und an – sie machen uns menschlich. Ich will deswegen auch nicht sagen, dass du sie niemals wieder verwenden solltest. In alltäglichen Unterhaltungen ist es ganz normal, wenn wir sie öfter mal benutzen. Es wird erst lästig, wenn sie in jedem Satz vorkommen.

Wenn du eine Person kennst, die in jedem Satz ein »Ähm« einbaut, dann weißt du, wie nervig so etwas sein kann. Es fällt schwer, so einer Person wirklich zuzuhören, weil jedes weitere »Ähm« gefühlt immer lauter wird und die anderen Worte übertönt werden. Unsere Aufmerksamkeit gilt dann nur noch diesem Wort und wir können der Unterhaltung gar nicht mehr richtig folgen. Wir hören dann nur noch ähm, ähm, ähm, ähm, ähm …

Diese Worte klingen schwach. Sie schwächen die Wirkung deiner Aussagen, und es wird schwieriger, die klare Botschaft in dem, was du sagst, zu erkennen.

Nehmen wir als weiteres Beispiel den Ausdruck »… oder?«. Wenn du eine klare Aussage machen möchtest, lässt ein »… oder?« am Ende den Satz wie eine Frage wirken. Bei deinem Gegenüber kommt an, dass du dir deiner Aussage nicht sicher bist und als ob du eine Bestätigung brauchen würdest.

Wirklich selbstbewusste Menschen tun das nicht. Sie sprechen klar und deutlich, ihre Stimme klingt ruhig und gelassen. Am Ende ihrer Aussagen senken sie die Tonlage, um ihren Worten mehr Gewicht zu verleihen. Eine so formulierte Aussage wird kaum infrage gestellt. Selbstsichere Menschen suchen keine Bestätigung bei anderen; sie wissen genau, was sie ausdrücken wollen, und sind sich ihrer Worte sicher. Sie wissen, dass ihre Meinung es wert ist, gehört zu werden, und das spüren auch alle anderen.

Willst du also nicht nur gehört, sondern auch ernst genommen werden, dann solltest du Bullshitwörter vermeiden, um deine Aussagen kraftvoller klingen zu lassen. Besonders in Präsentationen, Meetings oder beim Setzen von Grenzen haben diese Wörter rein gar nichts zu suchen.

Dazu gehört zum Beispiel auch das Wort »wirklich«. Nehmen wir mal an, du möchtest jemandem sagen, dass du eine bestimmte Sache nicht getan hast. Du sagst also: »Ich war das wirklich nicht!« Jetzt denk mal logisch darüber nach: Wenn du etwas nicht getan hast, warum musst du es dann nochmal extra betonen? Das lässt dich erst recht verdächtig klingen. Besser wäre es, du würdest mit klarer Stimme sagen: »Ich war das nicht!« Gehe am Satzende mit der Stimme nach unten, lasse das Wörtchen »wirklich« weg und es klingt sehr glaubwürdig.

Immer wenn du Stärke und Kompetenz vermitteln möchtest, solltest du jegliche Art von Bullshitwörtern aus deinem Wortschatz streichen und durch Stille ersetzen.

Aber warum also fällt es uns oft so schwer, die Stille einer Gesprächspause oder einen unsicheren Moment auszuhalten? Und warum haben wir das Bedürfnis, in jeder unserer Sprechpausen ein »Ähm« einzubauen?

Wir nutzen Bullshitwörter, um unsere Nervosität zu kaschieren. Ein »Ähm« einzubauen, kann eine Art Reflex sein, um Zeit zu gewinnen und darüber nachzudenken, was als Nächstes gesagt werden soll. Es ist quasi unser Notfallplan, um unsere Gedanken zu sortieren.

Außerdem kann es manchmal auch vorkommen, dass wir uns in einem Gespräch unter Druck gesetzt fühlen, schnell antworten zu müssen oder unsere Gedanken sofort auszudrücken. Dann neigen wir impulsiv dazu, das »Ähm« zu verwenden, um den Eindruck zu erwecken, dass wir immer noch im Gespräch sind. Wir haben vielleicht sogar Angst, dass man uns nicht ausreden lässt, wenn wir eine Gesprächspause nicht durch ein »Ähm« füllen.

Wir wollen also mit diesem »Ähm« dafür sorgen, dass wir nicht unterbrochen werden, und wirken dadurch leider ziemlich unsicher. Ich kann dich und dein Bedürfnis, diese Bullshitwörter zu verwenden, so gut verstehen, aber weißt du was, es gibt eine viel coolere Variante zu signalisieren, dass du noch sprichst. Und das ist meine magische »Ich rede noch«-Technik. Diese Technik ist meine absolute Geheimwaffe und hat einiges in meinem Leben verändert. Sie zeigt wie nichts anderes, wie mächtig unsere Körpersprache ist. Du wirst leichter gehört und andere Menschen unterbrechen dich nicht, weil sie sehen können, dass du noch etwas zu sagen hast. Dafür musst du ganz und gar nicht laut werden oder mit den Händen hin und her wedeln. Nein, mit dieser Technik wirst du anderen ganz subtil signalisieren, dass du noch sprichst, und damit die Beachtung geschenkt bekommst, die du dir wünschst.

Mein Geheimtipp für dich

Wenn du etwas Wichtiges zu sagen hast, wo dich niemand unterbrechen soll, dann hebe deine Hand beim Sprechen und deute einen Zeigefinger an. Damit zeigst du jedoch nicht auf dein Gegenüber, sondern nach oben. Ich habe dazu auch ein Video gemacht, das du dir hier natürlich wieder gerne anschauen kannst. Viele aus meiner Community haben berichtet, dass diese Technik ihnen wirklich sehr gut geholfen hat.

Hier findest du ein passendes Video dazu:

Wie du an der magischen »Ich rede noch«-Technik sehen kannst, ist unsere Körpersprache ein mächtiges Instrument. Sie ist übrigens viel älter als unser gesprochenes Wort. Manchmal verschaffst du dir also am besten Gehör, wenn du einfach nur deine Körpersprache anpasst – und erst dann sprichst.

Ich habe eine sehr laute Familie. Sich unter all diesen lauten Menschen Gehör zu verschaffen, kann manchmal eine ziemliche Herausforderung sein. Selbst wenn sie behaupten würden, dass ich auch zu den Lauten gehöre, kann es dennoch herausfordernd sein, sich bemerkbar zu machen. Und obwohl ich tatsächlich selten Schwierigkeiten habe, mir Gehör zu verschaffen, wollte ich auf unserer letzten Weihnachtsfeier einfach nur wissen, ob ich jemandem einen Kaffee bringen kann, und niemand antwortete. Sie haben nicht einmal mit der Wimper gezuckt. Ich muss zugeben, dass sie gerade in ein Gespräch vertieft waren, aber ich musste es nun mal in diesem Moment wissen, weil wir den Kuchen auf den Tisch stellen wollten. Also wiederholte ich die Frage, diesmal lauter. Immer noch keine Reaktion. Weil mir laut loszuschreien allerdings zu blöd war, tat ich etwas anderes. Ich ging einen Schritt nach vorne, stellte mich direkt an den Tisch und hob meinen Arm hoch, fast so, wie wir damals in der Schule aufzeigen mussten. Sofort drehten alle ihre Köpfe zu mir und ich konnte in ganz normaler Lautstärke meine Worte wiederholen. Niemand schaute mich komisch an, als mein Arm oben war, denn als ich die Aufmerksamkeit hatte, senkte ich ihn langsam wieder. Und ich wette, liebe Familie, wenn ihr das hier lest, dann könnt ihr euch nicht einmal mehr daran erinnern, aber für mich war es ein kleiner Sieg, der mich noch einmal darin bestätigt hat, wie wichtig unsere Körpersprache ist.

———————

Aber zurück zu den Bullshitwörtern. Zugegeben, es ist in der Praxis nicht immer einfach, zu bemerken, wenn man sie verwendet – und sie aus seinem Vokabular zu streichen. Um das zu erreichen, ist es zunächst einmal sinnvoll, herauszufinden, ob und in welchem Umfang du diese Lückenfüller nutzt. Höre dir am besten einmal deine eigenen Sprachnachrichten an. Fallen dir Bullshitwörter auf? Dass kann das bereits erwähnte »Ähm« oder ein »Ne« am Ende des Satzes sein. Vielleicht benutzt du auch ein anderes Wort viel zu häufig?

Mein Geheimtipp für dich

Setze dich hin, drücke auf aufnehmen und erzähle einfach mal zwei Minuten über irgendein beliebiges Thema. Vielleicht erzählst du von deinem letzten Urlaub oder etwas über dein Haustier. Was auch immer du dir aussuchst, stelle dir einen Timer und sprich wirklich die vollen zwei Minuten lang darüber. Danach setzt du dich hin, nimmst dir Zettel und Stift, hörst dir deine Sprachaufnahme an und machst einen Strich, jedes Mal wenn du ein Bullshitwort benutzt.

Es kann auch vorkommen, dass du eventuell nicht nur eines dieser Worte, sondern gleich mehrere benutzt. Keine Sorge, du kannst dir das abgewöhnen. Das weiß ich ganz genau, denn auch ich habe bis vor einigen Monaten immer »ne« am Ende meiner Sätze gesagt. Es hat eine ganze Weile gedauert, aber ich habe es geschafft, mir das abzugewöhnen.

Und weißt du, wie ich das geschafft habe? Durch Videotraining. Ich habe Videos für Social Media aufgenommen, und wer Social Media macht, der weiß, dass man es sich aufgrund der geringen Aufmerksamkeitsspanne der Zuschauer nicht leisten kann, um den heißen Brei herumzureden. Schon ein Bullshitwort kann dafür sorgen, dass du weggescrollt wirst. Du musst dir vorher gut überlegen, was du vermitteln möchtest, welche Worte du wählst und wie du sie betonst. Du möchtest die Aufmerksamkeit so lange wie möglich auf dich ziehen. Da helfen dir die Bullshitwörter nicht. Da musst du klar und deutlich sprechen und eine klare Botschaft vermitteln, sonst hast du verloren. Damit will ich nicht sagen, dass du auf Social Media durchstarten musst, aber du könntest einfach so tun als ob.

Mein Geheimtipp für dich

Nimm dir ein beliebiges Thema, zum Beispiel ein Land, in das du gerne verreisen möchtest, und versuche, ein zweiminütiges Video oder eine Sprachnachricht aufzunehmen, in der du andere davon überzeugst, dorthin zu reisen. Es kann auch jedes andere Thema sein, das dir wichtig ist. Ziel ist es, die Bedeutung dieses Themas deinem imaginären Publikum zu vermitteln und es davon zu begeistern. Überlege genau, was du sagen möchtest. Setze bewusst Pausen von ein bis zwei Sekunden, bevor du eine wichtige Aussage machst. Benutze keine Füllwörter. Schaue dir dein Video an, und du wirst überrascht sein, welchen Unterschied das ausmacht.

Diese Übung hilft dir nicht nur, Bullshitwörter zu vermeiden, sondern auch, deine Aussagen knackig auf den Punkt zu bringen, indem du dich auf das konzentrierst, was wirklich zählt. Diese Fähigkeit lässt dich unglaublich selbstsicher und kompetent wirken. Und wenn du es schaffst, ab und zu etwas Humor einzubauen und dich zu trauen, zu lächeln, dann wirkst du nicht nur selbstbewusst, sondern wahrhaft charismatisch.

Mit deiner Stimme spielen

Hattest du in der Schule einen Lehrer, der immer in der gleichen Tonlage gesprochen hat? Wie lange hat es gedauert, bis du abgeschaltet hast? Wie hat sich dieser Lehrer bewegt? Wie hat er geschaut? Vermutlich hat auch seine Körpersprache kaum Variationen gezeigt. Dabei macht doch erst das Sprechen in verschiedenen Tonlagen die Worte so interessant.

Wenn du die Aufmerksamkeit bei dir behalten möchtest, dann wird es umso leichter, je mehr du mit deiner Stimme spielen kannst. Dafür brauchst du kein großes Talent, sondern musst einfach nur deine Körpersprache verändern.

Deine Stimme folgt deiner Körpersprache.

Versuche einmal »Nein« mit einer neutralen Miene und einmal mit einem Lächeln zu sagen. Du wirst den Unterschied sofort in deiner Stimme hören.

Um das in der Praxis anzuwenden und damit direkt interessanter für andere Menschen zu sein, darfst du also lernen, deine Gefühle auch nach außen zu zeigen. Seine eigenen Gefühle zu zeigen, kann manchmal jedoch ganz schön schwierig sein, das verstehe ich. Man möchte nicht »zu viel« sein oder aufgedreht wirken. Vielleicht hast du sogar als Kind öfter mal hören müssen, dass du dich beruhigen sollst. Solche Erfahrungen können sich einbrennen und dazu führen, dass wir unsere Gefühle ständig kontrollieren wollen.

Viele leben mit der ständigen Angst, dass ihre Gefühle nicht angemessen sind, dass sie zu viel sein könnten. Diesen Gedanken darfst du jedoch loslassen. Du bist nicht zu viel, wenn du dich von ganzem Herzen freust und das nach außen zeigen kannst. Du bist nicht zu viel, wenn du traurig bist und dann weinen musst. Du bist nicht zu viel. Du bist einfach nur lebendig.

Wenn du dich freust, dann zeige es. Lächle, lache und lass es alle an deiner Stimme hören. Wenn du ein ernstes Thema ansprechen möchtest, dann passe deine Körpersprache an und deine Stimme wird folgen.

Jetzt denkst du vielleicht, dass das, was uns von Kindern unterscheidet, unsere Fähigkeit ist, die Emotionen zu kontrollieren. Wenn wir unsere Emotionen immer unkontrolliert nach außen zeigen, dann wirkt das kindisch. Aber ich denke, das stimmt nicht ganz. Ich glaube, dass wir Erwachsenen ein natürliches Bauchgefühl dafür haben, wann unser Verhalten angemessen oder unangemessen ist. Wenn du aufmerksam bist und auch an die Gefühle deines Gegenübers denkst, dann wirst du vermutlich auch angemessen reagieren. Es geht nicht darum, deine Gefühle zu unterdrücken, sondern sie in einer Weise zu zeigen, die sowohl authentisch als auch respektvoll ist.

Je besser du lernst, deine Gefühle zu zeigen, desto vielfältiger und interessanter wird auch deine Stimme klingen. Und desto eher wird man dir nicht nur zuhören, sondern man wird deine Worte wie ein Schwamm aufsaugen.

Damit du ein wenig besser verstehst, wie genau du deinen Körper einsetzen kannst, um deine Stimme zu verändern, kannst du gerne mal Folgendes ausprobieren: Stelle deine Füße schulterbreit hin. Atme tief in den Bauch ein, stemme die Hände in die Hüften und atme wieder aus. Jetzt sagst du »Nein«. Höre mal, wie eindrucksvoll deine Stimme klingt, wenn du dich in dieser Position befindest. Noch besser funktioniert das Ganze, wenn du dir vorstellst, dass du die Person bist, die diese Körpersprache lebt. Okay, ich weiß selbst, das klingt ein wenig kompliziert, also kommt hier ein weiterer Tipp zur Umsetzung:

Mein Geheimtipp für dich

Überlege dir kurz, wie du wirken möchtest. Ich zum Beispiel visualisiere mir immer eine der Bridgerton-Damen (aus der Serie auf Netflix), wenn ich eine elegantere Körpersprache und Stimme haben möchte. Ich stelle mir also vor, wie sie in ihren schicken Kleidern durch den Ballsaal gehen, und meine Körperhaltung möchte sich automatisch anpassen. Der Kopf wird automatisch gerade, ich bewege mich eleganter und meine Stimme klingt auch anders. Wenn du also gesehen, gehört und ernst genommen werden möchtest, dann überlege dir, welche Person genau das für dich verkörpert. Stelle dir vor, du wärst sie, und du wirst staunen, wie dein Körper und deine Stimme sich anpassen. Probiere gerne herum und nimm dich immer mal wieder auf Video auf, damit du den Effekt auch direkt sehen kannst.

Visualisierungen sind also nicht nur bei Sportlern beliebt und hilfreich, sondern auch im Alltag ganz einfach umzusetzen. Und sie funktionieren hervorragend, weil unser Gehirn nicht unterscheiden kann, ob du dir gerade etwas vorstellst oder ob es wirklich passiert.

Film ab: mit Videotraining zu mehr Selbstbewusstsein

Wenn ich dir nur eine Sache aus diesem Buch mitgeben könnte, dann würde ich dir sagen, dass du unbedingt starten solltest, dich auf Video aufzunehmen. Warum? Weil Videotraining in meinen Augen eine der schnellsten Methoden ist, um selbstsicherer und sympathischer aufzutreten. Du lernst dich selbst besser kennen, du gewöhnst dich an deinen Anblick. Du weißt danach genau, wie andere Menschen dich sehen.

Und das ist der Punkt, der viele verunsichert. Sie wissen nicht, wie sie auf andere wirken, und denken ständig darüber nach. »Wo soll ich meine Hände hintun? Sieht das nicht gerade total merkwürdig aus, wenn ich jetzt so grinsend auf jemanden zugehe? Bin ich gerade? Wie gehe ich?« Fragen über Fragen, die ganz leicht beantwortet werden können, wenn du dich einmal auf Video aufnimmst.

Tatsächlich kannst du so nicht nur deine Unsicherheiten bezüglich deiner Wirkung hinter dir lassen, sondern du verlässt auch deine Komfortzone. Denn seien wir mal ehrlich: Für die meisten von uns ist es schon furchtbar, nur die eigene Stimme in einer Sprachnachricht zu hören. Wie unangenehm muss es dann sein, ein Video von sich selbst anzuschauen? Da würden wir doch am liebsten im Erdboden versinken. Und genau das ist der springende Punkt. Wenn du dich durch genügend Videotraining an deinen Anblick gewöhnt hast, wenn du weißt, wie du gehst und wie du lachst, dann wirst du nach einer gewissen Zeit anfangen, dich dafür zu lieben. Es wird einen Punkt geben, da schaust du dir dein Video an und denkst: »Wow! Das bin ich?«

Ich weiß noch genau, wie ich mein erstes Video für Social Media aufgenommen habe. Und ich kann gerade gar nicht anders, als über mich selbst zu lachen, während ich diese Zeilen hier schreibe, weil die Erinnerung daran einfach urkomisch ist. Mein Ziel war es, ein kurzes Video aufzunehmen, indem ich folgenden Spruch emotional rüberbringen wollte: »Wir bekommen nicht das, was wir verdienen. Wir bekommen immer genau das, was wir denken, was wir verdienen.«

Heute würde ich so etwas gar nicht mehr in die Kamera sprechen, aber darum geht es hier auch gar nicht, sondern darum, dass ich eine bestimmte Wirkung erzielen wollte. Ich hatte das Ziel, emotional, aber irgendwie auch aufmunternd zu wirken. Ich wollte mit diesem Video zeigen, dass wir einen Großteil von dem, was wir erreichen, selbst in der Hand haben. Und ich sage dir, ich habe dieses Video bestimmt zwanzigmal aufgenommen, und jedes Mal habe ich ausgesehen, als würde ich jemanden umbringen wollen.

Meine Mimik war so arrogant und überheblich, ich hätte mir am liebsten selbst eine Ohrfeige verpasst, weil ich mich über diese Person auf dem Video so aufgeregt habe. Anstatt also aufmunternd und emotional zu klingen, wirkte ich arrogant und überheblich. Genau das Gegenteil von dem, was ich wollte. Und jetzt stell dir mal vor, ich hätte das einem echten Menschen direkt ins Gesicht gesagt. Dieser Mensch hätte mich genauso falsch verstanden und mich dafür vermutlich ziemlich gehasst, weil er mich für ein arrogantes Arschloch gehalten hätte. Weil ich schlicht und einfach genauso rüberkam. Irgendwann habe ich es dann geschafft, dass ich zumindest nicht mehr überheblich wirkte, aber hochgeladen habe ich das Video trotzdem nie.

Dein Gegenüber kann niemals wissen, wie du in deinem Inneren bist und wie du etwas meinst. Er kann immer nur beurteilen, wie du deine Message rüberbringst. Er kann also immer nur sehen, wie du gerade wirkst. Und oft ist das nicht so, wie wir es möchten. Beziehungsweise du könntest anders wirken, als du wirklich bist, und das kann dann einen völlig falschen Eindruck vermitteln.

Videotraining ist deshalb eines der mächtigsten Tools, um deine eigene Außenwirkung zu steuern. Du wirst ganz genau wissen, welche Wirkung du bei deinem Gegenüber erzielst, weil du all das auf Video geübt hast. Du hast dann die Macht über deinen Körper. Jeder Handgriff sitzt, und du wirst dir nie wieder Gedanken darüber machen, wie du wohl gerade wirkst. Weil du es weißt. Klingt ein wenig nach Manipulation? Kann sein, aber weißt du, wir manipulieren immer. Wir können gar nicht anders.

Alles, was wir tun, wirkt auf unser Gegenüber und erzeugt eine entsprechende Gegenreaktion.

Anders ist jetzt nur, dass du dir darüber bewusst bist, welche Reaktion du bei deinem Gegenüber auslöst. Das ist nichts anderes, als sich die Kontrolle zurückzuholen. Sich in Gesprächen nicht mehr hilflos zu fühlen, sondern selbstsicher und stark. Und das ist es, was wir wollen. Aber dafür musst du zunächst einmal mit dem Videotraining starten.

Mein Geheimtipp für dich

Dafür brauchst du nicht viel. Ein Handy und wenn möglich ein kleines Stativ. Zur Not reicht auch etwas anderes, wo du dein Handy abstellen kannst. Zu Beginn ist nur wichtig, dass du eine Bestandsaufnahme von dir machst. Du nimmst dir also dein Smartphone und stellst es so auf, dass du dich selbst NICHT in der Kamera sehen kannst. Dann entfernst du dich ein paar Schritte und gehst wieder zurück zur Kamera.

Gehe ein paarmal hin und her, bis du dich an die Kamera gewöhnt hast. So kannst du später genau sehen, welchen Eindruck dein Gang auf andere Menschen macht. Dann nimmst du dich auf, wie du in die Kamera lächelst. Probiere dich hier gerne aus. Lächle ein leichtes Lächeln, dann ein etwas breiteres und zum Schluss dein strahlendstes Lächeln. Du wirst dir erst einmal ziemlich blöd vorkommen, aber das geht vorüber.

Und so lernst du dein Lächeln kennen. Das sollte eigentlich eine Selbstverständlichkeit sein, aber viele Menschen trauen sich eben nicht, andere Menschen aus ganzem Herzen anzulächeln, weil es sich für sie komisch anfühlt. Und vielleicht gehörst du auch dazu, das ist nicht schlimm. Ein Lächeln ist auch nichts anderes, als eine bestimmte Gruppe von Muskeln zu benutzen. Je öfter du es machst, desto leichter wird es. Ich rate jedem immer erst einmal, den eigenen Gang und das eigene Lächeln anzuschauen. Denn das sind nun mal die Dinge, die andere als Erstes an uns wahrnehmen. Das sind die Dinge, die den entscheidenden Unterschied in den ersten Sekunden machen.

Jetzt magst du vielleicht zu denen gehören, die am liebsten die Augen vor dem eigenen Erscheinungsbild verschließen. In dem Sinne, was ich nicht sehe, ist nicht vorhanden und muss nicht verändert werden. Ja, es kann durchaus vorkommen, dass du bei den ersten Videos erst einmal verzweifelst, weil du dich einfach nicht auf dem Video anschauen möchtest. Deine Unwissenheit mag dir zunächst sogar ein gewisses Maß an Sicherheit geben, aber die Kontrolle wirst du so nicht zurückerlangen.

Echte Selbstsicherheit entfaltet sich erst, wenn du den Mut hast, dich selbst ohne Scheuklappen zu betrachten.

Es bringt dich nicht weiter, wenn du vor deinem eigenen Spiegelbild zurückschreckst. Stattdessen musst du dich der Realität stellen, und dazu gehört neben deiner Persönlichkeit nun mal auch deine Wirkung auf andere.

Nur wenn du die Wahrheit siehst, akzeptierst und bereit bist, eventuell etwas zu verändern, kommst du ins Tun und kannst deine Ängste und Unsicherheiten hinter dir lassen. Oft ist es so, dass wir wahnsinnig viele Erkenntnisse durch das Videotraining erlangen. Beispielsweise wirst du vielleicht einige Kleidungsstücke in einem völlig anderen Licht sehen. Kleidung, die du gerne getragen hast, willst du dann nicht mehr anziehen, weil du erkennst, dass sie dir nicht steht oder unvorteilhaft sitzt. Andere Kleidungsstücke trägst du dann wiederum sehr gerne, weil du erst durch die Videos bemerkst, wie wunderschön sie an dir aussehen.

Ich weiß auch nicht warum, aber ein Blick in den Spiegel zeigt dir niemals das, was dir ein Video über dich verraten kann. Erst durch Videotraining habe ich meine Eigenarten und Ticks wirklich kennengelernt.

———

Als ich anfing, mich auf Video aufzunehmen und mir die Videos anzuschauen, konnte ich das erste Mal feststellen, dass ich mir in jeder Sprechpause mit der Zunge über die Lippen fuhr. Ich habe das vorher nie bemerkt, aber wie komisch muss das all die Jahre während eines Vortrags oder Vorstellungsgesprächs ausgesehen haben? Ich habe durch die Analyse meines Videos diesen Tick festgestellt und konnte dann gezielt daran arbeiten. Denn ich fuhr mir immer nur dann mit der Zunge über die Lippen, wenn ich mich ein wenig unwohl fühlte. Und danach habe ich es nie wieder getan, aber ich musste es zunächst einmal sehen und überhaupt bemerken, dass ich diese Eigenart habe.

———

Und wenn du eine wirklich komplett authentische Momentaufnahme möchtest, dann lass dich von jemand anderem in einem unbeobachteten Moment filmen. Du nimmst dir einen Sparringspartner an die Hand und gibst ihm die Aufgabe, dich immer mal wieder zu filmen. In allen möglichen Situationen. An der Kasse, beim Bäcker, beim Spazierengehen, in der Küche. Wichtig ist hierbei nur, dass du es nicht bemerkst, denn so kannst du deine Wirkung noch besser beurteilen. Wie ist deine Mimik, wenn du in Gedanken versunken bist? Wie verhältst du dich, wenn du im Supermarkt an der Kasse stehst? Vielleicht schaffst du es sogar, gefilmt zu werden, während du versuchst, an der Kasse Small Talk zu machen? Das ist für viele Menschen eine große Herausforderung.

Sich selbst in diesen Momenten in einem Video zu sehen, kann deinen Weg in Richtung selbstsicheres Auftreten enorm verkürzen. Denn du weißt dann ganz genau, wie du tickst, wenn du dich unsicher fühlst. Bevor du jetzt verzweifelst, weil du vielleicht niemanden hast, den du fragen kannst. Keine Sorge, es funktioniert auch, wenn du dich selbst filmst. Du kannst jede erdenkliche Situation vorher proben und dich dabei filmen. Es wird auf jeden Fall augenöffnend sein, und du wirst eine Menge sehen, an dem du arbeiten kannst.

Mein Geheimtipp für dich

Wenn du dann dein Video anschaust, betrachte dich wie ein Beobachter und lass deine Bewegungen im Ganzen einfach auf dich wirken. Wie würdest du dich einstufen? Nervös, unsicher oder vielleicht sogar selbstsicher und sympathisch? Sei nicht so kritisch mit dir, sondern versuche das neutral wie ein Wissenschaftler zu beurteilen. Schreibe einfach deine Gedanken dazu auf.

Nehmen wir also mal an, du schreibst, dass du unsicher wirkst. Woran machst du das fest? Fasst du dir öfters an den Hals oder stehst du ganz steif da? Versuche das herauszufiltern, was dir besonders ins Auge fällt, und dann kannst du das gezielt verbessern. Ein besonderer Tipp von mir: Wenn du gezielt deine Körpersprache analysieren möchtest, dann schalte das Video gerne auf stumm. Du weißt ja, worüber du gesprochen hast. Passen deine Gestik und deine Körpersprache zu deinen Worten? Hast du die Wirkung erzielt, die du erzielen wolltest?

Dann kannst du den Bildschirm verstecken und mal nur auf deine Stimme achten. Wie klingt deine Stimme? Gibt es da etwas, das dir besonders auffällt? Benutzt du viele Füllwörter wie »Ähm«? Wenn du dein Video zusätzlich nochmal in diesen zwei separaten Teilen betrachtest, dann wirst du viele Erkenntnisse gewinnen und kannst gezielt an deiner Wirkung arbeiten.

Ich rate dir aus tiefstem Herzen, unbedingt Videotraining zu machen. Du wirst mit keiner anderen Methode schneller und gezielter an deiner Wirkung arbeiten können. Außerdem gewöhnst du dich an deinen Anblick und wirst vertrauter mit dir, was dir einen enormen Selbstbewusstseins-Boost verpasst. Mein größter Game-Changer in Sachen Selbstbewusstsein war definitiv das Kameratraining, und deswegen kann ich es dir nicht oft genug ans Herz legen.

Es fühlt sich wirklich unbeschreiblich an, wenn du dich dann das erste Mal auf einem Video dabei erwischst, wie du völlig authentisch und mitreißend auftrittst. Tatsächlich bekomme ich heute noch regelmäßig Gänsehaut, wenn ich mir einige meiner Videos anschaue. Ich bin selbst überwältigt, wie stark sich meine Wirkung durch das Videotraining verändert hat. Es hat meine Selbstsicherheit und Selbstliebe auf ein Maß gesteigert, wie es keine andere Übung der Welt je könnte. Ich fühle mich seitdem viel sicherer, wenn ich vor Menschen spreche oder auch mal live gehe. Weil ich weiß, dass ich andere Menschen mitreißen kann, wenn ich es möchte. Weil ich auf Videos oft genug über meine Themen gesprochen habe, sodass ich mich sicher und kompetent fühle.

Gewappnet für jede Situation

Videotraining kannst du für fast jede Situation verwenden. Du hast demnächst ein Vorstellungsgespräch? Eine wunderbare Gelegenheit, dich auf Video aufzunehmen. Setze dich an deinen Schreibtisch. Stelle die Kamera auf die Position, an der normalerweise dein Gegenüber sitzen würde, und beantworte dir alle Fragen, die du bei deinem Vorstellungsgespräch gestellt bekommen könntest. Dann schaust du dir dein Video an und kannst anfangen, dich zu verbessern. Du wirst mit jedem einzelnen Mal sicherer, und das wirkliche Vorstellungsgespräch wird deutlich einfacher und weniger nervenaufreibend werden, weil du das Ganze ja schon mehrmals durchgespielt hast.

Mein Geheimtipp für dich

Du hast demnächst eine ungewohnte Situation vor dir? Ein wichtiges Gespräch, einen Vortrag oder etwas anderes, das dich nervös werden lässt? Dann ist jetzt der perfekte Zeitpunkt, um dein Handy rauszuholen und die Kamera aufzustellen.

Du schreibst dir also im Voraus einmal alle Fragen raus, vor denen du Angst hast, dass man sie dir stellen könnte. Nachdem du diese Fragen alle auf dem Papier hast, überlegst du dir ganz in Ruhe, was und vor allem WIE du darauf antworten würdest. Damit meine ich, dass du dir nicht nur die Worte zurechtlegst, sondern auch die Art und Weise, wie du deine Worte transportieren möchtest. Welche Gestik möchtest du dabei nutzen? Wie ist deine Tonalität?

Wenn du das alles hast, stelle dein Stativ auf, ziehe dir die passende Kleidung an und beantworte die notierten Fragen. Lies dir eine Frage vor und antworte darauf. Mache es gerne ein paar Mal hintereinander und schaue dir dann dein Video an. Du kannst selbst sehen, wie du wirkst, während du diese Fragen beantwortest. Zittert deine Stimme? Wird sie hoch oder bleibt sie fest? Nutzt du Füllwörter? Bewegst du dich gelassen oder hektisch? Arbeite so lange an deinen Antworten, bis du sagst, dass du selbstsicher und sympathisch rüberkommst. Und wenn du dann in Wirklichkeit in diese Situation gehst, strahlst du eine unfassbare Selbstsicherheit aus, die dir niemand mehr nehmen kann. Du bist für alle Eventualitäten gewappnet und diese Energie können alle um dich herum spüren.

Aber Achtung! Mache nicht den Fehler und gehe in die Situation mit diesen Gedanken: »Ha, stellt mir doch eure gemeinen Fragen. Ich kann sie sowieso alle beantworten.« Das wäre ein großer Fehler, weil du mit dieser Ausstrahlung vermutlich genau das provozierst, was du eigentlich vermeiden möchtest. Wenn du mit dieser »Jaja, versucht nur, mich aus der Ruhe zu bringen, ich bin vorbereitet«-Einstellung einen Raum betrittst, dann werden sie dir diese Fragen auf jeden Fall stellen.

Verstehe mich nicht falsch, du solltest dich auf diese Fragen vorbereiten. Das gibt dir die Selbstsicherheit, die du brauchst. Du möchtest aber nicht, dass sie dir jemand stellt. Deswegen solltest du mit einer »Ich freue mich hier zu sein und alle freuen sich auf mich«-Einstellung ins Vorstellungsgespräch gehen. So bist du gewappnet und wirkst gleichzeitig positiv und sympathisch, was die Wahrscheinlichkeit verbaler Angriffe oder unangenehmer Fragen enorm verringert. Denn wenn wir jemanden vom ersten Augenblick an mögen, dann werden wir höchstwahrscheinlich auch keine gemeinen Fragen stellen.

Videotraining ist also die beste Möglichkeit, um deinen Status quo herauszufinden und die Dinge, die du verbessern möchtest, herauszufiltern. Was genau lässt dich unsicher oder vielleicht sogar unsympathisch wirken? Was findest du vielleicht sogar schon richtig gut und möchtest du in Zukunft mehr betonen? Welche Dinge sehen jetzt schon selbstbewusst und sympathisch aus?

Verlieren tust du durch das Training nichts, aber gewinnen kannst du sehr viel. Selbstsicherheit in deinem Auftreten, Selbstvertrauen in deine Fähigkeiten und Selbstbewusstsein, weil du deine Eigenarten genau kennst und akzeptierst. Dich kann kaum etwas mehr überraschen. Du bist auf alles vorbereitet und kannst entsprechende Bewältigungsstrategien entwickeln. Du erlangst die Gewissheit, dass du alles schaffen kannst. Auch wenn du vorher vielleicht noch nicht genau weißt, wie du etwas schaffen sollst.

Schauspielere, auch wenn keiner hinsieht

Vielleicht denkst du jetzt: »O je, was nun?« Du hast deine Videos aufgenommen und entdeckst viele Dinge, die du verbessern möchtest. Wo
sollst du anfangen? Und wie erinnerst du dich in diesen unsicheren Momenten daran, selbstsicher zu bleiben? Ich verstehe dich gut. Gerade in
schwierigen Momenten, in denen wir locker und sympathisch wirken
wollen, verkrampfen wir, weil wir ständig darüber nachdenken, wie wir
uns verhalten sollen. Das führt nicht zu einer selbstsicheren, sondern zu
einer unsicheren Ausstrahlung. So wird es schwer, ernst genommen zu
werden. Doch es gibt eine einfache Lösung.

Verhalte dich immer so, wie du es dir in den unsichersten Situationen
wünschst. Möchtest du in Gesprächen mit deinem Chef oder in anderen wichtigen Situationen selbstsicher und sympathisch rüberkommen?
Dann verhalte dich auch in deiner Freizeit entsprechend.

**Spare dein selbstsicheres und sympathisches Ich
nicht nur für die wichtigen Situationen auf, sondern
werde zu dieser Person.**

Du erinnerst dich an den Tipp, Visualisierungen zu nutzen? Genau das
meine ich hier. Visualisiere dir die Person, die du werden möchtest, und
es wird leichter, dich wie sie zu verhalten. Anfangs mag es sich wie schauspielern anfühlen, aber mit der Zeit wird dieses neue Verhalten zu deinem
natürlichen Verhalten. Was zunächst ungewohnt und künstlich wirkt,
wird bald ganz natürlich sein. Dann wirst du selbst in Gesprächen mit
einschüchternden Persönlichkeiten wie ein Fels in der Brandung wirken,
dem nichts etwas anhaben kann, weil du nicht mehr angestrengt darüber nachdenken musst, wie du selbstsicher wirkst. Weil es zu einer neuen
Gewohnheit geworden ist. Und Gewohnheiten können wir schrittweise
verändern.

Es ist nicht Sinn der Sache, dein ganzes Wesen von heute auf morgen auf den Kopf zu stellen. So wird das sowieso nichts und das Resultat wird Frust sein. Anstatt uns zu überfordern, wollen wir die kleinen Erfolge feiern. Wir möchten jeden noch so kleinen Schritt, den wir gemeistert haben, so richtig genießen und uns dafür belohnen. So bleiben wir weiterhin motiviert und sagen irgendwann: »Wow, Wahnsinn, was ich in den letzten Wochen so alles geschafft habe!«

Mein Geheimtipp für dich

Wähle einen Aspekt aus, an dem du arbeiten möchtest. Das kann dein Lächeln, dein Gang, dein Blickkontakt, deine Kleidung oder etwas anderes sein. Angenommen, du merkst, dass du in Gesprächen oft nervös wirst und deinen Blick abwendest. Dann könntest du dir vornehmen, deinen Blickkontakt zu verbessern. Übe das zuerst in Gesprächen mit Menschen, bei denen du dich wohlfühlst. Wenn du das gemeistert hast, steigere die Herausforderung schrittweise. Übe beim Bäcker an der Kasse oder mit einem fremden Menschen, der an dir vorbeigeht. Du kennst deine eigenen Herausforderungen am besten. Stelle dich ihnen Schritt für Schritt, bis du dich schließlich sicher genug fühlst, auch in Gegenwart einschüchternder Personen selbstbewusst aufzutreten. Unser Ziel ist es, deine Komfortzone zu erweitern, nicht, sie zu sprengen.

Es ist nicht wichtig, wie schnell du dein Ziel erreichst, denn Menschen lernen unterschiedlich schnell und haben unterschiedliche Voraussetzungen. Jeder hat seinen eigenen Weg und sein eigenes Tempo. Vergleiche mit anderen bringen dich nicht weiter und führen nur zu Frustration und Selbstzweifeln. Der Schlüssel zum Erfolg liegt darin, dranzubleiben, an sich selbst zu glauben und jeden kleinen Fortschritt zu schätzen. Beharrlichkeit, Fokus und das Vertrauen in die eigenen Fähigkeiten sind die wahren Treiber, die dich schrittweise näher an dein Ziel bringen. Bleibe auf deinem eigenen Weg und lasse dich nicht von der Geschwindigkeit anderer beeinflussen.

SOS: Hilfe in unsicheren Situationen

Mir wird oft gesagt, ich würde einfach alles weglächeln, weil ich nicht mit Konfrontationen umgehen könne. Ich solle Schlagfertigkeit nicht schlechtreden, nur weil ich nicht schlagfertig sein könne. Aber weißt du was? Nichts liegt mir ferner. Ich bin einfach der Überzeugung, dass wir Schlagfertigkeit nicht unbedingt brauchen.

Vielleicht sollte ich noch anmerken, dass ich Schlagfertigkeit mit der Fähigkeit gleichsetze, andere durch deine Worte ebenso zu verletzen oder ins Lächerliche zu ziehen, wie sie es mit dir getan haben. Ich setze es also mit der Fähigkeit gleich zurückzuschlagen. Ich nehme das Wort so, wie es ist. Schlagfertig sein bedeutet nach meiner Interpretation, für den nächsten Schlag bereit zu sein. Und ganz ehrlich, ich habe keine Lust, durch das Leben zu gehen und immer auf den nächsten Schlag zu warten. Ich gehe lieber durch das Leben und stelle mir vor, dass die meisten Menschen mir positiv gestimmt sind. Du erinnerst dich, dass Menschen feine Fühler für deine Gefühle haben? Wenn du dein Leben lang mit einer »Ja, komm doch, ich kann es dir zurückgeben!«-Einstellung durch das Leben gehst, wird es nicht lange dauern, bis dich jemand angreift.

Aber darauf habe ich absolut keine Lust. Ich empfinde es mehr als anstrengend, von anderen Menschen immer das Schlimmste anzunehmen und mit einer ständigen Verteidigungshaltung durch das Leben zu gehen.

Wäre es nicht viel schöner, wenn wir unseren Panzer abnehmen und die Liebe anderer Menschen zulassen würden, anstatt immer das Schlimmste von ihnen zu denken?

Und bevor du sagst, dass nun mal nicht alle Menschen gut sind und es auch böse Menschen auf der Welt gibt: Das weiß ich. Ich weiß, dass die Welt nicht nur aus Cupcakes und Regenbögen besteht, aber ich stelle mir lieber vor, dass es meistens so ist (um Poppy aus *Trolls* zu zitieren). Und, ja, auch meine Freundlichkeit wurde schon mal ausgenutzt. Ich bin auch schon auf schlechte Menschen hereingefallen. Aber weißt du was? Ich weiß, dass mein Wert sich dadurch nicht schmälert. Ich glaube fest daran, dass das Karma bei solchen Menschen früher oder später seine Arbeit erledigen wird.

Ganz am Anfang meiner Selbstständigkeit habe ich ein Ticket für ein zweitägiges Verkaufsseminar geschenkt bekommen. Ich habe mich riesig gefreut und bin dankend hingefahren. Der erste Tag lief super, ich lernte viel und startete voller Vorfreude in den zweiten Tag. Wenn ich nur gewusst hätte, was da auf mich zukommt.

Ich bin also nichts ahnend am zweiten Seminartag aufgetaucht und wurde während des Seminars von einem Mitarbeiter nach draußen gerufen. Sie würden gerne ein Feedbackgespräch mit mir führen wollen, hieß es. Ich weiß noch genau, wie irritiert ich war, denn das Seminar war gerade in vollem Gange, und ich hatte eigentlich keine Lust, etwas zu verpassen. Aber so gutmütig wie ich war, ging ich mit. Und anstatt ein Feedbackgespräch zu führen, wurde auf die aufdringlichste Art und Weise versucht, mir ein hochpreisiges Seminar zu verkaufen.

Ich kann mich noch sehr gut daran erinnern, dass ich mehr als einmal »Nein, ich möchte das nicht« einwarf. Wohl aber nicht ernst genug, denn als die Mitarbeiter plötzlich umschwenkten, taten sie so, als würde ich Nein sagen, weil ich Angst hätte, was mein Mann wohl davon halten würde.

Das wollte ich dann aber nicht auf mir sitzen lassen und unterschrieb schließlich – jedoch mit einem sehr unguten Bauchgefühl. Ich denke, ich wollte beweisen, dass ich selbst entscheiden kann. Ich fühlte mich dann aber während des ganzen restlichen Tages ziemlich scheiße. Irgendwie total verarscht. Und am Abend brach ich zu Hause in Tränen aus, weil ich mich so dumm und naiv fühlte.

Und da habe ich mir geschworen, dass ich niemals mehr zulassen werde, dass sich irgendjemand so fühlen muss wie ich in diesem Moment.

Wie du siehst, wurde auch ich schon verarscht. Ich bin nicht so naiv und denke, dass jeder ein guter Mensch ist. Manch einer würde aus dieser Situation vielleicht so herausgehen, dass er niemandem mehr vertrauen würde. Ich gebe Menschen dennoch gerne einen Vertrauensvorschuss, weil dies nur eine von vielen Geschichten aus meinem Leben ist.

Tatsache ist, dass ich unzählige positive Erinnerungen habe, die beweisen, dass ich mit Sympathie zu Beginn einer Interaktion immer besser gefahren bin und zahlreiche Vorteile dadurch hatte. In dieser speziellen Situation bin ich einfach an ein schwarzes Schaf geraten.

Wenn ich so darüber nachdenke, ist es auch kein Wunder, dass sie mich ausgesucht hatten. Aber du möchtest sicher wissen, was ich heute tun würde, wenn ich in so eine Situation geraten würde. Also kommen hier jetzt meine ultimativen Tipps, um unsichere Situationen souverän zu meistern. Und das, ohne schlagfertig sein zu müssen.

Fangen wir also ganz von vorne an. Wir nehmen meine Geschichte von dem Seminar jetzt als Fallbeispiel und gehen Schritt für Schritt durch, was ich heute anders machen würde. Okay, starten wir also mit dem Moment, in dem ich die Seminarhalle betreten habe.

Die liebe kleine Christina:

Sie lächelt jeden an, der ihr entgegenkommt. Sie klammert sich ein wenig an ihre Tasche, schaut sich unsicher im Seminarraum um und bleibt am Rand stehen. Sie traut sich nicht wirklich, sich allein im Raum zu bewegen. Sie ist froh, als sie vom berüchtigten Verkäufer zu sich gerufen wird, und das sieht man an der Erleichterung in ihrem Gesicht. Sie fühlt sich sehr geschmeichelt, dass ihr direkt ein Wasser angeboten wird, und zeigt deutlich, dass sie es nicht gewohnt ist, so behandelt zu werden. Sie nickt viel zu häufig, und jeder kann sehen, dass sie froh ist, nicht mehr allein im Raum zu stehen.

Das würde ich heute machen:

Ich würde immer noch jeden anlächeln, der mir entgegenkommt. Allerdings halte ich meine Tasche locker an der Seite, sodass ich keine Barrieren aufbaue, was viel selbstsicherer wirkt. Bevor ich den Raum betrete, bleibe ich kurz stehen und schaue mich um. Ich nehme wahr, wo der Mittelpunkt des Raumes ist und wo ich etwas zu trinken bekomme. Dann gehe ich zielstrebig auf die Theke zu, hole mir etwas und stelle mich in die Mitte. Dadurch zeige ich schon von Beginn an, dass ich keine Angst habe, allein da zu sein. Es zeigt klar und deutlich, dass ich mich mit der Situation wohlfühle. Wenn ich jemanden sehe, der mir sympathisch vorkommt, gehe ich auf die Person zu und frage freundlich, ob ich mich dazustellen kann.

Hier findest du ein passendes Video dazu:

Ich habe in diesen beiden Varianten nicht nur eine andere Körpersprache, sondern auch meine innere Einstellung zu dem Seminar verändert. Wo vorher alles nach »Hoffentlich finde ich andere nette Menschen hier« geschrien hat, zeige ich in der zweiten Variante: »Ich freue mich darauf, nette Menschen kennenzulernen und falls nicht, auch okay.« Das mögen für dich nur kleine Änderungen sein, aber dadurch mache ich im Vergleich zur lieben kleinen Christina einen völlig anderen Eindruck.

So habe ich keine Zielscheibe mehr auf meiner Stirn. Die Wahrscheinlichkeit, jetzt Opfer dieser Masche zu werden, ist viel geringer als vorher. Denn mit meinem Auftreten habe ich deutlich gezeigt, dass ich niemand bin, der sich leicht verarschen lässt. Wie du siehst, ist der erste Eindruck auch hier von großer Bedeutung und legt den Grundstein für alles, was an diesen Tagen noch passieren wird.

Okay, jetzt haben wir also schon selbstbewusst und sympathisch den Raum betreten. Lass uns also jetzt zu dem Moment gehen, wo ich aus dem Seminar gerufen wurde.

Die liebe kleine Christina:

Sie sitzt da, nichts ahnend und ziemlich verwundert, dass sie während des Seminars angesprochen wird. Als sie zu dem Feedbackgespräch gerufen wird, geht sie mit. Sie fragt noch »Jetzt?«, denn ein wenig verwirrt ist sie schon. Sie möchte aber nicht negativ auffallen, also geht sie mit. Sie hat viel zu viel Angst, von den Menschen um sie herum als zickig wahrgenommen zu werden. Sie denkt, dass sie tun müsse, was ihr gesagt wird. Immerhin hat sie das Ticket geschenkt bekommen und sollte jetzt wahrscheinlich keine Szene machen.

Das würde ich heute machen:

Heute weiß ich, dass meine Zeit genauso wertvoll ist wie die der anderen. Ich bin mir bewusst, dass eine Einladung nicht bedeutet, alles tun zu müssen, was man von mir verlangt. Ich bin mir bewusst, dass ich dort bin, um etwas zu lernen. Denn genau das wurde mir zu Beginn versprochen. Ich weiß, dass ich dem Seminar weiter folgen möchte, und würde schlicht und einfach antworten, dass sie gerne in der Pause auf mich zukommen können. Ein Feedback während des Seminars kommt für mich nicht in frage, weil ich nichts verpassen möchte. Und es wäre auch nicht schlimm, wenn die Menschen um mich herum mich hören würden, denn wenn man mich mitten im Seminar anspricht, muss man auch damit rechnen, dass ich antworten könnte. Damit setzt du ein eindeutiges Zeichen von Selbstrespekt, was stark, unabhängig, aber keinesfalls arrogant wirkt.

Dieser kleine Mindset-Shift ist so mächtig. Ich möchte dir hiermit sagen, dass deine Zeit wertvoll ist. Zeit ist dein wertvollstes Gut und niemand sollte ungefragt mit deiner Zeit spielen dürfen. Du hast ein Recht, deine Zeit zu verteidigen.

Wenn sich etwas für dich komisch oder falsch anfühlt, dann mache es nicht.

Wenn du das Gefühl hast, dass jemand dich und deine Zeit ausnutzt, dann musst du etwas dagegen tun. Siehe dich als den wertvollen Menschen, der du bist, und lasse dich nicht mehr ausnutzen. Bestehe auf deinen Rechten.

Gut. Kommen wir jetzt zum eigentlichen »Feedbackgespräch«.

Die liebe kleine Christina:

Sie geht immer noch mit freundlicher Miene auf den Verkäufer zu, den sie zu Beginn schon kennengelernt hat. Sie fragt nicht, warum sie mitten aus dem Seminar geholt wurde, und ist immer noch überaus freundlich. Als ihr wiederholtes Nein ignoriert wird und ihr unterstellt wird, sie habe nur Angst vor der Reaktion ihres Mannes und könne keine eigenen Entscheidungen treffen, weist sie diese Dreistheit nicht zurück. Nein, sie denkt darüber nach, ob derjenige vielleicht recht habe, und lässt sich dazu überreden, zu unterschreiben. Weil sie nicht schwach dastehen möchte, was sie durch genau diese Aktion jedoch tut. Mit einem schlechten Bauchgefühl unterschreibt sie und kommt sich die gesamte restliche Zeit irgendwie ausgenutzt und dumm vor.

Das würde ich heute machen:

Ich würde mich zunächst erkundigen, wieso man mich mitten während des Seminars herausrufen will. Ich würde betonen, dass ich hier sei, um dem Seminar zu folgen und nicht um irgendwelche Feedbackgespräche zu führen. Mein »Nein« würde ich mit ernster Miene sagen und meine Stimme dabei senken. Spätestens in der Situation, wo mir mein Recht auf eigene Entscheidungen abgesprochen wird, hätte ich gesagt, dass hier eine Grenze überschritten worden sei. »Das hier ist definitiv eine Grenzüberschreitung. Ich habe Ihr Angebot wiederholt ausgeschlagen. Ich werde das Gespräch jetzt verlassen und ich möchte in Ruhe gelassen werden.«

Dann wäre ich gegangen und hätte mich dabei wie eine Königin gefühlt.

Schlagfertig sein oder lieber doch nicht?

Ich nutze das alles nicht als Ausrede dafür, dass ich nicht schlagfertig sein kann. Ja, es gibt Menschen, die von Natur aus immer einen coolen Spruch parat haben. Ich bin nicht so ein Mensch. Ich weiß nicht einmal, ob ich besonders lustig bin. Deswegen macht es für mich auch absolut keinen Sinn, mir irgendwelche Sprüche zu notieren, weil ich sie niemals authentisch rüberbringen könnte.

Mir hat mal eine Lehrerin geschrieben, die genau das Problem hatte. Sie hat sich schlagfertige Antworten auf Karteikarten geschrieben und sich damit total unglücklich gefühlt. Das kann ich so gut verstehen, und daher habe ich für sie eine andere Lösung gefunden, die wieder einmal auf Körpersprache setzt. Doch bevor ich davon berichte, möchte ich kurz erklären, wie unser Gehirn aufgebaut ist. Der Teil unseres Gehirns, der für unsere Denkfähigkeit verantwortlich ist, ist nämlich leider auch der Teil, der sehr anfällig für Stress ist.[13] Aus diesem Grund kann schon geringer Stress dazu führen, dass wir schlechter denken können.

Sagen wir also, du befindest dich in einer Gruppe von Arbeitskollegen und einer greift dich verbal an. In diesem Moment wäre jeder von uns erst einmal gestresst, weil es eine ungewohnte und unangenehme Situation ist. Dein Gehirn setzt diesen verbalen Angriff buchstäblich mit dem Angriff eines Säbelzahntigers gleich. Dieser Stress versetzt dich dann in einen Zustand, in dem dein logisches Denken praktisch ausgeschaltet wird. Unser Körper schaltet dann in den Notfallmodus.[14] Er pumpt Stresshormone wie Adrenalin und Cortisol durch unser System. Das bringt unser Herz dazu, wie verrückt zu schlagen, erhöht den Blutdruck und gibt uns einen Energieschub. Das ganze Blut wird in die Muskeln gepumpt, damit wir entweder schnell wegrennen oder uns verteidigen können. Dabei schaltet unser Gehirn das logische Denken fast komplett ab, weil es in dem Moment nicht wichtig ist, clever zu sein.

Es ist also nicht deine Schuld, wenn du in solchen Situationen sprachlos bleibst. Das bedeutet nicht, dass du schwach bist, sondern dass dein Körper richtig reagiert und versucht, dein Überleben zu sichern. Mit dir ist alles mehr als richtig.

Wenn es dir in stressigen Momenten die Sprache verschlägt, dann denkt dein Gehirn, du müsstest vor einem Säbelzahntiger fliehen!

Und du wirst mir zustimmen, dass es verdammt schwer ist, schlagfertig und cool zu sein, wenn du das Gefühl hast, von einem Raubtier angegriffen zu werden. Dein Gehirn sucht in diesem Moment nicht nach Lösungen, sondern will angemessen auf die Bedrohung reagieren. Und angemessene Reaktionen wären Kämpfen, Fliehen oder Totstellen.

Wenn dieser Säbelzahntiger also plötzlich wie aus dem Nichts auftaucht, dann hast du keine Zeit, dir einen ausgeklügelten Plan zu überlegen, wie du die Situation am besten bewältigen kannst. »Ach, mhh, Tiger, warte mal kurz, ich muss mal eben überlegen, wie ich dich am besten zur Strecke bringen kann!« Das hätte damals deinen Tod bedeutet. Und leider hat unser Gehirn noch nicht verstanden, dass wir nicht mehr in der Steinzeit leben und dieser übergriffige Arbeitskollege kein Säbelzahntiger ist, sondern vielleicht nur ein kleines Kaninchen.

Es ist also kein Wunder, dass dir in solchen Momenten oft die passenden Worte fehlen, wenn dein Gehirn denkt, dass du in diesem Moment besser nicht reden, sondern lieber handeln solltest.

Aber das ist kein Grund, zu verzweifeln, denn wenn unser Körper so intensiv auf den Stress reagiert, den unser Gehirn ausgelöst hat, und er auch unsere Stimmung beeinflussen kann, dann könnten wir ihm doch einfach vorgaukeln, dass alles in Ordnung sei, oder? Könnten wir dann nicht einfach unsere Körpersprache so einsetzen, dass unser Gehirn glaubt, dass alles in Ordnung sei?

Wie du deinen Körper nutzt, um gelassen zu bleiben

Ja, das funktioniert tatsächlich. Indem du deine Körpersprache änderst, kannst du deinem Gehirn signalisieren, dass es keinen Grund zur Panik gibt.

Mein Geheimtipp für dich

Anstatt also in eine Verteidigungs- oder Fluchthaltung zu gehen, was meistens unser erster Impuls bei einem verbalen Angriff ist, kannst du dich entgegen diesem Impuls dazu entscheiden, eine entspannte Körperhaltung einzunehmen.

Diese kann folgendermaßen aussehen:

1. **Aufrechte Haltung:** *Stelle dich oder setze dich aufrecht hin.* Wenn wir gestresst oder ängstlich sind, senken wir oft den Kopf und machen uns klein, um weniger Angriffsfläche zu bieten. Wenn du dich stattdessen groß machst und eine aufrechte Haltung einnimmst, signalisierst du Selbstsicherheit und Kontrolle.

2. **Schultern zurück und entspannt:** *Ziehe die Schultern nach hinten und lasse sie locker nach unten sinken.* Unsere Schultern ziehen wir bei Gefahr meistens hoch und spannen sie an, um unseren empfindlichen Hals zu schützen. Indem du sie also bewusst entspannst und runternimmst, kann dir das helfen, Spannung abzubauen.

3. Bewusste Atmung: *Atme tief und gleichmäßig.* Wenn wir gestresst sind, wird unser Atem oft flach und schnell. Ein ruhiger Atem signalisiert deinem Körper, dass keine unmittelbare Gefahr besteht.

4. Mimik: *Setze ein ganz leichtes Lächeln auf, das reicht schon.* Du musst kein breites Grinsen parat haben. Ein leichtes Lächeln, auch wenn es erzwungen wirkt, kann deinem Gehirn positive Signale senden und hilft, Stress abzubauen, weil wir im Überlebensmodus normalerweise selten anfangen würden zu lächeln.

5. Lockere Haltung: *Stelle dich so hin, dass dein Gewicht eher auf einem Bein ruht, und lehne das andere Bein leicht an.* Das signalisiert Entspanntheit und Selbstvertrauen, denn bei realer Gefahr würden wir eher dazu neigen, uns fest auf den Boden zu stellen, um nicht umgeschubst zu werden.

Offene Haltung: *Vermeide es, die Arme vor der Brust zu verschränken.* Achte auf eine offene Haltung, indem du die Arme locker an den Seiten hängen lässt oder die Hände locker auf den Oberschenkeln platzierst. So zeigst du deinen verletzlichen Rippenbogen, und die Rippen würden wir im Kampf normalerweise schützen wollen. Auch dies signalisiert deinem Körper, dass du keine Angst hast.

Hier findest du ein passendes Video dazu:

Indem du also entgegen deinem ersten Impuls eine gelassene Körpersprache einnimmst, gibst du Signale weiter, die deinem Gehirn signalisieren, dass keine Gefahr besteht. Und dein logisches Denken kann langsam wieder einsetzen.

Das mag jetzt so klingen, als würden die oben genannten Schritte eine Ewigkeit brauchen, um umgesetzt zu werden. Tatsächlich kannst du das aber in wenigen Sekunden tun. Es wird kaum jemand mitbekommen, wenn du dich kurz sammelst, um dann zu antworten. Fakt ist, dass es sogar sehr selbstbewusst wirken kann, wenn du die ersten Sekunden nichts sagst, sondern dein Gegenüber mit deinem Blick fixierst und die oben genannten Schritte anwendest, bevor du antwortest. Stille kann hier ein machtvolles Instrument sein. Die kurze Stille zeigt unbewusst, dass du nicht das Bedürfnis verspürst, dich sofort rechtfertigen zu müssen.

Ich weiß, wir wollen es diesem Menschen in diesem Moment heimzahlen, aber das ist nur dein Ego. Für wen glaubst du, eine perfekte Antwort zu brauchen? Um dich besser zu fühlen? Wenn du dieses Buch aufmerksam gelesen und die Übungen gemacht hast, dann weißt du, dass du wertvoll bist. Völlig egal, was jemand anderes da draußen sagt. Du brauchst keine perfekte, schlagfertige Antwort, die dir beweist, dass du ein wertvoller Mensch bist. Du spürst das von tief in dir und musst es nicht beweisen.

Und im Grunde willst du auch gar keine perfekte Antwort, du möchtest, dass dein Angreifer sieht, dass dir dieser Angriff nichts ausmacht. Lies das nochmal. Du willst keine perfekte Antwort, du willst, dass dein Angreifer sieht, dass dir der Angriff nichts ausmacht. Dass er dich damit nicht treffen kann. Eine schlagfertige Antwort ist da kein Mittel zum Zweck. Eine schlagfertige Antwort mag im ersten Moment vielleicht cool wirken, aber auf lange Sicht kannst du dir damit sogar selbst ins Bein schießen.

Denn wenn du jemanden mit einer schlagfertigen Antwort vor anderen bloßstellst, dann wird es ziemlich schwer, in Zukunft weiter zu interagieren. Im schlimmsten Fall kann dir derjenige das ewig nachtragen und eine weitere, positive Kommunikation ist nicht mehr möglich.

Ich sage damit nicht, dass du dir alles gefallen lassen sollst. Nichts liegt mir ferner, als dass du dich aufgrund des Verhaltens eines anderen Menschen schlecht und minderwertig fühlen und dann nichts dagegen tun sollst. Ich möchte dir lediglich klarmachen, dass du keine perfekte Antwort benötigst, sondern dass es auch andere Mittel gibt, um mit einer solchen Situation umzugehen.

Schlagfertigkeit baut Mauern, wo Sympathie Brücken errichtet.

Du weißt also jetzt, wie du deinem Gehirn mit deinem Auftreten signalisieren kannst, dass keine Gefahr besteht, aber was, wenn dir trotzdem nichts einfällt, was du sagen kannst?

Ich habe für mich selbst eine ganz einfache Methode gefunden, die fast immer funktioniert.

Mein Geheimtipp für dich

Wenn dich jemand verbal angreift, dann stelle ihm eine Frage. Das Stellen von Fragen kann deinen Angreifer in eine Position bringen, in der er sich erklären muss. Das gibt dir nicht nur Zeit, um über deine Antwort nachzudenken, sondern kann auch dazu führen, dass dein Angreifer sein eigenes Verhalten überdenkt.

Du passt also deine Körpersprache an und stellst ihm eine Frage. Schon hast du noch mehr Zeit, um über eine Antwort nachzudenken.

Beispielfragen könnten sein:
- Warum?
- Was meinst du damit?
- Wieso denkst du das?

Wichtig: Bleibe dabei ruhig und denk an die oben erläuterte Körpersprache. Versuche das bitte nicht erst im Akutfall umzusetzen, weil du da vermutlich alles wieder vergisst. Übe das zu Hause. Nimm dir jemanden, der dir absichtlich dumme Sprüche an den Kopf wirft, und dann übst du das erst einmal in einer unwichtigen Situation. Wenn deine Stimme bei Nervosität dazu neigt, zu versagen, dann atme vorher tief in den Bauch und vollständig wieder aus. Und fang erst dann an zu sprechen. Das sollte deine Stimme beruhigen, weil es dich entspannt und dadurch auch deine Stimme.

Noch einmal: Es kann natürlich cool wirken, wenn wir einen lustigen, schlagfertigen Spruch parat haben, aber es ist absolut nicht notwendig, damit du ernst genommen wirst. Mit deinem Auftreten allein kannst du signalisieren, dass dir der Angriff nichts ausmacht. Unsere Körpersprache ist viel älter als das gesprochene Wort. Wir Menschen reagieren also logischerweise stärker auf körpersprachliche Signale. Du erinnerst dich an die Studie von Mehrabian? Wenn deine Worte und deine Körpersprache nicht zusammenpassen, glauben wir eher den nonverbalen Signalen. Wenn du also eine gelassene Körpersprache einnimmst, dann wird dein Gegenüber spüren, dass er dir mit seinem Angriff nichts anhaben kann, bevor du überhaupt eine Antwort parat hast.

Das war jetzt eine Methode, wie du dich in Stresssituationen, die aus heiterem Himmel auftauchen, wieder beruhigen kannst. Jetzt gibt es aber natürlich auch Situationen, die schon länger im Voraus geplant sind. Nehmen wir einfach ein Vorstellungsgespräch oder eine Präsentation. Hier weißt du schon vorher, was auf dich zukommt. Du kannst dich also bestens vorbereiten. Im Kapitel Videotraining habe ich dir dazu schon einige Tipps genannt.

Was aber kannst du tun, wenn deine Nervosität nicht nachlässt und du wirklich sehr aufgeregt bist? Sagen wir also, du befindest dich im Warteraum einer Firma, bist zwanzig Minuten zu früh da und sollst noch ein wenig warten, bis man dich zum Gespräch abholt. Deine Aufregung steigert sich ins Unermessliche, bis die Selbstzweifel so laut sind und du denkst: »O je, ich schaffe das nicht, was mache ich bloß hier.«

Doch, du schaffst das. Und zwar hiermit.

Mein Geheimtipp für dich

Wenn irgendwie die Möglichkeit besteht, dann suche noch einmal einen ruhigen Ort auf. Das ist der perfekte Zeitpunkt, deinen Körper durchzuschütteln. Ja, du hast richtig gelesen. Schüttele dich, schüttele deinen ganzen Körper für ein paar Minuten, und du wirst direkt spüren, wie deine Nervosität nachlässt. Es ist, als würdest du deine Nervosität und den Stress einfach aus dir herausschütteln.

Ich habe schon oft gehört, dass selbst die größten Redner auf einem Trampolin springen, kurz bevor sie die Bühne betreten. Und so simpel diese Übung auch klingen mag, kann ich dir aus meiner eigenen Erfahrung berichten, dass sie wahre Wunder wirken kann.

Vor einiger Zeit hatte ich ein Onlinecoaching mit mehreren Teilnehmerinnen. Da das letzte Onlinecoaching schon eine Weile her war, war ich dementsprechend nervös. Als ich dann auf die Uhr schaute, waren es noch genau sieben Minuten bis zum Start. Alles war vorbereitet, die Unterlagen lagen bereit, aber trotzdem stieg meine Nervosität. Ich dachte mir, ich muss jetzt unbedingt etwas tun, um mich zu beruhigen. Also schloss ich das Büro ab, setzte die Kopfhörer auf und spielte eines meiner Lieblingslieder ab. Ich drehte die Musik ganz laut auf und begann, meinen Körper zu bewegen. Es war kein ausgefeilter Tanz, einfach nur ich, die sich von der Musik leiten ließ. Während ich mich bewegte, war es mir egal, wie ich dabei aussah. Es ging nur darum, die Nervosität loszuwerden, und ich bewegte mich so, wie es sich in diesem Moment richtig anfühlte. Und als das Lied zu Ende war, fühlte ich mich viel besser. Dieses flaue Gefühl in meinem Bauch war verschwunden. Ich hatte noch zwei Minuten und konnte gelassen in den Call starten.

Wenn wir mal genauer darüber nachdenken, machen wir diese Schüttelübung manchmal sogar ganz intuitiv. Viele Menschen neigen dazu, sich auf diese Weise zu beruhigen oder sich selbst Mut zuzusprechen, wenn sie vor einer herausfordernden Situation stehen. Vielleicht hast du das auch schon einmal erlebt? Endlich möchtest du deinem Schwarm diese eine entscheidende Nachricht schreiben und bist kurz davor, auf Senden zu drücken. Du stehst vor dem Dreimeterbrett und bist kurz davor zu springen. Oder du bist kurz davor, deinen Mut zusammenzunehmen und diesen einen Fremden anzusprechen, den du schon die ganze Zeit beobachtest. Du bist also so kurz davor, dich zu trauen. Dieser Moment, wo dein Magen sich gefühlt umdreht ...

Was kann man jetzt bei ganz vielen Menschen beobachten? Häufig wippen wir mit den Füßen, schütteln die Hände noch einmal, atmen laut aus und sagen: »Okay, ich schaffe das!« Das ist wie eine Selbstberuhigungstechnik, die uns dabei hilft, den nächsten Schritt zu wagen. Selbst, wenn du nur deine Hände beruhigend über deine Oberschenkel streichst, ist das auch eine Art Bewegung, die dich beruhigen soll.

Ich meine, ist es nicht faszinierend, wie wir manchmal unbewusst auf diese Weise mit unserem Körper kommunizieren, um uns selbst zu stärken und zu motivieren?

Unser Körper und Geist sind eng miteinander verbunden und dadurch können bestimmte Bewegungen eine starke Wirkung auf unsere emotionale Verfassung haben. Ganz oft lachen wir auch intuitiv, wenn wir denken, dass gerade einfach alles schiefläuft und nichts mehr zu retten ist. Warum machen wir das? Warum fangen wir in den unmöglichsten Situationen an zu lachen? Weil wir uns auch damit selbst beruhigen. Wir Menschen wissen intuitiv schon, wie wir uns selbst regulieren können, wir denken nur meistens nicht daran oder haben es schlicht und einfach vergessen. In einer Welt, in der der Verstand hoch angesehen ist, wird unser Körper ganz oft außen vor gelassen. Dabei ist er unmittelbar mit unserem Verstand verbunden.

Du hast keinen Körper, du bist dein Körper.

Es wäre mehr als fahrlässig, diesen Fakt einfach außen vor zu lassen. Dein Körper ist mächtig, genauso wie dein Verstand. Nur wenn du beides nutzt, kannst du dein volles Potenzial entfalten.

Verbale Angriffe nicht mehr persönlich nehmen

Du hast jetzt ein mächtiges Tool kennengelernt, um dich in stressigen Situationen selbst regulieren zu können. Was aber, wenn dir ein verbaler Angriff doch zu nahe geht? Wie kannst du dich davon distanzieren?

Zunächst einmal sollten dir alle Übungen in diesem Buch zu mehr Selbstbewusstsein verhelfen. Du lernst dich besser kennen, lernst dich zu akzeptieren und vielleicht sogar zu lieben. Natürlich passiert das nicht über Nacht. So etwas braucht Zeit. Auch ich habe Jahre gebraucht, bis ich endlich diese Selbstakzeptanz und Liebe in mir gespürt habe. Habe Geduld mit dir, lasse dir Zeit und vertraue auf dich.

Falls du jedoch jemand bist, der bei verbalen Angriffen sofort verunsichert wird, sich im Nachhinein tierisch darüber aufregt oder sogar die Schuld bei sich sieht, habe ich hier einen besonderen Geheimtipp für dich:

Mitgefühl. Wenn du tief in deinem Innern verstehst, dass verbale Attacken mehr über die inneren Kämpfe und Schwierigkeiten des Angreifers aussagen als über dich selbst, kannst du eine ruhige und selbstsichere Reaktion entwickeln. Diese Herangehensweise stärkt nicht nur dein Selbstbewusstsein, sondern fördert auch eine Kommunikation, die auf Respekt und Verständnis basiert.

Mein Geheimtipp für dich

Es gibt ein kleines Gedankenspiel, das du in deinem Kopf durchdenken kannst, wenn dich jemand verbal angreift. Stelle dir vor, dass es dieser Person so richtig schlecht gehen muss, damit sie so weit geht, andere zu beleidigen. Ein Mensch, dem es gut geht, würde dich niemals so behandeln.

Beispiel 1: Wenn dich jemand aus heiterem Himmel unfreundlich oder herablassend behandelt, kannst du dir vorstellen, dass dieser Mensch gerade einen schweren Tag hatte. Vielleicht wurde er von seinem Partner verlassen oder es ist sogar jemand gestorben. Das mag extrem klingen, könnte aber alles im Bereich des Möglichen liegen. Dein Chef schreit dich an? Stelle dir vor, dass er gerade eine schlechte Nachricht bekommen hat und deshalb so reagiert. Es ist egal, was du dir vorstellst, solange es dir hilft, die Reaktion nicht persönlich zu nehmen.

Beispiel 2: Jemand behandelt dich ununterbrochen respektlos, sodass es nicht an einer schlechten Nachricht liegen kann? Dann versuche dir einmal die Kindheit dieses Menschen vorzustellen und was er alles erlebt haben muss, damit er andere Menschen so behandelt. Auch wenn es nicht stimmt, kann dir das Bild eines kleinen verängstigten Kindes helfen, leichter Mitgefühl zu empfinden.

Wichtig: Nur weil du das Verhalten von jemandem nachvollziehen kannst, ist es nicht in Ordnung, wenn du dabei verletzt wirst. Du musst nicht alles tolerieren, nur weil du Mitgefühl empfinden kannst. Mitgefühl mit Menschen zu empfinden, die andere respektlos behandeln, bedeutet nicht, dass du akzeptierst, so behandelt zu werden. Es bedeutet nur, dass du ihre negative Energie nicht an dich heranlässt und deine positive Energie bewahrst. Mitgefühl kann dir helfen, negative Energien abzuwehren und deine innere Balance zu bewahren. Es hilft dir dabei, ihr Verhalten nicht persönlich zu nehmen. Du trägst keine Schuld daran. Wenn jemand sich unfair dir gegenüber verhält, dann hat er ein Problem, nicht du.

Wenn du all das verstanden hast – weißt du, was dann passiert? Du wirst auch leichter Grenzen setzen können. Und zwar respektvoll und bestimmend. Mit Mitgefühl reagierst du nicht überheblich und hast auch nicht das Bedürfnis, dich zu rechtfertigen. Nein, durch Mitgefühl kannst du empathisch und selbstsicher kommunizieren. Dies sorgt im besten Fall nicht nur dafür, dass du dich besser fühlst, sondern kann die Situation sogar beruhigen, weil dein Gegenüber sich verstanden fühlt.

Ein kleiner Motivations- schub am Ende

Hattest du auch oft das Gefühl, dass die lauten und dominanten Menschen diejenigen sind, die besonders beliebt oder einflussreich sind?

Besonders, wenn du selbst eher still und zurückhaltend bist, kann oft das Gefühl entstehen, übersehen oder überhört zu werden. Ich möchte dir hier jetzt etwas sehr Wichtiges mitgeben: Wenn du ernst genommen, gesehen und gehört werden möchtest, dann kommt es nicht auf die Lautstärke oder die Dominanz an!

Laute Menschen mögen zwar gehört werden, aber das bedeutet nicht, dass die anderen es immer gerne tun. Tatsächlich gibt es zwei Arten von Gehörtwerden. Du kannst jemanden hören, weil derjenige laut ist und du gar nicht anders kannst. Oder du kannst jemanden hören, weil du denjenigen respektierst und seine Meinung hören möchtest.

Als soziale Wesen ist es für uns wichtig, wie wir miteinander umgehen. Wahre Anerkennung und Respekt bekommst du nicht durch Lautstärke, sondern durch Integrität, Empathie und den tiefen Wunsch, andere zu verstehen und verstanden zu werden.

Du bist genug. Du bist gut. Du bist gut genug.

Weißt du, was dich aktuell noch davon abhält, gesehen, gehört und ernst genommen zu werden? Das bist ganz allein du selbst.

Der erste Schritt ist, an dich selbst zu glauben. Glaube daran, dass du es wert bist, gesehen und gehört zu werden. Glaube daran, dass du ein wertvoller Mensch bist. Glaube daran, dass du es verdienst, gut behandelt zu werden, einfach weil du du bist. Du musst dafür nichts Großartiges leisten. Du musst dir Respekt nicht verdienen. Allein die Tatsache, dass du ein Mensch bist, räumt dir das Recht ein, respektiert und ernst genommen zu werden. Ich wünsche mir so sehr, dass du das verstehst und anfängst, an dich zu glauben. Du kannst dein Leben verändern, wenn du deine Sicht auf dich selbst veränderst. Das kann dir niemand abnehmen, das musst du allein schaffen.

Ich weiß auch, dass der Weg allein oft schwer und steinig ist. Denn ich bin ihn selbst allein gegangen und habe Jahre dafür gebraucht, um da zu sein, wo ich heute bin. Deshalb habe ich mein Online-Trainingsprogramm *Sichtbar. Sympathisch. Selbstbewusst.* entwickelt, damit du nicht Jahre dafür brauchst, sondern eine Abkürzung gehen kannst. In meinem Onlinekurs begleite ich dich Schritt für Schritt zu einem neuen, selbstbewussten Ich.

Stelle dir vor, wie es sich anfühlen würde, wenn du in den Spiegel schaust und dich selbst einfach toll findest – egal, ob geschminkt oder ungeschminkt. Wenn du deine eigenen Bedürfnisse und Grenzen klar kommunizieren kannst, ohne dabei ein schlechtes Gewissen zu haben. Wie wäre es, wenn du mit Spaß und Leichtigkeit neue Menschen kennenlernen und neue echte Freundschaften aufbauen könntest? In deinem Job für dich selbst einstehen könntest, sei es bei der nächsten Gehaltsverhandlung oder bei deinen Kollegen. Wenn dich andere plötzlich respektieren, hören und ernst nehmen. Und all das, ohne dass du dich verstellen musst. Was würde das für dich bedeuten? Wie würde sich dein Leben ändern?

Ich kann dir aus eigener Erfahrung sagen: Dieses Gefühl ist einfach unbeschreiblich. Es ist schwer in Worte zu fassen, aber ich wünsche mir so sehr für dich, dass du es selbst erlebst. Wenn du das möchtest, kann ich dir meinen Kurs von Herzen empfehlen. Ich werde dir dabei helfen, gehört und gesehen zu werden. Ich werde dich dabei begleiten, Leichtigkeit und Selbstsicherheit in dein Leben zu bringen. Über 350 Menschen sind bereits diesen Weg mit mir gegangen und haben ihre persönliche »Frau Charisma« entdeckt. Und das Schönste daran: Alle sind begeistert und dankbar, dass sie diesen Schritt gemacht haben.

Im Kurs wirst du täglich von mir mit kurzen, inspirierenden Videos begleitet. Du lernst Techniken und Strategien kennen, um Unsicherheiten zu überwinden und dich in jeder Situation souverän zu fühlen.

Jedes Video ist darauf ausgelegt, dir mehr Klarheit und Sicherheit zu geben. Jedes Video ist darauf ausgelegt, dass du endlich *Sichtbar. Sympathisch. Selbstbewusst.* wirst.

Aber das ist noch nicht alles: Theorie allein bringt dich nicht weiter. Deshalb erhältst du auch praktische Übungen, die du sofort im Alltag umsetzen kannst. Diese Kombination aus Wissen und Anwendung wird dich transformieren.

Hier kannst du dir noch einmal alle Infos ganz in Ruhe durchlesen und dir dein Ticket für den nächsten Start sichern:

https://fraucharisma.de/sichtbar-sympathisch-selbstbewusst/

Ich würde mich sehr freuen, wenn wir in ein paar Monaten zurückschauen, du es geschafft hast und von innen heraus strahlst und ganz viel Charisma versprühst. Wenn du lächelnd in den Spiegel schaust und dich selbst einfach liebst und toll findest.

Selbst wenn du nicht am Kurs teilnehmen möchtest, hast du mit diesem Buch bereits viele Übungen kennengelernt, um dein Selbstbewusstsein nachhaltig zu stärken.

Ich danke dir von Herzen für dein Vertrauen und dass du bis zum Ende gelesen hast. Deine Unterstützung bedeutet mir unglaublich viel, und ich schätze jeden Moment, den du dir für meine Arbeit genommen hast. Es ist nicht selbstverständlich, so treue Leser wie dich zu haben, und dafür bin ich unendlich dankbar. Ich freue mich darauf, dich auch in Zukunft mit weiteren Inhalten begeistern zu dürfen, und hoffe, dass du weiterhin Teil dieser Reise bleibst.

Bleib *Sichtbar. Sympathisch. Selbstbewusst.*

Deine Christina

Quellen

1 Willis, Janine, and Alexander Todorov. »First Impressions: Making Up Your Mind After a 100-Ms Exposure to a Face.« *Psychological science*, vol. 17, 2006, pp. 592–598.

2 Ambady, Nalini, and Robert Rosenthal. »Half a Minute: Predicting Teacher Evaluations From Thin Slices of Nonverbal Behavior and Physical Attractiveness.« *Journal of personality and social psychology*, vol. 64(3), 1993, pp. 431–441.

3 Mehrabian, Albert. *Silent Messages: Implicit Communication of Emotions and Attitudes.* Belmont, CA, Wadsworth, 1971

4 Strack, Fritz, et al. »Inhibiting and facilitating conditions of the human smile: A nonobtrusive test of the facial feedback hypothesis.« *Journal of Personality and Social Psychology*, vol. 54(5), 1988, pp. 768–777

5 Berk, Lee S., et al. »Neuroendocrine and stress hormone changes during mirthful laughter.« *The American Journal of the Medical Sciences*, vol. 298(6), 1989, pp. 390–396.

6 Keltner, Daher, and George A. Bonanno. »A study of laughter and dissociation: Distinct correlates of laughter and smiling during bereavement.« *Journal of Personality and Social Psychology*, vol. 73(4), 1997, pp. 687–702.

7 Olszanowski, Michal, et al. »When the smile is not enough: The interactive role of smiling and facial characteristics in forming judgments about trustworthiness and dominance.« *Roczniki Psychologiczne*, vol. 1, 2019, pp. 35–52.

8 Chaplin, William F., et al. »Handshaking, Gender, Personality, and First Impressions.« *Journal of personality and social psychology*, vol. 79(1), 2000, pp. 110–117.

9 Bickmann, Leonard. »The Social Power of a Uniform.« *Journal of applied social psychology*, vol. 4(1), 1974, pp. 47–61.

10 Adam, Hajo, and Adam D. Galinsky. »Enclothed cognition.« *Journal of Experimental Social Psychology*, vol. 48(4), 2012, pp. 918–92.

11 Slepian, Michael L., et al. »The Cognitive Consequences of Formal Clothing.« *Social Psychological and Personality Science*, vol. 6(6), 2015, pp. 661–668.

12 Klofstad, Casey A., et al. »Sounds like a winner: voice pitch influences perception of leadership capacity in both men and women.« *PROCEEDINGS OF THE ROYAL SOCIETY B*, vol. 279(1738), 2012.

13 Arnsten, Amy F.T. »Stress signalling pathways that impair prefrontal cortex structure and function.« *Nature Reviews Neuroscience*, vol. 10(6), 2009, pp. 410–422.

14 McEwen, Bruce S. »Physiology and neurobiology of stress and adaptation: central role of the brain.« *Physiological reviews*, vol. 87(3), 2007, pp. 873–904.

Über die Autorin

© Andreas Reger

In ihren Seminaren, Onlinekursen und auf ihren Social-Media-Kanälen mit über 135.000 Followern begeistert Christina Tiessen aka @frau_charisma mit ihrer charmanten Art und ihrem Blick fürs Detail. Unter dem Motto »Kleine Veränderungen mit großer Wirkung« verfolgt sie ihre Mission, das Selbstbewusstsein ihrer Klienten zu stärken. Ihr Credo: Wahres Selbstbewusstsein liegt in selbstsicherem und authentischem Auftreten begründet. Ihre Philosophie, mit Sympathie zu begeistern, statt mit Schlagfertigkeit zu überwältigen, hat sie zu einer gefragten Mentorin gemacht. Ihr erstes Buch ist geprägt von Christinas Engagement, Menschen auf ihrem Weg zu einem charismatischen und selbstsicheren Ich zu unterstützen.